社群时代的品牌行为

BRAND BEHAVIOR IN COMMUNITY AGE

2019中国品牌发展报告

ANNUAL REPORT ON CHINA'S BRAND DEVELOPMENT (2019)

钱明辉 等著

知识产权出版社
全国百佳图书出版单位
—北京—

图书在版编目（CIP）数据

社群时代的品牌行为：2019中国品牌发展报告/钱明辉等著．—北京：知识产权出版社，2020.8

ISBN 978-7-5130-7049-2

Ⅰ.①社… Ⅱ.①钱… Ⅲ.①企业管理—品牌战略—研究报告—中国—2019 Ⅳ.①F279.23

中国版本图书馆CIP数据核字（2020）第120032号

内容提要

本书聚焦“社群时代的品牌行为”这一主题，主要内容包含社群时代的内涵与特点，社群时代对品牌行为产生的影响，社群时代企业、消费者的品牌行为模式，以及这些行为的变化或演化特征等。通过梳理社群时代的文化品牌特征得出一般性结论，通过上市公司相关数据计算得出年度文化产业品牌榜单并进行解读，就社群时代的特点及其对品牌相关行为的影响进行具体分析论证。

责任编辑：王玉茂　　**责任校对**：王　岩

封面设计：张国仓　　**责任印制**：刘译文

社群时代的品牌行为

——2019中国品牌发展报告

钱明辉　等著

出版发行：知识产权出版社有限责任公司	**网　　址**：http://www.ipph.cn
社　　址：北京市海淀区气象路50号院	**邮　　编**：100081
责编电话：010-82000860转8541	**责编邮箱**：wangyumao@cnipr.com
发行电话：010-82000860转8101/8102	**发行传真**：010-82000893/82005070/82000270
印　　刷：天津嘉恒印务有限公司	**经　　销**：各大网上书店、新华书店及相关专业书店
开　　本：720mm×1000mm　1/16	**印　　张**：18.5
版　　次：2020年8月第1版	**印　　次**：2020年8月第1次印刷
字　　数：284千字	**定　　价**：88.00元

ISBN 978-7-5130-7049-2

课题组成员

课题组组长：

钱明辉

课题组副组长：

樊安懿　郭佳璐

课题撰稿人：

钱明辉　樊安懿　郭佳璐　徐志轩
耿祎楠　贾文婷　窦芳菲　陈相仪
钱佳婷

数据采集与分析：

钱明辉　樊安懿　耿祎楠　贾文婷
窦芳菲　陈相仪　钱佳婷　李天明

课题组秘书：

樊安懿　祝熙瑜

前　言

2019 年 5 月 10 日是第三个中国品牌日，中共中央政治局常委、国务院总理李克强对品牌日活动作出重要批示，指出：加强品牌建设，促进先进制造业和现代服务业发展，是顺应消费升级、释放国内市场巨大潜力、推进高质量发展的重要举措。近年来，全社会品牌发展意识不断增强，党中央和国务院大力支持我国品牌的建设与发展，相关政策密集发布。对于企业而言，品牌既是其产品质量、技术规格等使用价值的概括性象征，又凝聚气质、个性等感性文化价值要素，是企业最重要的无形资产之一。品牌是企业发展的立足之本，它能够聚合各种优质的社会资源，使企业具有差异化优势，从而在竞争中脱颖而出。

品牌是企业一切生产运营资源得以更加高效运转的核心枢纽，而互联网则是品牌作用的放大器。互联网时代的社群平台具有极强的生命力，产品的内涵和外延获得极大提升，其价值创造的能力获得几何倍数的增长。在各种因素的综合作用下，经济运行核心已经从计划经济的政府和市场经济的企业转向互联网经济下的顾客。社群成为当下工业和学界关注的热点，越来越多的学者参与到社群问题的讨论中来。结合社群与品牌两大热点问题，本书聚焦社群时代的品牌行为这一主题，主要内容包含社群时代的内涵与特点，社群时代对品牌行为产生的影响，社群时代企业、消费者的品牌行为模式，以及这些行为的变化或演化特征等。

具体来说，第 1 章通过对社群时代的内涵与特点、社群时代商业经济的特征、社群时代企业品牌行为、社群时代消费者品牌行为以及社群时代品牌行为与高质量发展等的讨论对社群时代的品牌特征进行了深入的探索和总结。

第 2 章计算得出 2018 年我国上市公司品牌价值前 500 名榜单。测评结果发现，我国上市公司中，制造业上榜品牌数量最多，而金融业上榜品牌价值之和最高；上榜品牌分布于全国 31 个省（区、市），虽然覆盖了全国除港、澳、台之外的全部地区，但是各地区上榜品牌数量与价值悬殊，品牌经济的地区差距显著。

第 3 章基于信息传播学和认知失调理论，构建了网络社交平台中品牌信息互动性对用户品牌态度影响的理论模型及分析品牌信息特征在信息传播中对该影响的调节作用，并以微信公众号为研究平台，通过实验法采集数据进行实证检验和分析讨论。研究发现，信息互动确实能够提高用户品牌态度，不同程度的信息互动与用户品牌态度并非呈现单向的线性关系，另外，品牌拟人化和信息丰富性的调节作用得到了验证。

第 4 章通过三组控制实验验证了品牌依恋对消费者感知信息黏性的负向影响；当信息复杂度不同时，品牌依恋对消费者感知信息黏性的影响程度不同，高信息复杂度时品牌依恋对感知信息黏性的负向影响更加显著。此外，只有在品牌信息为文字形式时，信息复杂度的调节作用才显著，即信息载体形式调节信息复杂度对品牌依恋与感知信息黏性之间的关系具有调节作用。

第 5 章以张裕品牌为实验对象，采用控制实验法探讨了老字号企业档案对消费者品牌真实性感知的影响。研究发现，老字号企业档案会提升消费者对品牌真实性的感知，并且在实体店铺场景下使用老字号企业档案进行品牌宣传比电商场景更能提升消费者对于品牌真实性的认同感，但是老字号企业档案对品牌真实性的提升效应在其延伸品牌上被明显削弱。

第 6 章以公共图书馆为例，讨论如何通过特色化的品牌服务使传统机构在数字化社群时代焕发生机。在对国内外公共图书馆特色服务现状展开调查的基础上，通过聚类分析识别国内外公共图书馆特色服务的主要类型并进行对比分析，揭示其中的共性和差异。通过对比国内外公共图书馆特色服务的特点，发现我国公共图书馆特色服务内容的学术性有待提升，图书馆专业人才的培养还需要不断加强，并且需要进一步重视图书馆在服务过程中与用户之间的交互，以此来不断提升公共图书馆特色服务的吸引力和影响力。

第 7 章从个体消费者的品牌决策偏好出发，基于机器学习算法开发针对个体消费者品牌决策偏好的即时识别模型，并对其品牌选择行为进行预测。研究发现，运用机器学习算法模型可以在一定程度上识别消费者的品牌决策偏好，且机器学习算法模型的性能相较于传统的识别方法更为有效。此外，基于消费者品牌决策偏好的产品推荐结果可以有效避免同质化产品的低价竞争，并能增加零售商利润。

第 8 章讨论了用户对虚拟知识社区的品牌依恋如何影响其知识共创行为，以及如何通过用户的品牌依恋促进其知识共创行为。研究发现，用户对虚拟知识社区品牌的情感依恋对知识共创行为有积极影响；用户对虚拟知识社区品牌的认知依恋对知识共创行为有积极影响；品牌承诺在用户的品牌依恋和知识共创行为之间起中介作用。

第 9 章基于 RAS 信息接收－接纳模型，针对不同类型的消费者群体从社区平均心智份额与社区消费者心智份额两个角度探讨基于在线社区的消费者品牌认同提升效果，并根据品牌发布广告的信息复杂度与信息强度来揭示广告信息特征对消费者品牌认同提升效果的影响，进而提出在线社区消费者品牌认同提升的品牌定位营销组合策略建议。

社群时代的商业经济呈现出与以往传统商业经济截然不同的特征：互联网改变了交易场所、拓展了交易时间、丰富了交易品类、加快了交易速度、减少了中间环节。可以说，互联网颠覆了以往的商业模式，在充满不确定性且边界模糊的互联网下，通过供需双方形成社群平台，建立以实现其隔离机制来维护组织稳定和实现连接红利的模式群。社群成为企业的异质性资源，大批工业经济时代大型企业被淘汰，很多行业巨头轰然倒下，很多优质企业的寿命戛然而止。行业转型之快，口碑、消费者忠诚度变化之迅猛令人惊诧[1]。本书希望通过对社群时代品牌行为的研究，可以为我国品牌的持续发展与社群阵地占领提供有效帮助。

著者

2019 年 10 月

[1] 罗珉，李亮宇．互联网时代的商业模式创新：价值创造视角［J］．中国工业经济，2015，57（1）：95－107．

目　录

第 1 章　社群时代的品牌观察 ………………………………………… (1)

1.1　社群时代的内涵与特点 ………………………………………… (1)

1.2　社群时代商业经济特征 ………………………………………… (2)

1.3　社群时代企业品牌行为 ………………………………………… (4)

1.4　社群时代消费者品牌行为 ……………………………………… (9)

1.5　社群时代品牌行为与高质量发展 ……………………………… (10)

第 2 章　2018 年品牌价值榜单与述评 ………………………………… (14)

2.1　品牌价值榜单 …………………………………………………… (14)

2.2　品牌价值榜单述评 ……………………………………………… (37)

2.3　品牌价值榜单应用延伸 ………………………………………… (44)

第 3 章　信息互动与品牌态度 ………………………………………… (59)

3.1　信息互动对品牌态度的影响 …………………………………… (59)

3.2　信息丰富性的调节作用 ………………………………………… (72)

3.3　拟人化策略的调节作用 ………………………………………… (77)

3.4　信息发布主体 …………………………………………………… (82)

3.5　信息互动管理启示 ……………………………………………… (86)

第 4 章　信息黏性与品牌依恋 ………………………………………… (92)

4.1　品牌依恋对信息黏性的影响 …………………………………… (92)

4.2　信息复杂度的调节作用 ………………………………………… (103)

4.3　信息载体的调节作用 …………………………………… (110)
4.4　信息黏性管理启示 ……………………………………… (115)

第 5 章　企业档案与品牌真实 …………………………………… (121)

5.1　企业档案对感知真实的影响 ……………………………… (122)
5.2　企业档案利用场景的调节作用 …………………………… (137)
5.3　品牌延伸策略的调节作用 ………………………………… (140)
5.4　企业档案产生时间作用探析 ……………………………… (143)
5.5　企业档案管理启示 ……………………………………… (146)

第 6 章　特色服务与品牌理念 …………………………………… (152)

6.1　图书馆特色服务品牌 …………………………………… (152)
6.2　图书馆特色服务示例 …………………………………… (155)
6.3　图书馆特色服务种类 …………………………………… (159)
6.4　特色服务中外对比 ……………………………………… (166)
6.5　特色服务管理启示 ……………………………………… (171)

第 7 章　精准营销与品牌偏好 …………………………………… (177)

7.1　品牌偏好影响因素 ……………………………………… (177)
7.2　品牌多维量化 …………………………………………… (184)
7.3　品牌偏好识别 …………………………………………… (188)
7.4　推荐效果验证 …………………………………………… (200)
7.5　品牌推荐管理启示 ……………………………………… (202)

第 8 章　知识共创与社群品牌 …………………………………… (208)

8.1　社群中的用户价值共创行为 ……………………………… (211)
8.2　品牌依恋和社群知识共创的关系 ………………………… (214)
8.3　品牌承诺的中介作用 …………………………………… (222)
8.4　使用频率的调节作用 …………………………………… (233)
8.5　知识共创管理启示 ……………………………………… (235)

第 9 章 社群仿真与品牌传播 …………………………………………… (242)

9.1 网络信息传播理论 …………………………………………… (244)
9.2 社群仿真方法 ………………………………………………… (252)
9.3 社群用户信息采纳仿真 ……………………………………… (260)
9.4 社群用户口碑传播仿真 ……………………………………… (265)
9.5 品牌社群管理启示 …………………………………………… (271)

附 录 品牌价值榜单测算方法 ……………………………………… (277)

后 记 ……………………………………………………………………… (284)

第 1 章　社群时代的品牌观察

互联网时代的社群平台具有极强的生命力，产品的内涵和外延获得极大提升，其价值创造的能力获得几何倍数的增强，经济运行核心已经从计划经济的政府和市场经济的企业转向互联网经济下的顾客。[1] 本章将从社群时代的内涵与特点、社群时代商业经济特征、社群时代企业品牌行为、社群时代消费者品牌行为和社群时代品牌行为与高质量发展等几个方面对社群时代品牌发展的情况进行介绍。

1.1　社群时代的内涵与特点

“社群”这一概念是当下学者和业界关注的热点，有学者定义社群为聚集在一起的拥有共同价值观的社会单位，它们有的存在于具体的地域中，有的存在于虚拟的网络里；有的学者认为在互联网模式中社群是一个两两相交的网状关系[2]，用于满足顾客和服务顾客，而社群发展到一定程度会自我运作，是一个自组织的过程；有的学者认为，所谓的社群逻辑就如顾客主导的 C2B 商业形态[3]。

人类群体性的活动通常会带有一定的地域性、共同观念或共同价值等特征，“社群”一词可以用来表述这种具有某种共同特征的群体活动。初期的“社群”概念关注人类的聚集和这种聚集所产生的义务，使群体能够更好地维持。德国学者 Tonnie 认为“社群”应该更关注人群间的关系。地域和血缘在限制人群活动的同时也在保护他们的利益，这种长期的稳定群体结构使群体间形成统一的价值观念和行为规范，从而获得排他的利益。因此，传统意义上社群的基本特征应该包括群体共同接受的意识、仪式和传统、道德责任。[4]

随着互联网技术的发展，这种基于某种共同特征而聚集的活动突破了地域的限制，使网络上社群组织数不胜数。一方面，大量网民因为自己的兴趣或工作生活需要加入不同的网络社群组织；另一方面，人们在网络空间中投入足够多的感情，进而组成一个由个人关系形成的网，同样产生了虚拟网络社群。[5]网络工具多样化促使更多的网络社群满足人们多样的兴趣和需求的同时，个人的大部分信息需求也能从不同的社群中获得，新兴社群变得愈加繁荣。[6]而较高活跃度的社群组织吸引着大量商业活动的参与，这种商业活动在社群互动中谋取利益的同时也在影响社群的发展。[7]虽然虚拟网络社群和新兴社群在传统社群基础上增加了互联网的技术背景，但是集结目的还是相同文化、价值、兴趣等的聚合，只是因为人们信息传递的方式从口口相传变成网络，因此具有扁平化和分享协作的特点。[8]

科技改变了整个世界的沟通方式，媒介技术让沟通更加自由，从面对面交流到非会面的交流，电话、短信、网络、邮件、微博、微信、视讯等方式都改变着人们既有的社交圈子，并可以完全依靠数据化反映的喜好、选择、操作习惯来塑造新的社交圈子。有学者在对社群信息传播的研究中发现，互联网技术促使人们重回部落社会。繁多的信息使人们的信息选择日益困难，依据互联网连接的社群使开放但烦杂的信息在社群中变得专一而封闭。社群的核心是社群中的成员，而这些成员是具有共同兴趣或者志同道合的人[9]，共同兴趣及价值的建立和维护是社群发展的关键因素。

1.2 社群时代商业经济特征

社群虚拟化的关系以及由此形成的关系链，影响着品牌营销的各个环节。专一且封闭的社群使社群经济具有生产和营销的柔性以及产品的双重性，即对内满足了差异化需求的产品，对外则是强化该社群自身的特质。[10]从理论源头来看，早在 1974 年，宝丝汀就提出“消费者社群”

的概念，认为消费社群是消费者在决定消费什么以及怎样消费的过程中自发形成一种无形的关系群体。1993 年，莱茵戈德开始从社会聚集的角度研究网络虚拟社群。2001 年，穆尼斯和奥吉恩提出品牌社群的概念，对基于品牌而形成的消费者与消费者之间的关系进行研究。在过去十余年中，国内外学者围绕品牌社群的概念特征、形成和作用机理等核心问题展开研究，但研究焦点还是基于品牌的消费者之间的关系。[11] 有学者提出，社群时代处于内容媒体、社交媒体、场景媒体三种媒体形态日益交叉融合的状态下，主流的商业逻辑是让内容有更多的入口平台和商业价值，不应简单停留于通过内容产品来获取红海竞争性流量的传统商业模式，而要构建以场景为入口、以内容为价值、以连接为中心、以社群为最大公约数的商业逻辑。[12] 从价值链的视角来看，内容媒体通过人与内容的连接，依靠流量逻辑获得广告收益；社交媒体通过人与人的连接，依靠关系逻辑催生共享经济；场景媒体通过人与场景的连接，依靠跨界逻辑产生电商支付。

“传播是一个社会过程，是我们人性活生生的本质。通过这一过程，我们与他人互相联系、共同创造社会现实、建立关系和自我认同。”[13] 社交分享在媒体价值链中的地位越来越重要，年轻一代用户更看重“新闻本体”之外的增值信息与功能，诸如内容的共鸣程度、社交或社群的意义等。人们通过他们的传播行为彼此关联，个体信息合并为循环出现的互动模式序列，不同细分领域的关系社群纷纷出现，人们生活在媒体营造的关系社会中，并在其中构建自我、重新定义生活。社交媒体正是承载与经营传播关系的平台，旨在激励内容创新的打赏、众筹、会员制、用户分成等营利方式，在增强用户黏性的同时也因超大用户基数为其带来了可观收益。有学者提出，在“互联网 + 媒体”大背景下，媒体融合的指导原则可以归纳为“商业模式新 4C 法则”，即以适合的场景（Context）为入口，以特定的社群（Community）为指向，以优质的内容（Content）为价值，以人、内容与品牌的连接（Connection）为中心。明确内容价值、用户社群、场景配给，并做到三方互联、环环相扣，将成为媒体优势价值链形成的最优风向标。[12] “罗辑思维”是社会化媒体运营创业项目，它以细分化的知识类内容吸引用户，形成具有共同理念、极具凝聚力的社群，并由此扩充会员、带动线下活动，最终通过电商使内容变现。借助高度贴近细分受众的优质内容，其商业模式在于告知用户“什么书值得买”，例如《物演通论》过去十多年只卖出8000册，而“罗辑思维”20天就将其卖了1.5万册。同样，在“互联网+医疗”已为大势所趋的背景下，“大姨吗”App看准女性健康应用市场，采用“内容+社区+电商”一体化的闭环模式，融合线上节目内容，全面对接女性健康领域。如今健康产品企业迫切需要从线下转到线上寻求新的盈利点，拥有庞大特定需求用户群的“大姨吗”因而极具广告投放与变现吸引力。

有学者认为，社群时代信息流、人流与物流相互连接且流通，最终建立起的应该是具有互联网思维的、全闭环的新型商业模式。社群经济的核心是以具有共同意志为依托的群体间稳定关系的变现，该类经济的商业模式是维护好群体间共同意志的稳定性与共同意志发展的稳定性与可控性。在新产品的开发上，产品新颖或者消费市场的细分都不是关键，其核心是新产品应该具有维护现有稳定的共同意志和引导共同意志稳定发展的作用。因此，新产品一定要显示社群独有的稳定意志，并且包含适量的引导信息，既引导稳定共同意志的发展，又不会对社群参与者因为新信息对现有的稳定意志产生分歧导致现有社群的分裂。而营销渠道的选择应该侧重使消费者能够体验产品中包含的信息，特别是包含的引导信息。线上营销还是线下营销应该由社群的规模决定。[12]

1.3 社群时代企业品牌行为

随着社群平台的进一步发展，传统的供应端与消费端得到极大的融合，供应端将成为两端沟通的平台提供商，而产品的设计乃至生产将由供应端与消费端共同决定。社群时代的品牌企业面对的环境已经发生重大改变，过去供方的单向输出流动被供需双方的双向交换流动替代；社群替代以前的技术和渠道成为异质性资源；提升价值的方式从以前增强产品的使用价值变成强化对产品使用价值的感知，强调顾客体验。本节将从品牌资源、品牌管理和品牌创新三个方面具体论述社群时代企业品牌行为的演化。

1.3.1　社群时代品牌资源

传统商业时代，品牌企业的异质性资源或者说竞争优势多在于技术优势、规模优势和分销渠道等，然而在互联网模式下，社群几乎成为品牌企业最重要的异质性资源，作为品牌的生存基础，知名度和忠实用户数量无法通过资本投入直接获得，需要机遇和沉淀。社群平台，一方面使消费者得到更大的满足，另一方面为企业提供隔离机制。品牌社群是企业拥有的独特的消费群体，拥有极大的消费黏性，可以作为企业组织独特、稀有性和不可替代性资源，它是企业组织持续成长的优势和基础。企业可以通过社群中获得的资源来创造价值，或者依靠它创新得来的生态系统来创造价值和获得成功。[3]

在过去，品牌方所重视的技术异质性是有能力边界且覆盖范围极为有限的，它被相似的替代品掠夺价值的可能性很大。换句话说，这个技术带来的产品只能覆盖一个点，哪怕是知识溢出带来的衍生品所获得的价值都可能与它无关，可供选择的替代产品数不胜数，因此，非颠覆性的技术优势很难凭此锁定消费者，相似产品的提供者就是企业的直接竞争者。比如，普遍存在的山寨模式就是利用以往技术的这种特质形成的，山寨产品利用了相关知识溢出，形成新的低价替代品，然后迅速占领市场。[3]而社群和技术不同，它通过与供应商和消费者共创价值来实现自身价值，这里它获取的是共创价值带来的收益。它给了消费者大量的体验空间，感知的价值极高，这种价值的非客观性限制了被模仿、替代的可能性，市场上也就不易出现直接竞争者。[14]

此外，消费者行为数据是社群时代品牌企业的另一重要资源。个人媒体兴起，大众媒体式微，工业社会的话语垄断被解构，移动互联网及可穿戴设备，物联网将重新连接人与人、人与物、物与物。在商业生态重构的过程中，个人数据成为商业竞争的重要资源，智能世界的新霸主将是数据资源拥有者或平台服务商。消费者社群在与企业组织的价值互动与价值协同中提供了特定的消费诉求、需求信息、消费习惯和消费偏好等隐性知识。如果说广告公司以往靠的是策略、创意和媒介购买能力，那么在社群时代则需要转向数据驱动，否则将无法满足社会化媒体时代品牌营销的发展需要。大数据创造了追踪、监测并满足消费者个体兴趣和需求的可能与现实，要寻找品牌的目标消费者，就必须对海量的互联网用户及其行为特征进行实时和准确的分析，即品牌营销必须转向数据驱动，以此掌握消费者数据，拓展销售链条，这也是企业需要建立大数据战略的根本原因。了解消费者需求和沉淀消费者数据，已经成为品牌应用大数据的双重门槛。从媒介思维向数据思维转型，是社会化媒体时代重构品牌营销思路的核心内容之一。

1.3.2 社群时代品牌管理

在过去，品牌营销与推广多依靠媒体的高强度曝光；社群时代，传播方式的去中心化和碎片化大大降低了媒体宣传这一品牌推广方式的效率，品牌社群成为企业维护与推广品牌更为重要的阵地。品牌社群是社群的一种新形式，它是以某一品牌为中心建立的一组社群关系。如今很多品牌如小米公司广告投放量相对较少，而是通过网上构建消费者族群进行交流，网下进行产品体验。

移动互联网时代，由于获得和传播信息的方式多样、成本降低，传播方式转向碎片化传播，传播呈两极发展：一是传统媒体弱化，中心化传播效率下降；二是社群、平台、自媒体崛起，引发全民参与，每个人既是传播受众也是传播者。而移动互联网更是将网络的公众性和广泛参与性的特质发挥到极致。商业平台同时成为人为聚集的社交平台，在网上实现了口碑宣传与推广，在推送特定企业信息的同时，自动屏蔽其他海量的信息。从小米手机和“逻辑思维”案例中，可以发现品牌需要寻找一个有认同感的人群，以价值服务为基础，使这群人与品牌产生互动，从而形成忠诚度和产生消费行为，并去影响更多的人，这就是品牌社群营销。身处社会化媒体时代，面对人人媒体的营销环境，品牌企业需要打造属于自己的营销推广阵地，让品牌社群成为一个以价值服务为核心驱动的互动型影响力平台，以社会化客户关系管理平台为基础形成销售转化，发掘关键意见领袖，进而聚集粉丝、扩大社群用户基数并影响更多消费者。社会化媒体时代品牌社群营销的核心是：建立一个聚集品牌共同价值观的社群，打造一个基于提供线上线下服务建立归属感和黏性的品牌体验社区，构建一个以收集数据为核心目的的品牌销售平台。

随着社会化媒体和大数据技术的发展，市场调研者、广告营销行业和广告主面临的一大挑战是如何通过各种信息渠道收集消费行为的实时数据，以及他们和品牌的互动行为。品牌营销需要借助大数据分析，找到实现精准互动营销的依据，进一步放大品牌营销传播的收益。具体来说，一方面可以挖掘潜在消费者意向，进行品牌销售转化。作为品牌社群营销的核心，品牌企业需要拥有自己的社会化客户关系管理工具平台，即构建自己的社会化媒体数据中心和客户关系管理系统，对各项服务运营沉淀下来的大量社群成员数据进行分析，对意向消费者进行分类，发掘潜在消费者意向，进行更加直接的品牌销售转化。另一方面发掘关键意见领袖，让社群成为自生长的品牌粉丝社区。借助大数据分析技术，挖掘社会化媒体平台的“弱关系”传播力量，在品牌社群主体中找到社会化媒体平台的关键意见领袖，这些意见领袖可能并不是品牌的目标消费者，但品牌能够借助意见领袖在社会化媒体平台的影响力，帮助品牌企业扩散营销内容，塑造品牌口碑，通过意见领袖的二次传播，吸引更多粉丝加入品牌社群，参与品牌社群的线上线下活动，实现品牌社群的自生长，让品牌社群成为能够自生长的粉丝社群。同时还能发现消费者需求，不断优化产品和服务。通过大数据分析挖掘，不仅能够对品牌的目标消费者进行精准营销，同时也能帮助品牌企业发现此前未曾察觉的消费者需求。大数据技术要解决的不是数据本身显示出的因果关系，而是在对大量非结构化数据进行系统研究的基础上，寻找大数据背后的规律，最终利用这个规律来创造全新的商业价值。对于社群营销而言，这种全新的商业价值表现为优化产品，升级品牌服务，让消费者获得更加极致的品牌体验。比如，耐克公司对其网站上的大量消费者真实数据进行分析发现：冬季，美国跑步的人数比非洲和欧洲多，但时间短；全球用户平均每次跑步时间为 35min；跑步者最喜欢听哪些歌曲。除此之外，耐克公司还掌握跑步者经常运动地区的地图。这对耐克公司了解消费者习惯、改进产品和精准营销起到积极作用。

1.3.3 社群时代品牌创新

无论是传统商业时代还是社群时代，创新始终是品牌保持生命力的必需要素。虽然如此，对于两者而言，创新路径却大不相同。传统工业强调以技术创新提高产能、降低成本，实现或创造新的功能；社群时代，越来越多的企业通过使自己的产品在消费者的感知中与众不同来获取回报。这一方面需要对消费者偏好的了解，另一方面还需要进行创新。有证据表明：在互联网时代，顾客强调体验，重视对产品的感知，对使用价值的增加（除非被感知到）并不感兴趣。[3]因此，更多的创新增值出现在企业与消费者的互动过程中，即给顾客更好的体验，产品对于消费者价值便越高。

这种提升用户产品感知的品牌创新并不仅仅依赖于品牌企业的产品定位与设计，很多时候是消费者与企业价值协同或创新协同的结果。有学者认为，社群时代品牌与消费者之间的关系由单向价值传递转变为企业与消费者双向价值协同，同时，企业的品牌被赋予社群的关系属性，转化为社群的品牌，融入顾客一次次价值互动下完成的体验当中。在社群逻辑下，产品的所有属性由于人的参与都有显著的提升。产品的寿命不再被定义为有限的，而是可以因为重要的人而缩短或延长；产品的销量起伏取决于人或网络之间关系的稳定程度，而不再被动地服从产品周期；产品的管理不再需要每个阶段不同的市场、金融、制造、销售和人力资源战略，而转向依靠大量的参与者在一个参与者网络中持续地使价值结构在重复鉴定过程中保持稳定。[15]

社群时代品牌创新另一个显著特征是关注长尾需求。规模经济时代，规模越大越经济，因为标准化与流水线生产的需要，品种越少越好；而社群逻辑却将这个规律倒置过来——大规模的定制化产品成为主流，价值是企业与顾客在大规模定制化产品生产过程中相互影响下创造出来的。[16]企业要尽可能满足长尾末端的需求，因为这是企业能否在市场中成功的基点。需要注意的是，在社群逻辑下，跨社群营销需要非常谨慎，因为社群讲究的是个性，物以类聚。正是由于群内对产品独特性的要求，就出现社群粉丝自限产品规模的要求。因而，社群逻辑与规模逻辑截然相反。企业如果不自限范围和规模，没有自己的核心粉丝社群，就无法实现价值。在互联网模式下，企业获得资源进行价值创造，对于社群的依赖度很高。当然，也要求企业形成多品种开发的能力，以满足社群中不同粉丝的需求。只有当社群建立，品牌、服务等才能够稳固地建造或共建起来。人们根据不同的需求，形成不同的偏好，构成了不同的小圈子或者不同的社群，企业的产品研发就从围绕着“物”转向围绕着“人”或“社群”来进行。在社群逻辑下，可以说互联网经济是基于人的经济，而非基于产品或物的经济。

有学者提出，社群时代品牌创新的具体内容可以归结为五个方面：注重挖掘传统市场边界之外的潜在需求，特别是长尾末端的需求；注重超越传统产业市场边界，往往进行跨界经营，推出新产品或新服务处于价值链的高端或具有独特性，具有较高的效用价值；追求针对社群消费者心理需求与社会需求的效用创新，注重为消费者创造产品的功能价值（需要满足）、情感价值（如品牌知觉与忠诚）、学习价值（经验、知识累积的机会）；市场顾客的消费体验强调企业组织的所有活动都是顾客体验，即从产品研发、设计再到生产、包装、物流配送、渠道终端的陈列和销售等环节都有消费者体验，以获得边际效用递增；重视来自需求方的范围经济，使消费者之间的效用函数相互依赖，并非相互排斥。[3]

1.4　社群时代消费者品牌行为

社群时代，消费者不再是商品的被动接受者，他们在品牌的发展乃至创造过程中的作用越发重要。信息壁垒被打破，信息不对称情况逐渐消失，消费者可以随时随地获取品牌信息，参与品牌活动，表达品牌喜好，投诉品牌不满。在此基础上，消费者甚至主动或被动地参与到品牌的塑造与打磨过程中：前者体现在消费者在品牌社群中的交流与互动中，他们愿意为自己认同的品牌贡献智慧，提供意见与建议；后者则体现在消费者的行为数据上，品牌的产品设计中越来越多地体现对消费者数据的关注与提炼，与互联网大范围内的稀疏数据不同，品牌社群记录、留存的数据往往具有更高的价值密度。

同时，众多基于移动互联网、物联网、云计算的新应用、新产业、新服务正在不断涌现，消费者的购买行为越来越多地产生于品牌企业结合地理位置提供的服务中，品牌企业因此得到更多的销售机会和数据收集机会。品牌传播渠道与销售渠道趋于融合，使消费者从接收到广告信息到发生购买行为的时间间隔逐渐缩短。[11] 这也意味着，对于消费者而言，品牌广告的影响力日益弱于效果广告，被海量信息轰炸的消费者不再关注媒体的强曝光性广告。某种程度上，品牌社群代替媒体成为品牌企业接触消费者的重要渠道，与传统的接触方式不同，这种接触不再是单向的，它同时也是消费者接触品牌企业的重要渠道。

随着产品的高度同质化，比传统广告传播更为重要的是用户体验，即用户体验成为品牌营销成败与否的决定性因素。极致的产品体验会激发消费者的分享热情，他们会利用社交媒体为品牌进行口碑传播，甚至会让品牌成为一个社会热点话题。对于品牌而言，消费者需要的不只是产品，而是“生活方式”社群。消费者不再是单纯的购买者，而是逐渐成为品牌粉丝。销售数据之外，品牌态度、品牌依恋等指标成为衡量品牌价值的重要因素。传统媒体时代的广告注重产品本身输出，而社群时代的消费者更加在意价值服务，以价值服务获得消费者的品牌忠诚，由此产生销售和口碑传播。以小米手机为例，它不是“制造”出来的，而是根据粉丝需求定制加工出来的，其本质是一种服务。在这个过程中，小米粉丝得到极大的参与度和满足感，因此产生较好的口碑，达到品牌传播的效果。“为发烧而生”的小米手机也成功将产品的使用体验变成一种生活方式。“小米社区”成为电子产品发烧友的社区，通过建立这种粉丝关系，最终达成品牌销售。

1.5 社群时代品牌行为与高质量发展

大力推行供给侧结构改革是转变经济增长方式的必然要求。社群平台实现了整合资源和利用资源的功能，更为重要的是，它调整了长久以来的供需关系，为供需平衡、高质量发展创造了很好的机会。社群平台能促进产品设计的发展。“产品设计”是资源配置在互联网中的术语，它是一个创造性的、综合性的处理信息过程，通过产品设计，人的需求被具体化且无限趋近理想的形式。在社群这个强调个性、突出偏好的平台上，目标顾客的需求和期望被放大到极致，然后企业配合 C2B 策略，根据需求提供生产，通过产品设计，使顾客感知的使用价值最大化，满足顾客需求，从而最大限度地实现供需平衡，满足价值创造的需要。

社群时代，消费者重视品牌产品的同时更加强调品牌的服务属性，如前文所述，小米手机定制化生产，与其说是产品，不如说是服务。服务所创造的价值在经济发展中占据了越来越重要的位置。与传统工业相比，以服务为中心的发展模式不再依赖资源的大量消耗，而是更加比拼对“人”的了解，以消费者的行为数据为驱动。这种发展方式显而易见地更加符合高质量发展的要求。

具体来说，社群时代品牌发展必须以大量用户数据为基础，而用户数据则来源于品牌提供给社群主体的各种服务，用高质量服务运营激活社会化客户关系管理的价值，由此形成销售转化和网络口碑传播。失去高质量的品牌社群服务运营，大数据则无从获得，社会化客户关系管理也终将成为一个摆设。因此，社群时代品牌发展的另一个核心要素是建立面向社群主体的多维服务体系，通过服务来聚集消费者，并获得大量消费者行为数据。耐克公司早在 2006 年就开始尝试社交网络和在线社区，与谷歌合作建立世界杯主题社交网站，随后又与苹果公司合作推出耐克 iPod 运动套装，在消费者每次跑步时都会记录跑步的时间、距离和其他信息，这些数据上传到耐克公司全球网站。同时，耐克公司网站还能帮助跑步者制定训练计划并分享训练结果，消费者也能通过耐克公司网站向跑友们发起挑战，以此与世界各地的跑友建立网络社区。近几年，耐克公司陆续推出 Nike + 芯片、Nike + GPS、Nike + Basketball 等产品，帮助消费者测量跑步和弹跳数据；在一些城市推出手机 App，向消费者提供餐饮、音乐、运动等生活资讯服务，同时消费者也能通过手机 App 找到耐克专卖店。大量线上线下相结合的服务都为打造耐克品牌社群、汇聚消费者数据创造了条件，而消费者自发传回的海量数据则是耐克公司巩固竞争优势的利器。社会化媒体时代，社群营销的基础硬件是社会化客户关系管理，软件核心则是基于线上线下服务的社群运营能力。多元化服务运营的目的是建立一个高黏性的生态系统，以此实现品牌社群平台用户基数拓展与使用黏性的维系，使之成为品牌口碑传播发源地、促成品牌销售的带客渠道、能够自生长的粉丝社区。

从社群时代品牌发展逻辑与发展模式来看，社群时代品牌发展的方式更加符合高质量发展的要求，符合创新、协调、绿色、开放、共享的发展理念，也是我国经济发展过程中质量变革、效率变革、动力变革、全要素生产率提高，不断增强经济创新力和竞争力的重要契机。

参考文献

[1] 李海舰，田跃新，李文杰. 互联网思维与传统企业再造 [J]. 中国工业经济，2014 (10)：135 - 146.

[2] 魏武挥. 社群经济与粉丝经济 [J]. 创业邦，2014 (8)：24.

[3] 罗珉，李亮宇. 互联网时代的商业模式创新：价值创造视角 [J]. 中国工业经济，2015，57 (1)：95 - 107.

[4] 周志民，李蜜. 西方品牌社群研究述评 [J]. 外国经济与管理，2008 (1).

[5] RHEINGOLD H. The virtual community home steading on the electronic frontier [M]. London：Cambridge MIT Press，2000.

[6] 邓胜利，胡吉明. Web 2.0 环境下网络社群理论研究综述 [J]. 中国图书馆学报，2010 (5)：90 - 95.

[7] 方敏，郭美文. 互联网时代社群经济商业模式探讨 [J]. 商业经济研究，2018 (10)：19 - 21.

[8] 何方. 新型社群与共享经济的持续发展 [J]. 浙江学刊，2016 (6).

[9] 吴超，饶佳艺，乔晗，等. 基于社群经济的自媒体商业模式创新——“罗辑思维”案例 [J]. 管理评论，2017 (4)：255 - 263.

[10] 王战，冯帆. 社群经济背景下的品牌传播与营销策略研究 [J]. 湖南师范大学（社会科学学报），2017 (1).

[11] 王佳炜，李亦宁. 社会化媒体时代品牌社群营销的核心逻辑 [J]. 当代传播，2014 (5)：93 - 95.

[12] 罗昕，李怡然. 互联网时代的媒体形态变迁与商业模式重构 [J]. 现代传播（中

国传媒大学学报），2017（10）：121－125.

［13］［美］巴克斯特，布雷思韦特. 人际传播：多元视角之下［M］. 殷晓蓉，等，译. 上海：上海译文出版社，2010：446.

［14］BOWMAN C，VÉRONIQUE AMBROSINIV. Value creation versus value capture：towards a coherent definition of value in strategy［J］. British Journal of Management，2000，11（1）：1－15.

［15］CHRISTIANSEN J K，VARNES C J，GASPARIN M，et al. Living twice：how a product goes through multiple life cycles［J］. Journal of Product Innovation Management，2010，27（6）：797－827.

［16］NAMBISAN S，BARONR A. Interactions in virtual customer environments：Implications for product support and customer relationship management［J］. Journal of Interactive Marketing，2007，21（2）：42－62.

第 2 章　2018 年品牌价值榜单与述评

本章将应用本系列年度品牌报告使用的品牌价值测算模型对我国沪深上市三年以上的公司品牌价值进行测算，得出品牌价值前 500 名的榜单并进行述评。[1]

2.1　品牌价值榜单

本章所得价值榜单数据来源为万得数据库、中经网、北大法宝、国泰安数据库和国家质量技术监督局官方网站，测算模型以 Interbrand 模型为基础，结合数据可得性与客观性进行调整（具体测算方法见附录），最终得出如表 2－1 所示的榜单。

表 2－1　品牌价值榜单

证券代码	证券简称	上市日期	所属行政区划	所属证监会行业名称	品牌价值/亿元	排名
601318. SH	中国平安	2007－03－01	广东	金融业	7672. 574	1
601398. SH	工商银行	2006－10－27	北京	金融业	5556. 552	2
601288. SH	农业银行	2010－07－15	北京	金融业	4532. 221	3
601988. SH	中国银行	2006－07－05	北京	金融业	2686. 767	4
601857. SH	中国石油	2007－11－05	北京	采矿业	1241. 852	5
000333. SZ	美的集团	2013－09－18	广东	制造业	1217. 911	6
600028. SH	中国石化	2001－08－08	北京	采矿业	1131. 397	7

[1] 因为数据获取问题，本榜单不含港、澳、台地区品牌。

续表

证券代码	证券简称	上市日期	所属行政区划	所属证监会行业名称	品牌价值/亿元	排名
600036. SH	招商银行	2002－04－09	广东	金融业	1085. 180	8
601939. SH	建设银行	2007－09－25	北京	金融业	825. 569	9
600104. SH	上汽集团	1997－11－25	上海	制造业	480. 725	10
600000. SH	浦发银行	1999－11－10	上海	金融业	422. 359	11
000651. SZ	格力电器	1996－11－18	广东	制造业	352. 597	12
600519. SH	贵州茅台	2001－08－27	贵州	制造业	297. 796	13
600690. SH	海尔智家	1993－11－19	山东	制造业	257. 871	14
000338. SZ	潍柴动力	2007－04－30	山东	制造业	223. 188	15
601628. SH	中国人寿	2007－01－09	北京	金融业	182. 401	16
600016. SH	民生银行	2000－12－19	北京	金融业	171. 801	17
601328. SH	交通银行	2007－05－15	上海	金融业	167. 530	18
002024. SZ	苏宁易购	2004－07－21	江苏	批发和零售业	157. 061	19
601225. SH	陕西煤业	2014－01－28	陕西	采矿业	148. 727	20
600050. SH	中国联通	2002－10－09	北京	信息传输、软件和信息技术服务业	148. 703	21
600196. SH	复星医药	1998－08－07	上海	制造业	143. 349	22
601766. SH	中国中车	2008－08－18	北京	制造业	132. 398	23
600585. SH	海螺水泥	2002－02－07	安徽	制造业	115. 185	24
601601. SH	中国太保	2007－12－25	上海	金融业	102. 955	25
000001. SZ	平安银行	1991－04－03	广东	金融业	97. 578	26
601998. SH	中信银行	2007－04－27	北京	金融业	89. 512	27
601898. SH	中煤能源	2008－02－01	北京	采矿业	88. 064	28
601238. SH	广汽集团	2012－03－29	广东	制造业	84. 771	29
600188. SH	兖州煤业	1998－07－01	山东	采矿业	83. 491	30
002415. SZ	海康威视	2010－05－28	浙江	制造业	81. 695	31
000002. SZ	万科 A	1991－01－29	广东	房地产业	80. 398	32
601800. SH	中国交建	2012－03－09	北京	建筑业	77. 082	33

续表

证券代码	证券简称	上市日期	所属行政区划	所属证监会行业名称	品牌价值/亿元	排名
601888. SH	中国国旅	2009 – 10 – 15	北京	租赁和商务服务业	71. 298	34
002304. SZ	洋河股份	2009 – 11 – 06	江苏	制造业	69. 298	35
601336. SH	新华保险	2011 – 12 – 16	北京	金融业	61. 729	36
600754. SH	锦江酒店	1996 – 10 – 11	上海	住宿和餐饮业	61. 197	37
002180. SZ	纳思达	2007 – 11 – 13	广东	制造业	54. 987	38
600887. SH	伊利股份	1996 – 03 – 12	内蒙古	制造业	53. 676	39
601186. SH	中国铁建	2008 – 03 – 10	北京	建筑业	50. 020	40
601088. SH	中国神华	2007 – 10 – 09	北京	采矿业	48. 464	41
300413. SZ	芒果超媒	2015 – 01 – 21	湖南	文化、体育和娱乐业	46. 165	42
600276. SH	恒瑞医药	2000 – 10 – 18	江苏	制造业	45. 541	43
601390. SH	中国中铁	2007 – 12 – 03	北京	建筑业	44. 631	44
600030. SH	中信证券	2003 – 01 – 06	广东	金融业	44. 199	45
600258. SH	首旅酒店	2000 – 06 – 01	北京	住宿和餐饮业	44. 105	46
600031. SH	三一重工	2003 – 07 – 03	北京	制造业	43. 148	47
601688. SH	华泰证券	2010 – 02 – 26	江苏	金融业	42. 427	48
601669. SH	中国电建	2011 – 10 – 18	北京	建筑业	31. 689	49
601166. SH	兴业银行	2007 – 02 – 05	福建	金融业	30. 334	50
000999. SZ	华润三九	2000 – 03 – 09	广东	制造业	29. 949	51
601818. SH	光大银行	2010 – 08 – 18	北京	金融业	29. 733	52
300003. SZ	乐普医疗	2009 – 10 – 30	北京	制造业	27. 752	53
002594. SZ	比亚迪	2011 – 06 – 30	广东	制造业	27. 509	54
000069. SZ	华侨城 A	1997 – 09 – 10	广东	房地产业	26. 862	55
600340. SH	华夏幸福	2003 – 12 – 30	河北	房地产业	26. 644	56
000553. SZ	安道麦 A	1993 – 12 – 03	湖北	制造业	26. 104	57
600019. SH	宝钢股份	2000 – 12 – 12	上海	制造业	25. 783	58

续表

证券代码	证券简称	上市日期	所属行政区划	所属证监会行业名称	品牌价值/亿元	排名
002352. SZ	顺丰控股	2010 - 02 - 05	广东	交通运输、仓储和邮政业	25. 473	59
600309. SH	万华化学	2001 - 01 - 05	山东	制造业	23. 634	60
300146. SZ	汤臣倍健	2010 - 12 - 15	广东	制造业	21. 511	61
000963. SZ	华东医药	2000 - 01 - 27	浙江	批发和零售业	20. 168	62
601211. SH	国泰君安	2015 - 06 - 26	上海	金融业	19. 137	63
000100. SZ	TCL 集团	2004 - 01 - 30	广东	制造业	17. 831	64
000858. SZ	五粮液	1998 - 04 - 27	四川	制造业	17. 627	65
600801. SH	华新水泥	1994 - 01 - 03	湖北	制造业	17. 138	66
600600. SH	青岛啤酒	1993 - 08 - 27	山东	制造业	16. 357	67
002294. SZ	信立泰	2009 - 09 - 10	广东	制造业	15. 406	68
600027. SH	华电国际	2005 - 02 - 03	山东	电力、热力、燃气及水生产和供应业	15. 303	69
600566. SH	济川药业	2001 - 08 - 22	湖北	制造业	15. 275	70
601899. SH	紫金矿业	2008 - 04 - 25	福建	采矿业	14. 867	71
601111. SH	中国国航	2006 - 08 - 18	北京	交通运输、仓储和邮政业	14. 757	72
601668. SH	中国建筑	2009 - 07 - 29	北京	建筑业	14. 078	73
000895. SZ	双汇发展	1998 - 12 - 10	河南	制造业	14. 053	74
601607. SH	上海医药	1994 - 03 - 24	上海	批发和零售业	13. 842	75
000596. SZ	古井贡酒	1996 - 09 - 27	安徽	制造业	13. 699	76
601360. SH	三六零	2012 - 01 - 16	江苏	信息传输、软件和信息技术服务业	12. 775	77
002230. SZ	科大讯飞	2008 - 05 - 12	安徽	信息传输、软件和信息技术服务业	12. 623	78
601992. SH	金隅集团	2011 - 03 - 01	北京	制造业	12. 016	79
603288. SH	海天味业	2014 - 02 - 11	广东	制造业	11. 926	80

续表

证券代码	证券简称	上市日期	所属行政区划	所属证监会行业名称	品牌价值/亿元	排名
600332. SH	白云山	2001－02－06	广东	制造业	11. 464	81
300070. SZ	碧水源	2010－04－21	北京	水利、环境和公共设施管理业	10. 917	82
600660. SH	福耀玻璃	1993－06－10	福建	制造业	10. 556	83
000898. SZ	鞍钢股份	1997－12－25	辽宁	制造业	10. 541	84
601727. SH	上海电气	2008－12－05	上海	制造业	10. 395	85
000983. SZ	西山煤电	2000－07－26	山西	采矿业	10. 366	86
002422. SZ	科伦药业	2010－06－03	四川	制造业	9. 898	87
600297. SH	广汇汽车	2000－11－16	辽宁	批发和零售业	9. 350	88
300122. SZ	智飞生物	2010－09－28	重庆	制造业	9. 331	89
002202. SZ	金风科技	2007－12－26	新疆	制造业	8. 538	90
601169. SH	北京银行	2007－09－19	北京	金融业	8. 507	91
002008. SZ	大族激光	2004－06－25	广东	制造业	8. 352	92
002032. SZ	苏泊尔	2004－08－17	浙江	制造业	8. 118	93
000501. SZ	鄂武商 A	1992－11－20	湖北	批发和零售业	8. 083	94
600673. SH	东阳光	1993－09－17	广东	综合	8. 063	95
000568. SZ	泸州老窖	1994－05－09	四川	制造业	7. 788	96
600588. SH	用友网络	2001－05－18	北京	信息传输、软件和信息技术服务业	7. 549	97
601633. SH	长城汽车	2011－09－28	河北	制造业	7. 360	98
000938. SZ	紫光股份	1999－11－04	北京	制造业	7. 036	99
603993. SH	洛阳钼业	2012－10－09	河南	采矿业	6. 984	100
600068. SH	葛洲坝	1997－05－26	湖北	建筑业	6. 976	101
600406. SH	国电南瑞	2003－10－16	江苏	信息传输、软件和信息技术服务业	6. 646	102
600377. SH	宁沪高速	2001－01－16	江苏	交通运输、仓储和邮政业	6. 643	103

续表

证券代码	证券简称	上市日期	所属行政区划	所属证监会行业名称	品牌价值/亿元	排名
600062. SH	华润双鹤	1997－05－22	北京	制造业	6. 537	104
000725. SZ	京东方 A	2001－01－12	北京	制造业	6. 470	105
600837. SH	海通证券	1994－02－24	上海	金融业	6. 447	106
300144. SZ	宋城演艺	2010－12－09	浙江	文化、体育和娱乐业	6. 322	107
600029. SH	南方航空	2003－07－25	广东	交通运输、仓储和邮政业	6. 253	108
002583. SZ	海能达	2011－05－27	广东	制造业	6. 174	109
000538. SZ	云南白药	1993－12－15	云南	制造业	6. 167	110
600018. SH	上港集团	2006－10－26	上海	交通运输、仓储和邮政业	6. 123	111
300015. SZ	爱尔眼科	2009－10－30	湖南	卫生和社会工作	6. 098	112
600315. SH	上海家化	2001－03－15	上海	制造业	5. 873	113
601933. SH	永辉超市	2010－12－15	福建	批发和零售业	5. 808	114
600346. SH	恒力石化	2001－08－20	辽宁	制造业	5. 702	115
000932. SZ	华菱钢铁	1999－08－03	湖南	制造业	5. 649	116
601101. SH	昊华能源	2010－03－31	北京	采矿业	5. 649	117
000661. SZ	长春高新	1996－12－18	吉林	制造业	5. 638	118
002142. SZ	宁波银行	2007－07－19	浙江	金融业	5. 620	119
600741. SH	华域汽车	1996－08－26	上海	制造业	5. 585	120
000617. SZ	中油资本	1996－10－22	新疆	金融业	5. 556	121
600398. SH	海澜之家	2000－12－28	江苏	制造业	5. 460	122
002773. SZ	康弘药业	2015－06－26	四川	制造业	5. 424	123
601618. SH	中国中冶	2009－09－21	北京	建筑业	5. 420	124
601155. SH	新城控股	2015－12－04	江苏	房地产业	5. 299	125
600572. SH	康恩贝	2004－04－12	浙江	制造业	5. 270	126

续表

证券代码	证券简称	上市日期	所属行政区划	所属证监会行业名称	品牌价值/亿元	排名
000423. SZ	东阿阿胶	1996－07－29	山东	制造业	5. 200	127
600299. SH	安迪苏	2000－04－20	北京	制造业	5. 161	128
002563. SZ	森马服饰	2011－03－11	浙江	制造业	4. 939	129
601001. SH	大同煤业	2006－06－23	山西	采矿业	4. 926	130
002038. SZ	双鹭药业	2004－09－09	北京	制造业	4. 819	131
600023. SH	浙能电力	2013－12－19	浙江	电力、热力、燃气及水生产和供应业	4. 722	132
000157. SZ	中联重科	2000－10－12	湖南	制造业	4. 664	133
300142. SZ	沃森生物	2010－11－12	云南	制造业	4. 662	134
002271. SZ	东方雨虹	2008－09－10	北京	制造业	4. 639	135
600606. SH	绿地控股	1992－03－27	上海	房地产业	4. 233	136
000639. SZ	西王食品	1996－11－26	山东	制造业	4. 180	137
002236. SZ	大华股份	2008－05－20	浙江	制造业	3. 987	138
601006. SH	大秦铁路	2006－08－01	山西	交通运输、仓储和邮政业	3. 940	139
601009. SH	南京银行	2007－07－19	江苏	金融业	3. 860	140
600085. SH	同仁堂	1997－06－25	北京	制造业	3. 787	141
600827. SH	百联股份	1994－02－04	上海	批发和零售业	3. 660	142
600066. SH	宇通客车	1997－05－08	河南	制造业	3. 512	143
600985. SH	淮北矿业	2004－04－28	安徽	采矿业	3. 502	144
600089. SH	特变电工	1997－06－18	新疆	制造业	3. 486	145
600352. SH	浙江龙盛	2003－08－01	浙江	制造业	3. 406	146
002419. SZ	天虹股份	2010－06－01	广东	批发和零售业	3. 366	147
002736. SZ	国信证券	2014－12－29	广东	金融业	3. 322	148
600177. SH	雅戈尔	1998－11－19	浙江	制造业	3. 299	149

续表

证券代码	证券简称	上市日期	所属行政区划	所属证监会行业名称	品牌价值/亿元	排名
600548. SH	深高速	2001－12－25	广东	交通运输、仓储和邮政业	3. 243	150
600429. SH	三元股份	2003－09－15	北京	制造业	3. 198	151
600828. SH	茂业商业	1994－02－24	四川	批发和零售业	3. 194	152
600867. SH	通化东宝	1994－08－24	吉林	制造业	3. 193	153
000776. SZ	广发证券	1997－06－11	广东	金融业	3. 048	154
600809. SH	山西汾酒	1994－01－06	山西	制造业	3. 010	155
000723. SZ	美锦能源	1997－05－15	山西	制造业	2. 993	156
600535. SH	天士力	2002－08－23	天津	制造业	2. 973	157
000967. SZ	盈峰环境	2000－03－30	浙江	水利、环境和公共设施管理业	2. 945	158
600115. SH	东方航空	1997－11－05	上海	交通运输、仓储和邮政业	2. 915	159
000401. SZ	冀东水泥	1996－06－14	河北	制造业	2. 831	160
601928. SH	凤凰传媒	2011－11－30	江苏	文化、体育和娱乐业	2. 803	161
600211. SH	西藏药业	1999－07－21	西藏	制造业	2. 798	162
001979. SZ	招商蛇口	2015－12－30	广东	房地产业	2. 761	163
300498. SZ	温氏股份	2015－11－02	广东	农、林、牧、渔业	2. 761	164
002027. SZ	分众传媒	2004－08－04	广东	租赁和商务服务业	2. 742	165
601699. SH	潞安环能	2006－09－22	山西	采矿业	2. 732	166
000869. SZ	张裕 A	2000－10－26	山东	制造业	2. 708	167
600545. SH	卓郎智能	2003－12－03	新疆	制造业	2. 638	168
600010. SH	包钢股份	2001－03－09	内蒙古	制造业	2. 606	169
002146. SZ	荣盛发展	2007－08－08	河北	房地产业	2. 597	170
002120. SZ	韵达股份	2007－03－06	浙江	交通运输、仓储和邮政业	2. 586	171

续表

证券代码	证券简称	上市日期	所属行政区划	所属证监会行业名称	品牌价值/亿元	排名
000998. SZ	隆平高科	2000－12－11	湖南	农、林、牧、渔业	2. 586	172
600703. SH	三安光电	1996－05－28	湖北	制造业	2. 554	173
600487. SH	亨通光电	2003－08－22	江苏	制造业	2. 527	174
600999. SH	招商证券	2009－11－17	广东	金融业	2. 524	175
002739. SZ	万达电影	2015－01－22	北京	文化、体育和娱乐业	2. 516	176
002508. SZ	老板电器	2010－11－23	浙江	制造业	2. 492	177
600559. SH	老白干酒	2002－10－29	河北	制造业	2. 454	178
002001. SZ	新和成	2004－06－25	浙江	制造业	2. 378	179
603866. SH	桃李面包	2015－12－22	辽宁	制造业	2. 367	180
002007. SZ	华兰生物	2004－06－25	河南	制造业	2. 363	181
002044. SZ	美年健康	2005－05－18	江苏	卫生和社会工作	2. 324	182
600415. SH	小商品城	2002－05－09	浙江	租赁和商务服务业	2. 273	183
002311. SZ	海大集团	2009－11－27	广东	制造业	2. 248	184
000786. SZ	北新建材	1997－06－06	北京	制造业	2. 196	185
600252. SH	中恒集团	2000－11－30	广西	制造业	2. 185	186
002653. SZ	海思科	2012－01－17	西藏	制造业	2. 174	187
600567. SH	山鹰纸业	2001－12－18	安徽	制造业	2. 172	188
002372. SZ	伟星新材	2010－03－18	浙江	制造业	2. 163	189
000425. SZ	徐工机械	1996－08－28	江苏	制造业	2. 154	190
002601. SZ	龙蟒佰利	2011－07－15	河南	制造业	2. 146	191
603518. SH	锦泓集团	2014－12－03	江苏	制造业	2. 140	192
000737. SZ	ST 南风	1997－04－28	山西	制造业	2. 135	193
300124. SZ	汇川技术	2010－09－28	广东	制造业	2. 119	194
603589. SH	口子窖	2015－06－29	安徽	制造业	2. 095	195
000039. SZ	中集集团	1994－04－08	广东	制造业	2. 083	196

续表

证券代码	证券简称	上市日期	所属行政区划	所属证监会行业名称	品牌价值/亿元	排名
600570. SH	恒生电子	2003 - 12 - 16	浙江	信息传输、软件和信息技术服务业	2. 072	197
002223. SZ	鱼跃医疗	2008 - 04 - 18	江苏	制造业	2. 058	198
002410. SZ	广联达	2010 - 05 - 25	北京	信息传输、软件和信息技术服务业	2. 034	199
600438. SH	通威股份	2004 - 03 - 02	四川	制造业	2. 018	200
601107. SH	四川成渝	2009 - 07 - 27	四川	交通运输、仓储和邮政业	1. 987	201
002737. SZ	葵花药业	2014 - 12 - 30	黑龙江	制造业	1. 984	202
600637. SH	东方明珠	1993 - 03 - 16	上海	信息传输、软件和信息技术服务业	1. 982	203
600271. SH	航天信息	2003 - 07 - 11	北京	制造业	1. 951	204
002602. SZ	世纪华通	2011 - 07 - 28	浙江	制造业	1. 946	205
601877. SH	正泰电器	2010 - 01 - 21	浙江	制造业	1. 938	206
603808. SH	歌力思	2015 - 04 - 22	广东	制造业	1. 918	207
000408. SZ	藏格控股	1996 - 06 - 28	青海	制造业	1. 875	208
300296. SZ	利亚德	2012 - 03 - 15	北京	制造业	1. 829	209
001872. SZ	招商港口	1993 - 05 - 05	广东	交通运输、仓储和邮政业	1. 826	210
600518. SH	ST 康美	2001 - 03 - 19	广东	制造业	1. 823	211
600699. SH	均胜电子	1993 - 12 - 06	浙江	制造业	1. 790	212
600132. SH	重庆啤酒	1997 - 10 - 30	重庆	制造业	1. 735	213
002572. SZ	索菲亚	2011 - 04 - 12	广东	制造业	1. 725	214
000921. SZ	海信家电	1999 - 07 - 13	广东	制造业	1. 711	215
600420. SH	现代制药	2004 - 06 - 16	上海	制造业	1. 707	216
601600. SH	中国铝业	2007 - 04 - 30	北京	制造业	1. 705	217

续表

证券代码	证券简称	上市日期	所属行政区划	所属证监会行业名称	品牌价值/亿元	排名
600323. SH	瀚蓝环境	2000 - 12 - 25	广东	水利、环境和公共设施管理业	1. 699	218
000625. SZ	长安汽车	1997 - 06 - 10	重庆	制造业	1. 651	219
002466. SZ	天齐锂业	2010 - 08 - 31	四川	制造业	1. 640	220
601098. SH	中南传媒	2010 - 10 - 28	湖南	文化、体育和娱乐业	1. 628	221
002373. SZ	千方科技	2010 - 03 - 18	北京	信息传输、软件和信息技术服务业	1. 626	222
002745. SZ	木林森	2015 - 02 - 17	广东	制造业	1. 606	223
000839. SZ	中信国安	1997 - 10 - 31	北京	信息传输、软件和信息技术服务业	1. 598	224
000732. SZ	泰禾集团	1997 - 07 - 04	福建	房地产业	1. 597	225
002493. SZ	荣盛石化	2010 - 11 - 02	浙江	制造业	1. 580	226
002640. SZ	跨境通	2011 - 12 - 08	山西	批发和零售业	1. 576	227
002545. SZ	东方铁塔	2011 - 02 - 11	山东	制造业	1. 544	228
600201. SH	生物股份	1999 - 01 - 15	内蒙古	制造业	1. 528	229
000513. SZ	丽珠集团	1993 - 10 - 28	广东	制造业	1. 528	230
603883. SH	老百姓	2015 - 04 - 23	湖南	批发和零售业	1. 515	231
600380. SH	健康元	2001 - 06 - 08	广东	制造业	1. 512	232
300176. SZ	派生科技	2011 - 02 - 15	广东	制造业	1. 465	233
000830. SZ	鲁西化工	1998 - 08 - 07	山东	制造业	1. 462	234
002439. SZ	启明星辰	2010 - 06 - 23	北京	信息传输、软件和信息技术服务业	1. 436	235
600498. SH	烽火通信	2001 - 08 - 23	湖北	制造业	1. 428	236
002382. SZ	蓝帆医疗	2010 - 04 - 02	山东	制造业	1. 423	237
600298. SH	安琪酵母	2000 - 08 - 18	湖北	制造业	1. 408	238

续表

证券代码	证券简称	上市日期	所属行政区划	所属证监会行业名称	品牌价值/亿元	排名
600873. SH	梅花生物	1995－02－17	西藏	制造业	1. 401	239
600256. SH	广汇能源	2000－05－26	新疆	采矿业	1. 396	240
000860. SZ	顺鑫农业	1998－11－04	北京	制造业	1. 393	241
600176. SH	中国巨石	1999－04－22	浙江	制造业	1. 388	242
000927. SZ	一汽夏利	1999－07－27	天津	制造业	1. 387	243
002603. SZ	以岭药业	2011－07－28	河北	制造业	1. 374	244
600633. SH	浙数文化	1993－03－04	浙江	信息传输、软件和信息技术服务业	1. 367	245
600307. SH	酒钢宏兴	2000－12－20	甘肃	制造业	1. 361	246
600123. SH	兰花科创	1998－12－17	山西	采矿业	1. 340	247
000620. SZ	新华联	1996－10－29	北京	房地产业	1. 307	248
600436. SH	片仔癀	2003－06－16	福建	制造业	1. 300	249
000598. SZ	兴蓉环境	1996－05－29	四川	电力、热力、燃气及水生产和供应业	1. 296	250
600337. SH	美克家居	2000－11－27	新疆	批发和零售业	1. 296	251
000980. SZ	众泰汽车	2000－06－16	安徽	制造业	1. 290	252
600808. SH	马钢股份	1994－01－06	安徽	制造业	1. 284	253
002614. SZ	奥佳华	2011－09－09	福建	制造业	1. 254	254
600859. SH	王府井	1994－05－06	北京	批发和零售业	1. 252	255
603899. SH	晨光文具	2015－01－27	上海	制造业	1. 250	256
600373. SH	中文传媒	2002－03－04	江西	文化、体育和娱乐业	1. 242	257
601139. SH	深圳燃气	2009－12－25	广东	电力、热力、燃气及水生产和供应业	1. 223	258

续表

证券代码	证券简称	上市日期	所属行政区划	所属证监会行业名称	品牌价值/亿元	排名
000826. SZ	启迪环境	1998－02－25	湖北	水利、环境和公共设施管理业	1. 219	259
300009. SZ	安科生物	2009－10－30	安徽	制造业	1. 216	260
600557. SH	康缘药业	2002－09－18	江苏	制造业	1. 206	261
000623. SZ	吉林敖东	1996－10－28	吉林	制造业	1. 194	262
002035. SZ	华帝股份	2004－09－01	广东	制造业	1. 169	263
002507. SZ	涪陵榨菜	2010－11－23	重庆	制造业	1. 162	264
000813. SZ	德展健康	1998－05－19	新疆	制造业	1. 157	265
000848. SZ	承德露露	1997－11－13	河北	制造业	1. 147	266
002399. SZ	海普瑞	2010－05－06	广东	制造业	1. 142	267
603939. SH	益丰药房	2015－02－17	湖南	批发和零售业	1. 138	268
002050. SZ	三花智控	2005－06－07	浙江	制造业	1. 113	269
002004. SZ	华邦健康	2004－06－25	重庆	制造业	1. 095	270
600579. SH	克劳斯	2002－08－09	山东	制造业	1. 083	271
000166. SZ	申万宏源	2015－01－26	新疆	金融业	1. 077	272
600236. SH	桂冠电力	2000－03－23	广西	电力、热力、燃气及水生产和供应业	1. 072	273
000488. SZ	晨鸣纸业	2000－11－20	山东	制造业	1. 067	274
600779. SH	水井坊	1996－12－06	四川	制造业	1. 025	275
300145. SZ	中金环境	2010－12－09	浙江	制造业	1. 022	276
002607. SZ	中公教育	2011－08－10	安徽	教育	1. 011	277
600500. SH	中化国际	2000－03－01	上海	制造业	1. 005	278
600516. SH	方大炭素	2002－08－30	甘肃	制造业	1. 001	279
600015. SH	华夏银行	2003－09－12	北京	金融业	0. 983	280
600750. SH	江中药业	1996－09－23	江西	制造业	0. 980	281

续表

证券代码	证券简称	上市日期	所属行政区划	所属证监会行业名称	品牌价值/亿元	排名
600399. SH	ST 抚钢	2000 - 12 - 29	辽宁	制造业	0. 977	282
000560. SZ	我爱我家	1994 - 02 - 02	云南	房地产业	0. 968	283
600056. SH	中国医药	1997 - 05 - 15	北京	制造业	0. 961	284
600733. SH	北汽蓝谷	1996 - 08 - 16	北京	制造业	0. 957	285
002470. SZ	金正大	2010 - 09 - 08	山东	制造业	0. 940	286
000537. SZ	广宇发展	1993 - 12 - 10	天津	房地产业	0. 938	287
600582. SH	天地科技	2002 - 05 - 15	北京	制造业	0. 937	288
002153. SZ	石基信息	2007 - 08 - 13	北京	信息传输、软件和信息技术服务业	0. 931	289
600872. SH	中炬高新	1995 - 01 - 24	广东	制造业	0. 920	290
002385. SZ	大北农	2010 - 04 - 09	北京	制造业	0. 908	291
000719. SZ	中原传媒	1997 - 03 - 31	河南	文化、体育和娱乐业	0. 907	292
002127. SZ	南极电商	2007 - 04 - 18	江苏	租赁和商务服务业	0. 905	293
300294. SZ	博雅生物	2012 - 03 - 08	江西	制造业	0. 900	294
601158. SH	重庆水务	2010 - 03 - 29	重庆	电力、热力、燃气及水生产和供应业	0. 898	295
002424. SZ	贵州百灵	2010 - 06 - 03	贵州	制造业	0. 894	296
000778. SZ	新兴铸管	1997 - 06 - 06	河北	制造业	0. 894	297
603568. SH	伟明环保	2015 - 05 - 28	浙江	水利、环境和公共设施管理业	0. 892	298
300017. SZ	网宿科技	2009 - 10 - 30	上海	信息传输、软件和信息技术服务业	0. 890	299
000959. SZ	首钢股份	1999 - 12 - 16	北京	制造业	0. 876	300
600482. SH	中国动力	2004 - 07 - 14	河北	制造业	0. 875	301

续表

证券代码	证券简称	上市日期	所属行政区划	所属证监会行业名称	品牌价值/亿元	排名
000766. SZ	通化金马	1997－04－30	吉林	制造业	0. 874	302
002078. SZ	太阳纸业	2006－11－16	山东	制造业	0. 856	303
600655. SH	豫园股份	1992－09－02	上海	批发和零售业	0. 852	304
601012. SH	隆基股份	2012－04－11	陕西	制造业	0. 851	305
002405. SZ	四维图新	2010－05－18	北京	信息传输、软件和信息技术服务业	0. 848	306
000629. SZ	攀钢钒钛	1996－11－15	四川	制造业	0. 845	307
002317. SZ	众生药业	2009－12－11	广东	制造业	0. 838	308
600048. SH	保利地产	2006－07－31	广东	房地产业	0. 837	309
600998. SH	九州通	2010－11－02	湖北	批发和零售业	0. 828	310
000876. SZ	新希望	1998－03－11	四川	制造业	0. 820	311
002371. SZ	北方华创	2010－03－16	北京	制造业	0. 812	312
601216. SH	君正集团	2011－02－22	内蒙古	制造业	0. 806	313
600522. SH	中天科技	2002－10－24	江苏	制造业	0. 797	314
600061. SH	国投资本	1997－05－19	上海	金融业	0. 794	315
000989. SZ	九芝堂	2000－06－28	湖南	制造业	0. 794	316
601179. SH	中国西电	2010－01－28	陕西	制造业	0. 793	317
300136. SZ	信维通信	2010－11－05	广东	制造业	0. 789	318
600839. SH	四川长虹	1994－03－11	四川	制造业	0. 780	319
000671. SZ	阳光城	1996－12－18	福建	房地产业	0. 770	320
600875. SH	东方电气	1995－10－10	四川	制造业	0. 769	321
000910. SZ	大亚圣象	1999－06－30	江苏	制造业	0. 749	322
600138. SH	中青旅	1997－12－03	北京	租赁和商务服务业	0. 749	323
000923. SZ	河北宣工	1999－07－14	河北	采矿业	0. 746	324
600580. SH	卧龙电驱	2002－06－06	浙江	制造业	0. 739	325
002475. SZ	立讯精密	2010－09－15	广东	制造业	0. 736	326

续表

证券代码	证券简称	上市日期	所属行政区划	所属证监会行业名称	品牌价值/亿元	排名
002624. SZ	完美世界	2011 - 10 - 28	浙江	信息传输、软件和信息技术服务业	0. 725	327
603567. SH	珍宝岛	2015 - 04 - 24	黑龙江	制造业	0. 718	328
601558. SH	ST 锐电	2011 - 01 - 13	北京	制造业	0. 715	329
600729. SH	重庆百货	1996 - 07 - 02	重庆	批发和零售业	0. 713	330
600426. SH	华鲁恒升	2002 - 06 - 20	山东	制造业	0. 698	331
002019. SZ	亿帆医药	2004 - 07 - 13	浙江	制造业	0. 697	332
002293. SZ	罗莱生活	2009 - 09 - 10	江苏	制造业	0. 697	333
000930. SZ	中粮科技	1999 - 07 - 12	安徽	制造业	0. 692	334
000597. SZ	东北制药	1996 - 05 - 23	辽宁	制造业	0. 687	335
000650. SZ	仁和药业	1996 - 12 - 10	江西	制造业	0. 684	336
600771. SH	广誉远	1996 - 11 - 05	青海	制造业	0. 673	337
002314. SZ	南山控股	2009 - 12 - 03	广东	房地产业	0. 673	338
600623. SH	华谊集团	1992 - 12 - 04	上海	制造业	0. 671	339
002755. SZ	奥赛康	2015 - 05 - 15	北京	制造业	0. 668	340
600277. SH	亿利洁能	2000 - 07 - 25	内蒙古	制造业	0. 666	341
002411. SZ	延安必康	2010 - 05 - 25	陕西	制造业	0. 661	342
600528. SH	中铁工业	2001 - 05 - 28	四川	制造业	0. 658	343
002010. SZ	传化智联	2004 - 06 - 29	浙江	租赁和商务服务业	0. 657	344
600285. SH	羚锐制药	2000 - 10 - 18	河南	制造业	0. 652	345
002174. SZ	游族网络	2007 - 09 - 25	福建	信息传输、软件和信息技术服务业	0. 651	346
600422. SH	昆药集团	2000 - 12 - 06	云南	制造业	0. 646	347
000065. SZ	北方国际	1998 - 06 - 05	北京	建筑业	0. 645	348
002558. SZ	巨人网络	2011 - 03 - 02	重庆	信息传输、软件和信息技术服务业	0. 643	349

续表

证券代码	证券简称	上市日期	所属行政区划	所属证监会行业名称	品牌价值/亿元	排名
600160. SH	巨化股份	1998－06－26	浙江	制造业	0. 641	350
600020. SH	中原高速	2003－08－08	河南	交通运输、仓储和邮政业	0. 641	351
600219. SH	南山铝业	1999－12－23	山东	制造业	0. 639	352
000034. SZ	神州数码	1994－05－09	广东	批发和零售业	0. 637	353
002697. SZ	红旗连锁	2012－09－05	四川	批发和零售业	0. 630	354
600409. SH	三友化工	2003－06－18	河北	制造业	0. 630	355
000683. SZ	远兴能源	1997－01－31	内蒙古	制造业	0. 630	356
002241. SZ	歌尔股份	2008－05－22	山东	制造业	0. 625	357
600466. SH	蓝光发展	2001－02－12	四川	房地产业	0. 624	358
300459. SZ	金科文化	2015－05－15	浙江	制造业	0. 617	359
603369. SH	今世缘	2014－07－03	江苏	制造业	0. 616	360
002262. SZ	恩华药业	2008－07－23	江苏	制造业	0. 613	361
600885. SH	宏发股份	1996－02－05	湖北	制造业	0. 598	362
600597. SH	光明乳业	2002－08－28	上海	制造业	0. 587	363
600461. SH	洪城水业	2004－06－01	江西	电力、热力、燃气及水生产和供应业	0. 575	364
600161. SH	天坛生物	1998－06－16	北京	制造业	0. 574	365
600022. SH	山东钢铁	2004－06－29	山东	制造业	0. 569	366
300166. SZ	东方国信	2011－01－25	北京	信息传输、软件和信息技术服务业	0. 563	367
000060. SZ	中金岭南	1997－01－23	广东	制造业	0. 559	368
600507. SH	方大特钢	2003－09－30	江西	制造业	0. 556	369
000900. SZ	现代投资	1999－01－28	湖南	交通运输、仓储和邮政业	0. 553	370

续表

证券代码	证券简称	上市日期	所属行政区划	所属证监会行业名称	品牌价值/亿元	排名
002275. SZ	桂林三金	2009 - 07 - 10	广西	制造业	0. 550	371
000937. SZ	冀中能源	1999 - 09 - 09	河北	采矿业	0. 547	372
600295. SH	鄂尔多斯	2001 - 04 - 26	内蒙古	制造业	0. 547	373
600348. SH	阳泉煤业	2003 - 08 - 21	山西	采矿业	0. 534	374
002626. SZ	金达威	2011 - 10 - 28	福建	制造业	0. 533	375
002437. SZ	誉衡药业	2010 - 06 - 23	黑龙江	制造业	0. 532	376
002242. SZ	九阳股份	2008 - 05 - 28	山东	制造业	0. 532	377
000672. SZ	上峰水泥	1996 - 12 - 18	甘肃	制造业	0. 523	378
600521. SH	华海药业	2003 - 03 - 04	浙江	制造业	0. 522	379
300001. SZ	特锐德	2009 - 10 - 30	山东	制造业	0. 522	380
600153. SH	建发股份	1998 - 06 - 16	福建	批发和零售业	0. 518	381
300043. SZ	星辉娱乐	2010 - 01 - 20	广东	信息传输、软件和信息技术服务业	0. 514	382
000528. SZ	柳工	1993 - 11 - 18	广西	制造业	0. 514	383
002092. SZ	中泰化学	2006 - 12 - 08	新疆	制造业	0. 512	384
000887. SZ	中鼎股份	1998 - 12 - 03	安徽	制造业	0. 508	385
300433. SZ	蓝思科技	2015 - 03 - 18	湖南	制造业	0. 504	386
002543. SZ	万和电气	2011 - 01 - 28	广东	制造业	0. 500	387
600282. SH	南钢股份	2000 - 09 - 19	江苏	制造业	0. 489	388
002085. SZ	万丰奥威	2006 - 11 - 28	浙江	制造业	0. 488	389
600781. SH	ST 辅仁	1996 - 12 - 18	河南	制造业	0. 478	390
002332. SZ	仙琚制药	2010 - 01 - 12	浙江	制造业	0. 478	391
300357. SZ	我武生物	2014 - 01 - 21	浙江	制造业	0. 477	392
000789. SZ	万年青	1997 - 09 - 23	江西	制造业	0. 475	393
600378. SH	昊华科技	2001 - 01 - 11	四川	制造业	0. 469	394
600694. SH	大商股份	1993 - 11 - 22	辽宁	批发和零售业	0. 466	395

续表

证券代码	证券简称	上市日期	所属行政区划	所属证监会行业名称	品牌价值/亿元	排名
600129. SH	太极集团	1997 - 11 - 18	重庆	制造业	0. 459	396
600329. SH	中新药业	2001 - 06 - 06	天津	制造业	0. 457	397
600804. SH	鹏博士	1994 - 01 - 03	四川	信息传输、软件和信息技术服务业	0. 456	398
002049. SZ	紫光国微	2005 - 06 - 06	河北	制造业	0. 455	399
002435. SZ	长江润发	2010 - 06 - 18	江苏	制造业	0. 455	400
002557. SZ	洽洽食品	2011 - 03 - 02	安徽	制造业	0. 454	401
000902. SZ	新洋丰	1999 - 04 - 08	湖北	制造业	0. 452	402
002080. SZ	中材科技	2006 - 11 - 20	江苏	制造业	0. 450	403
000035. SZ	中国天楹	1994 - 04 - 08	江苏	水利、环境和公共设施管理业	0. 444	404
000739. SZ	普洛药业	1997 - 05 - 09	浙江	制造业	0. 442	405
300482. SZ	万孚生物	2015 - 06 - 30	广东	制造业	0. 434	406
601717. SH	郑煤机	2010 - 08 - 03	河南	制造业	0. 429	407
000402. SZ	金融街	1996 - 06 - 26	北京	房地产业	0. 428	408
000516. SZ	国际医学	1993 - 08 - 09	陕西	卫生和社会工作	0. 425	409
600978. SH	宜华生活	2004 - 08 - 24	广东	制造业	0. 423	410
000961. SZ	中南建设	2000 - 03 - 01	江苏	房地产业	0. 419	411
002013. SZ	中航机电	2004 - 07 - 05	湖北	制造业	0. 414	412
002287. SZ	奇正藏药	2009 - 08 - 28	西藏	制造业	0. 411	413
600702. SH	舍得酒业	1996 - 05 - 24	四川	制造业	0. 407	414
300298. SZ	三诺生物	2012 - 03 - 19	湖南	制造业	0. 407	415
600195. SH	中牧股份	1999 - 01 - 07	北京	制造业	0. 405	416
002461. SZ	珠江啤酒	2010 - 08 - 18	广东	制造业	0. 403	417
002179. SZ	中航光电	2007 - 11 - 01	河南	制造业	0. 400	418
002215. SZ	诺普信	2008 - 02 - 18	广东	制造业	0. 396	419

续表

证券代码	证券简称	上市日期	所属行政区划	所属证监会行业名称	品牌价值/亿元	排名
000028. SZ	国药一致	1993 - 08 - 09	广东	批发和零售业	0. 394	420
000009. SZ	中国宝安	1991 - 06 - 25	广东	综合	0. 391	421
600096. SH	云天化	1997 - 07 - 09	云南	制造业	0. 385	422
600893. SH	航发动力	1996 - 04 - 08	陕西	制造业	0. 384	423
603019. SH	中科曙光	2014 - 11 - 06	天津	制造业	0. 384	424
002251. SZ	步步高	2008 - 06 - 19	湖南	批发和零售业	0. 383	425
600884. SH	杉杉股份	1996 - 01 - 30	浙江	制造业	0. 382	426
601989. SH	中国重工	2009 - 12 - 16	北京	制造业	0. 381	427
000066. SZ	中国长城	1997 - 06 - 26	广东	制造业	0. 379	428
300058. SZ	蓝色光标	2010 - 02 - 26	北京	租赁和商务服务业	0. 376	429
002612. SZ	朗姿股份	2011 - 08 - 30	北京	制造业	0. 372	430
600216. SH	浙江医药	1999 - 10 - 21	浙江	制造业	0. 371	431
600497. SH	驰宏锌锗	2004 - 04 - 20	云南	采矿业	0. 367	432
000933. SZ	神火股份	1999 - 08 - 31	河南	制造业	0. 364	433
000977. SZ	浪潮信息	2000 - 06 - 08	山东	制造业	0. 362	434
603588. SH	高能环境	2014 - 12 - 29	北京	水利、环境和公共设施管理业	0. 358	435
600681. SH	百川能源	1993 - 10 - 18	湖北	电力、热力、燃气及水生产和供应业	0. 355	436
600143. SH	金发科技	2004 - 06 - 23	广东	制造业	0. 355	437
002444. SZ	巨星科技	2010 - 07 - 13	浙江	制造业	0. 355	438
300203. SZ	聚光科技	2011 - 04 - 15	浙江	制造业	0. 351	439
002677. SZ	浙江美大	2012 - 05 - 25	浙江	制造业	0. 350	440
300253. SZ	卫宁健康	2011 - 08 - 18	上海	信息传输、软件和信息技术服务业	0. 349	441

续表

证券代码	证券简称	上市日期	所属行政区划	所属证监会行业名称	品牌价值/亿元	排名
600737. SH	中粮糖业	1996－07－31	新疆	制造业	0. 346	442
000156. SZ	华数传媒	2000－09－06	浙江	文化、体育和娱乐业	0. 345	443
300212. SZ	易华录	2011－05－05	北京	信息传输、软件和信息技术服务业	0. 344	444
600803. SH	新奥股份	1994－01－03	河北	制造业	0. 343	445
600739. SH	辽宁成大	1996－08－19	辽宁	批发和零售业	0. 343	446
603198. SH	迎驾贡酒	2015－05－28	安徽	制造业	0. 341	447
600596. SH	新安股份	2001－09－06	浙江	制造业	0. 341	448
000759. SZ	中百集团	1997－05－19	湖北	批发和零售业	0. 340	449
300033. SZ	同花顺	2009－12－25	浙江	信息传输、软件和信息技术服务业	0. 339	450
300168. SZ	万达信息	2011－01－25	上海	信息传输、软件和信息技术服务业	0. 334	451
601689. SH	拓普集团	2015－03－19	浙江	制造业	0. 331	452
600635. SH	大众公用	1993－03－04	上海	电力、热力、燃气及水生产和供应业	0. 330	453
002468. SZ	申通快递	2010－09－08	浙江	交通运输、仓储和邮政业	0. 327	454
002020. SZ	京新药业	2004－07－15	浙江	制造业	0. 326	455
000050. SZ	深天马 A	1995－03－15	广东	制造业	0. 323	456
002511. SZ	中顺洁柔	2010－11－25	广东	制造业	0. 313	457
600971. SH	恒源煤电	2004－08－17	安徽	采矿业	0. 313	458
300450. SZ	先导智能	2015－05－18	江苏	制造业	0. 312	459
002727. SZ	一心堂	2014－07－02	云南	批发和零售业	0. 308	460

续表

证券代码	证券简称	上市日期	所属行政区划	所属证监会行业名称	品牌价值/亿元	排名
600959. SH	江苏有线	2015 - 04 - 28	江苏	信息传输、软件和信息技术服务业	0. 307	461
000027. SZ	深圳能源	1993 - 09 - 03	广东	电力、热力、燃气及水生产和供应业	0. 306	462
300012. SZ	华测检测	2009 - 10 - 30	广东	科学研究和技术服务业	0. 305	463
002376. SZ	新北洋	2010 - 03 - 23	山东	制造业	0. 304	464
002299. SZ	圣农发展	2009 - 10 - 21	福建	农、林、牧、渔业	0. 303	465
300271. SZ	华宇软件	2011 - 10 - 26	北京	信息传输、软件和信息技术服务业	0. 300	466
000564. SZ	供销大集	1994 - 01 - 10	陕西	批发和零售业	0. 299	467
600229. SH	城市传媒	2000 - 03 - 09	山东	文化、体育和娱乐业	0. 299	468
601566. SH	九牧王	2011 - 05 - 30	福建	制造业	0. 298	469
600479. SH	千金药业	2004 - 03 - 12	湖南	制造业	0. 295	470
600076. SH	康欣新材	1997 - 05 - 26	山东	制造业	0. 295	471
603799. SH	华友钴业	2015 - 01 - 29	浙江	制造业	0. 294	472
300369. SZ	绿盟科技	2014 - 01 - 29	北京	信息传输、软件和信息技术服务业	0. 293	473
600008. SH	首创股份	2000 - 04 - 27	北京	电力、热力、燃气及水生产和供应业	0. 292	474
002074. SZ	国轩高科	2006 - 10 - 18	江苏	制造业	0. 292	475
600705. SH	中航资本	1996 - 05 - 16	黑龙江	金融业	0. 289	476
603077. SH	和邦生物	2012 - 07 - 31	四川	制造业	0. 289	477

续表

证券代码	证券简称	上市日期	所属行政区划	所属证监会行业名称	品牌价值/亿元	排名
002353. SZ	杰瑞股份	2010 - 02 - 05	山东	制造业	0. 288	478
300233. SZ	金城医药	2011 - 06 - 22	山东	制造业	0. 287	479
600981. SH	汇鸿集团	2004 - 06 - 30	江苏	批发和零售业	0. 285	480
300485. SZ	赛升药业	2015 - 06 - 26	北京	制造业	0. 283	481
002460. SZ	赣锋锂业	2010 - 08 - 10	江西	制造业	0. 283	482
600515. SH	海航基础	2002 - 08 - 06	海南	房地产业	0. 282	483
601801. SH	皖新传媒	2010 - 01 - 18	安徽	文化、体育和娱乐业	0. 280	484
002327. SZ	富安娜	2009 - 12 - 30	广东	制造业	0. 280	485
600704. SH	物产中大	1996 - 06 - 06	浙江	批发和零售业	0. 277	486
000525. SZ	红太阳	1993 - 10 - 28	江苏	制造业	0. 273	487
300026. SZ	红日药业	2009 - 10 - 30	天津	制造业	0. 271	488
300408. SZ	三环集团	2014 - 12 - 03	广东	制造业	0. 270	489
000729. SZ	燕京啤酒	1997 - 07 - 16	北京	制造业	0. 268	490
000540. SZ	中天金融	1994 - 02 - 02	贵州	房地产业	0. 267	491
601100. SH	恒立液压	2011 - 10 - 28	江苏	制造业	0. 266	492
600569. SH	安阳钢铁	2001 - 08 - 20	河南	制造业	0. 264	493
002465. SZ	海格通信	2010 - 08 - 31	广东	制造业	0. 262	494
600183. SH	生益科技	1998 - 10 - 28	广东	制造业	0. 261	495
002233. SZ	塔牌集团	2008 - 05 - 16	广东	制造业	0. 259	496
600060. SH	海信电器	1997 - 04 - 22	山东	制造业	0. 258	497
002672. SZ	东江环保	2012 - 04 - 26	广东	制造业	0. 256	498
300059. SZ	东方财富	2010 - 03 - 19	上海	信息传输、软件和信息技术服务业	0. 254	499
600449. SH	宁夏建材	2003 - 08 - 29	宁夏	制造业	0. 253	500

2.2　品牌价值榜单述评

2018 年我国上市公司品牌价值前 500 名榜单企业涉及 18 个行业。其中，制造行业的企业数量居于首位，有 303 家制造企业进入榜单，超过上榜企业总数的一半；31 家金融业企业上榜，总数居于第二位；批发零售、信息行业和采矿业企业分别位于第三、第四、第五位。住宿和餐饮行业仅有两家企业上榜，分别为首旅酒店和锦江酒店，说明我国服务业仍有广阔的发展空间。具体上榜品牌行业企业分布统计如表 2－2 所示。

表 2－2　上榜品牌行业企业分布统计

所属证监会行业名称	数量/家	排名
制造业	303	1
金融业	31	2
批发和零售业	29	3
信息传输、软件和信息技术服务业	29	4
采矿业	20	5
房地产业	19	6
交通运输、仓储和邮政业	14	7
电力、热力、燃气及水生产和供应业	11	8
文化、体育和娱乐业	10	9
建筑业	8	10
水利、环境和公共设施管理业	7	11
租赁和商务服务业	7	11
农、林、牧、渔业	3	13
卫生和社会工作	3	13
住宿和餐饮业	2	15
综合	2	15
教育	1	17
科学研究和技术服务业	1	17

统计上榜企业地域分布情况可以发现，数量最多的5个省级行政区域分别为北京、广东、浙江、江苏和上海，其中北京上榜企业数量为78家，占据总数量的15.6%，这5个省级行政区域的上榜企业数量总和为267家，超过榜单总数的一半，我国品牌发展的区域不平衡特征十分显著，以直辖市、东部沿海省份及长江中下游地区省份分布较为集中。值得注意的是，在西部、边疆地区，上榜品牌具有地域性特色，且涉及行业与民生或日常消费品相关性较大，如四川上榜品牌有五粮液、云南有云南白药、内蒙古有伊利股份、贵州有贵州茅台（见表2－3）。

表2－3　上榜品牌企业数量行政区域分布统计

所属行政区划	上榜品牌企业数量/家	排名
北京	78	1
广东	74	2
浙江	51	3
江苏	34	4
上海	30	5
山东	29	6
四川	21	7
安徽	16	8
湖北	15	9
河北	14	10
湖南	14	10
福建	13	12
河南	13	12
山西	10	14
新疆	10	14
重庆	9	16
江西	8	17
辽宁	8	17
内蒙古	7	19

续表

所属行政区划	上榜品牌企业数量/家	排名
陕西	7	20
云南	7	20
天津	6	22
吉林	4	23
广西	4	23
黑龙江	4	23
西藏	4	23
甘肃	3	27
贵州	3	27
青海	2	29
海南	1	30
宁夏	1	30

由表 2－2、表 2－3 可以明显看出，我国品牌发展在行业和地域上都呈现显著的不均衡特点。那么，具体到不同行业的地域分布情况又是什么样的呢？上榜品牌总数量排名前五的行业（即制造业、金融业、批发零售业、信息业、采矿业）企业数量地区分布分别如表 2－4 ~ 表 2－8 所示。

表 2－4　制造业上榜品牌企业行政区域分布统计

所属行政区划	品牌企业数量/家	排名
广东	46	1
浙江	35	2
北京	31	3
山东	26	4
江苏	20	5
四川	15	6
安徽	11	7
上海	11	7

续表

所属行政区划	品牌企业数量/家	排名
河北	10	9
河南	10	9
湖北	9	11
内蒙古	7	12
湖南	6	13
江西	6	13
新疆	6	13
重庆	6	13
福建	5	17
辽宁	5	17
天津	5	17
吉林	4	20
陕西	4	20
西藏	4	20
云南	4	20
甘肃	3	24
广西	3	24
黑龙江	3	24
山西	3	24
贵州	2	28
青海	2	28
宁夏	1	30

表 2－5　金融业上榜品牌企业行政区域分布统计

所属行政区划	品牌企业数量/家	排名
北京	11	1
广东	7	2
上海	6	3

续表

所属行政区划	品牌企业数量/家	排名
江苏	2	4
新疆	2	4
福建	1	6
黑龙江	1	6
浙江	1	6

表 2－6　批发零售业上榜品牌企业行政区域分布统计

所属行政区划	品牌企业数量/家	排名
广东	3	1
湖北	3	1
湖南	3	1
辽宁	3	1
上海	3	1
福建	2	6
江苏	2	6
四川	2	6
浙江	2	6
北京	1	10
山西	1	10
陕西	1	10
新疆	1	10
云南	1	10
重庆	1	10

表 2－7　信息业上榜品牌企业行政区域分布统计

所属行政区划	品牌企业数量/家	排名
北京	12	1
上海	5	2

续表

所属行政区划	品牌企业数量/家	排名
浙江	4	3
江苏	3	4
安徽	1	5
福建	1	6
广东	1	6
四川	1	6
重庆	1	6

表 2－8　采矿业上榜品牌企业行政区域分布统计

所属行政区划	品牌企业数量/家	排名
北京	5	1
山西	5	1
安徽	2	3
河北	2	3
福建	1	5
河南	1	5
山东	1	5
陕西	1	5
新疆	1	5
云南	1	5

由重点行业上榜企业区域分布可以看出，北京凭借其政治、经济地位及充足的人力资本，在金融业和信息业发展领先，广东、浙江等地区则在制造业领域表现突出。其中，广东凭借其区位优势及良好的轻工业发展基础，在电器、汽车、医药等制造业领域有优异表现，而浙江则涌现出以海康威视、大华股份为代表的智能制造业代表性企业。另外，在金融、制造、批发零售、信息和采矿这 5 个上榜品牌数量最多的行业中，批发零售业的地域分布最为均衡。

此外，还可以发现，除前十名品牌所属企业的资产规模较大外，后续企业规模差异并不明显，其排名与资产规模相关性较低。一方面，意味着行业龙头规模效应与商标品牌价值的提升相互促进；另一方面，企业可以通过品牌管理，确定优势、发挥所长，提升品牌价值。

2018 年，中国经济保持平稳发展趋势，城乡居民人均可支配收入及消费能力稳步提升，供给侧结构性改革有力、有序地推进，产业结构不断优化，消费结构升级。伴随着我国宏观经济趋稳，经济运行保持在合理区间，结构调整不断深化，消费与服务业对经济增长的贡献持续提升，新旧动能转换加快，各行各业在面临结构调整、增效提质的挑战中抓住机遇，其中，金融和制造业的企业表现尤其亮眼。

2018 年，在世界经济复苏依然缓慢且不均衡、“黑天鹅事件”频出的背景下，我国坚持稳增长、调结构、惠民生、防风险，主动适应和引领新常态，切实防范金融风险，加强金融监管，针对银行、券商、资管、保险等多个领域存在的突出问题重点突击、解决、规范，并且避免断崖式收缩，逐步实现平稳过渡。短期来看，加强金融监管使金融机构承压；但长期来看则有利于正本清源，券商、银行等在此过程中加强内部控制、把握自身优势并积极探索创新业务模式，走出一条更健康的发展之路。

2018 年上榜企业榜单中有大华股份、完美世界和蓝色光标等多家互联网、人工智能领域的重要企业，新兴行业与传统行业企业共争辉，具有重要意义。各银行纷纷设立网络金融部，银行、保险、券商等机构运用人工智能技术进行研究投资，基于互联网技术建立、完善交易系统，与电子商务、社交媒体相结合，创新业务模式，实现巨大的新增长。无论是传统行业还是新兴行业企业，都因互联网和人工智能的应用而不断持续提升商标品牌价值，激发经济活力。

此外，服装、零售等传统行业在消费升级、电商冲击等作用下持续承压，加速产业出清的同时，也在压力之下不断找寻发展之路。以森马服饰等为代表的企业逆势而上，顺应消费者价值观与消费需求模式变化，加速从工业时代进入互联网时代，以消费者作为行业闭环的起点和终点，调整产品结构类型，注重品牌营销与口碑建立，最终突围重生，成为行业细分领域新的“带头人”。

2.3 品牌价值榜单应用延伸❶

我国国土幅员辽阔，不同地区发展条件、发展进程千差万别，为了全面评估各地区品牌发展现状，及时发现并针对性地解决品牌发展中的问题，需要构建出一套适应世界发展形势、评价要素尽可能全面、兼顾不同阶段不同行业，同时考虑区域经济发展阶段差异的评价指标体系。[1]品牌价值榜单有助于构建量化评估品牌经济的高质量发展水平的框架模型。在鼓励创新创业的大环境下，我国各具特色的大型企业与中小企业呈现百花齐放的态势，其中既产生了享誉中外的“大品牌”，也有虽然只在某一区域闻名，但基数庞大的“中小品牌”。因而，在对各区域品牌发展进行评估时，不能一概而论，考虑到它们各自对所属地区品牌发展水平的贡献，在构建区域品牌发展评价指标体系时可以采取“点面结合”的方法，以各地区代表性品牌为“点”，大量中小品牌为“面”，进行全面考量。

虽然目前尚未形成对区域品牌发展成果评价的权威文献，但是国内外学者针对相关问题的研究已经有许多优秀成果，可以发现前人建立的区域品牌评价框架大多是对区域品牌现状的静态评价，缺少动态的发展视角。本节拟构建的区域品牌发展指数，是希望从发展的角度评估区域品牌建设。回顾以往较为权威的发展类问题评价指标，可以明显看出，发展类问题评价指标基本围绕发展的规模、速度、质量以及效益四个方面展开。例如，联合国开发计划署提出的人类发展指数（Human Development Index，HDI），其中预期寿命指标反映的是发展规模，教育水准和生活质量指标测量反映的是发展质量；普华永道全球联合世界银行共同发布的《世界纳税指数》中指出，纳税次数测评反映的是发展规模，纳税时间和税后流程则反映了发展速度；新华·国际金融中心发展指数中的金融市场发展测量了发展规模，成长发展测量了发展速度，产业支

❶ 本小节内容已在《中华商标》发表。

持则测量了发展贡献；中国社科院城市竞争力指数中的经济综合竞争力评价、经济密度指数等反映的是城市发展规模，经济增量指数则测评了城市发展速度。因此，本节从发展的上述四个维度出发，结合区域品牌具体特征来评价区域品牌发展情况。

梳理前人的研究成果获得针对区域品牌评价的相关概念，并与上述发展的四个维度结合，可以给本节拟建立的区域品牌发展相关测量指标很多启示。如发展规模维度通常涉及品牌国际化[2]、品牌出口率[3]、品牌知名度、品牌信赖度、品牌联想度[4]等指标，发展速度维度则包含品牌发展速度[5]等指标，发展质量维度包含品牌质量[6]、品牌形象[7]、品牌美誉度、用户满意度[8]、持续发展、品牌情感[9]等指标，发展贡献维度则通常涉及贡献率[10]等指标。

区域品牌发展规模是体系区域品牌发展水平最直观的体现。发展规模不仅表现在物质数量上，影响力的大小也是发展规模的一种表现。因此，该评价指数发展规模这一维度包含品牌数量、国际影响和市场表现三个方面。品牌数量是彰显区域品牌经济繁荣程度的显性表现，是衡量区域品牌发展水平的基础指标。为了衡量这一指标，笔者考虑了区域商标总体规模和知识产权聚集度两个方面。商标是品牌的法律载体，是品牌发展的法律保障；知识产权聚集度则反映了区域产业发展优势[11]，它体现了区域内企业对知识产权的重视程度与因之产生的知识产权聚集效果，对区域品牌发展具有十分重要的战略意义。

市场表现是品牌发展规模的另一表现维度。市场表现是消费者对不同的品牌营销活动做出的不同反应的效果的体现，代表了消费者对品牌给出的总体性的效用评价。[12]有学者认为，消费者在精神上对品牌的认可和支持实质上就是对品牌的需求，消费者对品牌所属组织或机构提供的产品与服务的感受，决定了品牌价值的大小，这也是品牌存在的意义。[13]联合利华董事长迈克尔·佩里将品牌定义为由消费者对在日常生活中商品的感觉引发的相关意义的综合体。这种定义充分考虑了消费者因素，如与品牌相关的消费者满意度、忠诚度，体现了企业与消费者之间的互动作用。[14,15]从上述对品牌和品牌价值的追根溯源与文献梳理中可以发现，评价品牌市场表现，关注重点在于用户对品牌的态度，包括用户规模、知名度、用户满意度、用户忠诚度等，这些可以作为衡量品牌市场表现的指标。然而，对于一个区域内数量众多的大中小品牌而言，收集并计算每一个品牌的上述测量要素显然是不现实的，基于数据可获得性与评价体系的可操作性原则，仅以各区域入选的代表性品牌为评估对象。

品牌国际化在一些研究中被界定为在国际市场尤其是在国际主流市场建立品牌资产的过程[16]，这一过程的结果——国际影响力是品牌发展规模的一种表现。我国的品牌国际化研究起始于对外贸增长方式转型的思考。改革开放以来，我国的对外贸易取得了长足的发展，尤其是加入世界贸易组织后，外贸发展增速连续多年保持在20%以上，2007 年外贸贸易总额更是超过 2 万亿美元，成为仅次于美国的世界第二大贸易国。然而，国际市场上中国品牌的缺失，已成为我国由贸易大国步入贸易强国的最大制约因素。企业品牌国际化已成为我国转变外贸增长方式的一个重要课题，也开始受到国内企业界和学术界的广泛关注。[17]在区域代表性品牌的层面上，笔者以国际影响力为品牌国际化这一维度的测量指标；在区域整体层面上，则以国际商标数量作为测量指标。

发展速度是日常社会经济工作中经常用来表示某一时期内某动态指标发展变化状况的动态相对数。我们把对比两个时期的发展水平抽象成为一个比例数来表示某一事物在这段对比时期内发展变化的方向和程度，分析研究事物发展变化规律。我国各地区商标品牌发展的基础水平相差悬殊，但在推进品牌经济发展的相关政策引领下，它们纷纷步入了品牌发展的快车道，因而只关注现状而忽视未来趋势的指标体系难免有失偏颇。

2016 年 6 月 10 日，《国务院办公厅关于发挥品牌引领作用推动供需结构升级的意见》的发布，正式将品牌作为现阶段我国经济结构改革升级的关键动力摆在重要的地位上，吹响了我国发展品牌经济的号角；2017 年 5 月 10 日，“中国品牌日”以“深化供给侧结构性改革，全面开启自主品牌发展新时代”为主题迎来了首个庆典日，标志着国家品牌战略的持续推进。这些都是我国区域品牌加速发展的助推剂。区域品牌发展不是一时一刻的事情，而是一项长期的事业，评价指数应该在关注现状的同时考虑未来的趋势。所以本书在考虑发展规模的基础上，同样关注发展速度，即品牌数量增长、市场表现改进和国际影响提升。

区域内商标品牌数量增长和知识产权活跃度能够动态地体现一个区域的品牌发展速度。市场表现改进主要依靠品牌用户规模扩大、品牌知名度提高、品牌满意度提升、品牌忠诚度加强等量化指标衡量。在品牌国际影响力提升的维度上测量分为区域代表性品牌和区域全部品牌两部分。区域代表性品牌的国际影响力提升可以从国际知名度提高的角度进行衡量，比如测量外网社交媒体讨论度的升高；区域全部品牌则很难逐一测量国际知名度变化情况，但国际化商标数量的增加即马德里商标数量增长可以在一定程度上反映该区域品牌国际影响力的整体水平。

现代营销学之父菲利普·科特勒（Philip Kotler）和南希·李（Nancy Lee）在他们的著作《企业的社会责任》中，将企业社会责任定义为衡量企业为提高社会福祉所付出的企业资源和实际努力的指标。用一种对自己有利的方式来回报社会和经营自己是企业或组织的常用手段，也因此产生了品牌的社会效益。在中国，对企业社会责任的研究最早可以追溯到 1990 年，袁家方在《企业社会责任》中提出了企业社会责任的概念，认为企业除了取得市场竞争的胜利外，还有责任和义务通过企业的成就帮助社会进步发展。类似地，也有学者认为，在寻求经济利益的同时，企业也需要维护各种社会的利益，比如道德法律等。[18,19] 目前，在“放管服”的背景下，建立服务型政府，要求企业承担更多社会责任。

品牌建设有助于在中高端消费培育新增长点和支持传统产业优化升级，以品牌为核心整合各种经济要素，可以带动经济整体运营，经济结构升级转型，帮助地区实现经济的持续健康增长。毋庸置疑，区域品牌在快速发展的同时会给整个区域带来巨大的经济效益和社会效益。基于数据的可得性，在经济效益方面，可以只考量“点面结合”中的“面”，即区域品牌整体的经济效益——品牌价值密度；而在社会效益方面，则只考量了“点”，即代表性品牌的社会效益。基于指标体系的可操作性原则，笔者以万元 GDP 的品牌价值作为经济效益的测量指标；以就业岗位比例即代表性品牌从业人口占区域劳动人口的比例作为社会效益的测量指标。

2014 年 5 月 10 日，习近平总书记在中铁工程装备集团有限公司考察时提出“推动中国制造向中国创造转变、中国速度向中国质量转变、中国产品向中国品牌转变”的“三个转变”重要指示。党的十九大报告指出，我国经济已由高速增长阶段转向高质量发展阶段，正处在转变发展方式、优化经济结构、转换增长动力的攻关期，建设现代化经济体系是跨越关口的迫切要求和我国发展的战略目标。我国经济发展已经由关注速度转为关注质量，区域品牌的发展在关注发展规模、发展速度与效益的同时同样需要重视发展质量。指标构建过程中，发展质量的测量指标包括强势品牌培育和持续品牌建设两个方面。

强势品牌培育的测度包含代表性品牌规模水平和区域品牌美誉度。前者是指区域入选代表性品牌榜单的品牌数量，后者则包括驰名商标数量和地理标志商标数量。衡量一个区域的品牌发展水平，不仅要考虑当下或一时的状态，更要衡量品牌发展的可持续性。在区域品牌整体层面上，以商标的续展率作为衡量标准，当一个商标持续使用一定年限，即使不能发展成为著名品牌，在一定程度上也可以被认为是一个较为稳定的中小品牌。此外，由于我国悠久的历史和文化，至今存留了一大批中华老字号品牌，笔者将各区域老字号品牌存留的状况作为评价区域品牌持续发展水平的另一个衡量标准。换言之，笔者在测度持续品牌建设水平时主要衡量商标延续水平和老字号商标留存情况，即商标续展率和老字号商标数量。

基于此，区域品牌发展指数（RBDI）的各级指标如表 2－9 所示。

表 2－9　区域品牌发展指数指标体系

<table>
<tr><th>一级指标</th><th>二级指标</th><th>三级指标</th><th>四级指标</th><th>测量项目</th></tr>
<tr><td rowspan="3">发展规模</td><td rowspan="3">品牌数量</td><td rowspan="3">区域品牌
整体规模水平</td><td>总体规模</td><td>商标数量</td></tr>
<tr><td rowspan="2">知识产权聚集度</td><td>商标聚集度（企业平均商标数量）</td></tr>
<tr><td>有效专利聚集度（企业平均有效专利数量）</td></tr>
</table>

续表

<table>
<tr><th>一级指标</th><th>二级指标</th><th>三级指标</th><th>四级指标</th><th>测量项目</th></tr>
<tr><td rowspan="7">发展规模</td><td rowspan="4">市场表现</td><td rowspan="4">代表性品牌市场表现</td><td>品牌用户规模</td><td>微博等粉丝数量</td></tr>
<tr><td>品牌知名度</td><td>社交媒体讨论热度</td></tr>
<tr><td>品牌满意度</td><td>用户正面口碑占比</td></tr>
<tr><td>品牌忠诚度</td><td>用户推荐比例、活跃粉丝比例</td></tr>
<tr><td rowspan="3">国际影响</td><td>代表性品牌国际化水平</td><td>国际影响力</td><td>外网社媒讨论热度</td></tr>
<tr><td rowspan="2">区域品牌整体国际化水平</td><td rowspan="2">国际化商标数量</td><td>马德里商标数量</td></tr>
<tr><td>企业平均马德里商标数量</td></tr>
<tr><td rowspan="7">发展速度</td><td rowspan="3">品牌数量增长</td><td rowspan="3">区域品牌整体规模水平增长率</td><td>总体规模增长率</td><td>商标数量增长率</td></tr>
<tr><td rowspan="2">知识产权活跃度</td><td>企业平均商标密度增长率（新增商标与企业比值）</td></tr>
<tr><td>企业平均专利密度增长率（新增专利与企业比值）</td></tr>
<tr><td rowspan="4">市场表现改进</td><td rowspan="4">代表性品牌市场表现改进</td><td>品牌用户规模扩大</td><td>微博等粉丝数量增加</td></tr>
<tr><td>品牌知名度提高</td><td>社交媒体讨论热度提高</td></tr>
<tr><td>品牌满意度提升</td><td>用户正面口碑占比升高</td></tr>
<tr><td>品牌忠诚度加强</td><td>用户推荐比例、活跃粉丝比例提高</td></tr>
</table>

续表

一级指标	二级指标	三级指标	四级指标	测量项目
发展速度	国际影响提升	代表性品牌国际化水平提升	国际知名度提高	外网社媒讨论热度提高
		区域品牌整体国际化水平提升	国际化商标数量增加	马德里商标数量
				企业平均马德里商标数量
发展效益	经济效益	区域品牌整体经济效益	品牌价值密度	万元 GDP 的品牌价值
	社会效益	代表性品牌社会效益	就业岗位比例	代表性品牌从业人口占区域劳动人口的比例
发展质量	强势品牌培育	代表性品牌规模水平	代表性品牌数量	入选代表性品牌数量
		区域品牌美誉度	驰名商标数量	各地区驰名商标数量
			地理标志商标数量	各地区地理标志商标数量
		区域品牌整体持续发展水平	商标延续水平	商标续展率
			老字号商标留存	老字号商标数量

2016 年 6 月 10 日，国务院发布《国务院办公厅关于发挥品牌引领作用推动供需结构升级的意见》，该文件中强调的影响品牌发展的因素，可以归结为质量、创新、诚信、文化、人才、营销、环境七个方面。因此，笔者以这七个维度对区域品牌发展影响因素进行评价。

质量是品牌的生命，在区域层面，监管力度与产品合格率都对品牌发展有着至关重要的影响。本研究以消费者投诉情况和产品合格率作为品牌质量的衡量指标。许多研究学者针对质量对品牌的影响作了大量的实验与分析：通过对多个不同类型品牌产品质量水平与消费者品牌态度之间长期的跟踪研究，利用面板数据建立二者之间的关系模型[20]；通过对大样本问卷调查，收集数据进行分析[21]；从消费者角度出发探究饭店品牌价值的影响因素[22]；从企业角度出发，考察品牌质量管理体系[23]；

通过大量旅游休憩品牌数据，分析影响消费者最终选择的核心因素[24]等。以上研究发现，尽管参加实验的消费者来自不同的国家，有着不同的宗教信仰和文化背景，并且收入水平也各不相同，但是从总体上可以发现，消费者几乎不约而同地将品牌的质量视为其考虑某种产品或服务过程中最重要的影响因素。

已有研究普遍认为，创新是知识经济时代品牌提高竞争力、实现持续发展的一项关键性能力；同时创新创业是区域经济发展与结构优化的重要途径。创新创业水平可以用专利数量和中小企业注册数量来衡量。有学者通过 1356 个食品品牌的面板数据研究发现，产品创新会有效促进品牌的市场表现，并且提升品牌资产[25]；有学者分析了创新与品牌资产变化之间的关系，证明产品创新能够从多个方面来对品牌资产产生积极影响，企业可以通过加强产品创新来促进品牌资产的提升[26]；有学者通过构建品牌创新要素和品牌市场表现的直接作用模型证明创新在品牌市场表现中起到十分重要的正向影响[27]；针对我国当前自主品牌发展水平不高的情况，有学者提出只有重视创新能力的提升才能有助于促进我国自主品牌的发展[28]；有学者通过定量分析方法发现创新协同度、区域创新绩效水平与自主品牌的市场竞争力之间存在显著的正相关关系[29]。

品牌的诚信问题被国内外学者广泛讨论。品牌的诚信是指消费者是否愿意相信品牌产品或服务中所包含的信息，品牌的诚信水平与消费者选择品牌以及购买品牌的产品或服务意愿呈显著的正相关关系。[30]本研究以需求满足——基本功能口碑与承诺坚守——承诺兑现口碑作为诚信维度的测量指标。文献研究表明，品牌诚信包含两个方面：一是满足消费者基本需求的能力；二是持续坚守对消费者承诺的意愿。大量的实证研究证明以上两个方面的提升会显著促进品牌的市场表现和消费者对该品牌诚信水平的认知。[31]在新兴经济领域中，无论消费者对品牌的认知程度如何，品牌形象处于何种水平，品牌诚信依然对消费者的购买倾向有显著的促进作用。[32]诚信与品牌竞争力之间有紧密联系，强大的品牌竞争力必须依赖良好的品牌诚信[33]；一个没有诚信的企业无法建立有影响力的品牌，难以有长远的发展[34]。

文化对于品牌发展的影响不言而喻，这种影响主要表现在两个方面：

市场文化和企业文化。笔者分别以代表性品牌文化活动数量和市场文化适应度作为衡量指标。大量管理学领域的研究发现，不同文化背景下的消费者、企业甚至品牌都会在行为模式上表现出不同的特点。因此，许多国内外研究都将文化作为一个控制变量来研究不同情境中的品牌问题。[35]有学者通过一项跨国家、跨文化和跨种族的研究，用详实的数据分析结果证明了不同国家、文化和种族的消费者对同一品牌的认知和感知都有所不同，不同的文化会对品牌的发展产生一定的影响。[36]不同文化背景已经成为我国品牌在实施国际化战略过程中的一大阻碍，我国本土品牌在国际化过程中应该从当地市场的文化背景出发，选择合适的产品和营销方法来实现本土品牌的国际化。[37]除市场文化以外，还有学者分析了企业内部文化对品牌的影响，通过日本松下企业案例的研究论述了企业内部文化对品牌发展的重要性。[38]

毋庸置疑，人才对于区域品牌的发展具有决定性的作用。衡量影响区域品牌发展的人才因素，需要考虑该区域的人才储备、人才分布以及人才培养水平，鉴于可操作性原则，本研究分别以区域高校数量、代表性品牌员工学历结构和培训次数作为测量要素。强大的人力资本为企业创造了巨大价值，品牌资产的提升也离不开强大的人力资本作为其支撑。[39]有研究通过有效的数据分析证明了良好的人力资源管理水平可以有效提升消费者对企业品牌形象的认知，并且可以有效提升消费者对该品牌产品的购买倾向，人才对企业的品牌发展有显著的积极影响[40]；有学者指出我国品牌弱势的主要原因之一就是缺乏专业人才，尽管不少具有品牌意识的企业想要发展品牌，但往往因为没有相应的人才而导致品牌建设工作进展缓慢。[41]

品牌价值形成的每个阶段都会受到企业对营销组合投资的影响，如营销质量、市场条件、投资者情绪等。[42,43]基于评价体系的可操作性原则，笔者从节会营销和网络营销两个方面对品牌营销进行测评。前者以商标品牌节区域参展企业数作为测量要素，后者则以代表性品牌官方微博与公众号发文频率及与粉丝互动频率作为衡量标准。有学者通过对845 个奢侈品牌的跟踪研究，并且调查了 4 个不同国家的消费者，证明了社交媒体的营销活动可以显著促进品牌资产的增长以及消费者对该品牌的购买行为[44]；还有学者对营销组合与品牌资产之间的关系进行深入分析，通过实证研究证明了赞助营销对品牌资产提升有正面作用[45]。

区域品牌发展高度依赖区域相关环境的水平，包括舆情、商务、文化、交通以及监管环境等。本研究关注的舆情主要指网络舆情，包括市民对政务信息与政府办事效率的评价；交通环境的测量要素包含火车站、飞机场以及快递网点数量；商务环境的衡量体现为知识产权机构数量和酒店数量；文化环境包括区域内图书馆和博物馆数量；监管环境则包括商标非法案件金额，执法人员人均处理市场监管案件数量和商品抽检力度。品牌发展离不开区域环境的支持与保护，例如舆情环境对投资人以及各类专业人才对本地的好感度乃至发展信心有着重要影响；商务和交通环境则影响各种商业活动的便利性；监管环境对品牌有保护作用，若法律对与品牌商标提供良好的保护，就可以排除其他人对于该商标的占有或混淆，减小甚至排除“劣币”对于市场的干扰；文化设施包括公共图书馆等对人才培育潜移默化的影响。

综上，区域品牌发展影响因素指标体系如表2-10所示。

表2-10　区域品牌发展影响因素指标体系

一级指标	二级指标	三级指标
产品品质	消费者投诉	区域消费者投诉率
	品牌合格水平	区域商品合格率
创新创业	创新水平	有效专利聚集度（企业平均有效专利数量）
		代表性品牌发明专利数量
	创业水平	中小企业注册数量
诚信建设	需求满足	基本功能口碑
	承诺坚守	承诺兑现口碑
文化策略	品牌文化建设	代表性品牌文化活动数量
	市场文化适应	代表性品牌市场文化适应度
专业人才	人才储备	区域高校数量
	人才分布	代表性品牌员工学历结构
	人才培养	代表性品牌员工培训次数

续表

一级指标	二级指标	三级指标
品牌营销	节会营销	商标品牌节区域参展企业数
	网络营销	代表性品牌微博发文频率
		代表性品牌微博粉丝互动频率
		代表性品牌公众号发文频率
区域环境	舆情环境	网络政务信息舆情评价
		网络政府办事效率舆情评价
	交通环境	区域机场数量
		区域火车站数量
		区域快递网点数量
	商务环境	区域知识产权代理机构数量
		区域酒店数量
	文化环境	区域图书馆数量
		区域博物馆数量
	监管环境	处理商标违法案件金额
		执法人均处理市场监管案件数
		区域商品抽检力度

为保证筛选区域代表性品牌的客观性，本章前述的品牌价值榜单即可作为依据，选取全国品牌价值500强，各省（区、市）的代表性品牌即为入选榜单的品牌。

当前国家正在大力推动商标品牌发展，一个国家的经济发展根本上要靠供给侧推动。在消费升级的大趋势下，在日益激烈的市场竞争中，如何实现“中国制造向中国创造转变，中国速度向中国质量转变，中国产品向中国品牌转变”，是无法回避的时代课题。本章针对当前区域品牌发展评价体系缺乏的现状，构建了一套具有较强可操作性的区域品牌发展评价指标体系。首先，为了尽可能全面、客观地评价区域品牌发展水平同时保证指标体系的可操作性，笔者在设计指标体系时采取“点面结合”的方法，以区域代表性品牌为点，以区域全部品牌为面，最大限度地利用可得数据对区域品牌发展进行评价；其次，品牌是多个元素组合在一起的混合体，区域品牌发展受多种因素影响。笔者把区域品牌发展评价体系分为两个部分，一部分对区域品牌发展的成果进行评价，另一部分关注促进品牌发展的区域因素；再次，在文献梳理的基础上，笔者以发展规模、发展速度、发展质量和发展效益四个发展的角度结合区域品牌具体特征来评价区域品牌发展情况；最后，在评价区域品牌发展的影响因素方面，笔者选取了质量水平、诚信水平、创新水平、人才水平、文化水平、营销水平和环境水平七个维度。

未来随着我国品牌事业进一步发展，准确把握各区域品牌发展状况的需求也将更为迫切，笔者提出的指标体系不仅是有效的评价工具，有助于为我国商标品牌稳健发展提供基础性保障，同时还可以通过关注区域品牌发展影响因素这一部分的指标，对区域品牌发展中的问题进行精准“把脉”，对于推动区域品牌健康发展具有十分重要的积极意义。

参考文献

[1] 梁城城，胡智，李业强，等. 国际品牌价值评价方法及最新进展 [J]. 管理现代化，2018 (6): 86 - 91.

[2] 谢京辉. 驱动品牌经济发展的制度框架与政策建议 [J]. 社会科学，2015 (4): 55 - 60.

[3] 姜嫄，赵红. 基于模糊识别模型的品牌生命周期测评方法研究 [J]. 管理评论，2012，24 (1): 90 - 98.

[4] 熊曦，张琦，陈恩. 品牌视角下的省际竞争力评价与启示 [J]. 江汉学术，2014 (1): 77 - 84.

[5] 马铁男. 品牌竞争力的评价指标体系的构建 [J]. 经济问题探索，2013 (3): 153 - 157.

[6] 侯立松，张燚. 品牌关系质量的评价方法与维度研究——兼论品牌评价方法的演进 [J]. 兰州学刊，2014 (10): 167 - 172.

[7] 沈忱，李桂华，顾杰，等. 产业集群品牌竞争力评价指标体系构建分析 [J]. 科学学与科学技术管理，2015 (1): 88 - 98.

[8] 李飞，贺曦鸣，胡赛全，等. 奢侈品品牌的形成和成长机理——基于欧洲 150 年以上

历史顶级奢侈品品牌的多案例研究［J］. 南开管理评论，2015，18（6）：48-60.

［9］马哲明，肖艳. 长白山地区品牌经济发展战略选择及对策［J］. 社会科学战线，2014（6）：54-57.

［10］池仁勇，李瑜娟，刘娟芳. 基于多维评价指标体系的集群品牌发展驱动模式研究——对浙江集群品牌的经验分析［J］. 科技进步与对策，2014（19）：69-74.

［11］瞿卫军，姬翔，刘洋，等. 衡量地区专利实力的新指标——“专利聚集度”初探［J］. 知识产权，2009，19（4）：3-6.

［12］高鑫，董志文. 品牌价值研究综述［J］. 江苏商论，2014（11）：17-21.

［13］刘文华. 基于顾客忠诚度的品牌价值提升策略［J］. 商场现代化，2007（6）：38-39.

［14］［美］阿姆斯特朗，科特勒. 营销学导论［M］. 4版. 俞利军，译. 北京：华夏出版社，1998.

［15］范秀成，冷岩. 品牌价值评估的忠诚因子法［J］. 科学管理研究，2000（5）：50-56.

［16］韩中和. 品牌国际化研究述评［J］. 外国经济与管理，2008（12）：32-38.

［17］韩中和. 品牌战略的影响因素以及对国际营销绩效的关系［J］. 经济管理，2010（2）：85-90.

［18］周祖城. 企业社会责任：视角、形式与内涵［J］. 理论学刊，2005（2）：58-61.

［19］卢代富. 国外企业社会责任界说述评［J］. 现代法学，2001（3）：137-144.

［20］HOLT D B，QUELCH J，TAYLOR E L. How global brands compete［J］. Harvard Business Review，2004，82（9）：68-75.

［21］ERDEM T，KEANE M P，SUN B. A dynamic model of brand choice when price and advertising signal product quality［J］. Marketing Science，2008，27（6）：1111-1125.

［22］吴东晓. 基于顾客的饭店品牌价值影响因素的实证研究［J］. 南开管理评论，2003，6（1）：14-19.

［23］单存礼. 论品牌发展中的质量管理体系建设［J］. 东岳论丛，2005，26（6）：106-108.

［24］薛永基，孙宇彤. 游客对自然游憩品牌认知、感知质量与品牌忠诚的关系研究——以北京市为例［J］. 资源科学，2016，38（2）：344-352.

［25］SHARMA P，DAVCIK N S，PILLAI K G. Product innovation as a mediator in the impact of R&D expenditure and brand equity on marketing performance［J］. Journal of Business Research，2016，69（12）：5662-5669.

［26］NORSKOV S，MILENKOVA M. The impact of product innovation attributes on brand equity［J］. Journal of Consumer Marketing，2015，32（4）.

[27] BANG N，YU X，MELEWAR T C，et al. Critical brand innovation factors（CBIF）：Understanding innovation and market performance in the Chinese high－tech service industry [J]. Journal of Business Research，2016，69（7）：2471－2479.

[28] 尹作亮．加强自主创新 发展自主品牌 [J]．中央财经大学学报，2010（2）：45－48.

[29] 齐昕，刘家树．创新协同度、区域创新绩效与自主品牌竞争力 [J]．软科学，2015（7）：56－59.

[30] ERDEM TÜLIN，SWAIT J. Brand Credibility，Brand Consideration，and Choice [J]. Journal of Consumer Research，2004，31（1）：191－198.

[31] BAEK T H，KIM J.，YU J. H. The differential roles of brand credibility and brand prestige in consumer brand choice [J]. Psychology & Marketing，2010，27（7）：662－678.

[32] WANG X H，YANG Z L. The Effect of Brand Credibility on Consumers' Brand Purchase Intention in Emerging Economies：The Moderating Role of Brand Awareness and Brand Image [J]. Journal of Global Marketing，2010，23（3）：177－188.

[33] 刘光明．诚信、品牌与竞争力 [J]．经济管理，2003（21）：69.

[34] 解思忠．诚信与品牌 [J]．经济管理，2003（21）：64.

[35] WOO H，JIN B. Culture Doesn't Matter? The Impact of Apparel Companies' Corporate Social Responsibility Practices on Brand Equity [J]. Clothing & Textiles Research Journal，2016，34（1）.

[36] KAYNAK E；HAKALA U；VINCZE Z. Brand Equity and Culture：A Multinational Study [J]. 16th World Business Congress，2007：4－8.

[37] 黄伟东．文化对跨国品牌创建的影响 [J]．信息空间，2004（8）：108－110.

[38] 田何志．企业文化对品牌营销的影响分析 [D]．武汉：华中科技大学，2009.

[39] VOMBERG A，HOMBURG C，BORNEMANN T. Talented people and strong brands：The contribution of human capital and brand equity to firm value [J]. Strategic Management Journal，2015，36（13）：2122－2131.

[40] ANSELMSSON J，BONDESSON N，MELIN F. Customer－based brand equity and human resource management image：Do retail customers really care about HRM and the employer brand [J]. European Journal of Marketing，2016，50（7/8）：1185－1208.

[41] 马玉清．我国企业品牌弱势原因分析 [J]．天然气技术与经济，2006（2）：32－35.

[42] KELLER K. L.，LEHMANN D. R. How Do Brands Create Value? [J]. Marketing Management，2003，12（3），26－31.

[43] 谢宇峰. 基于品牌价值链的服务品牌资产实证研究 [D]. 广州：暨南大学，2009.

[44] GODEY B, MANTHIOU A, PEDERZOLI D, et al. Social media marketing efforts of luxury brands: Influence on brand equity and consumer behavior [J]. Journal of Business Research, 2016, 69 (12): 5833 - 5841.

[45] 沈航. 赞助营销对品牌资产影响的实证研究 [D]. 长春：吉林大学，2007.

第3章　信息互动与品牌态度

信息互动是社群平台的重要特征之一，信息互动性高低、能否吸引信宿会直接影响信息相互作用效果，因此如何构建互动性信息以吸引用户、增强用户品牌态度已成为各大品牌开展营销的关注重点。本章基于信息传播学和认知失调理论，构建网络社交平台中品牌信息互动性对用户品牌态度影响的理论模型及分析品牌信息特征在信息传播中对该影响的调节作用，并以微信公众号为研究平台，通过实验法采集数据进行实证检验和分析讨论。研究发现，信息互动确实能够提高用户品牌态度，然而不同程度的信息互动与用户品牌态度并非呈现单向的线性关系，另外，品牌拟人化和信息丰富性的调节作用也得到验证。

3.1　信息互动对品牌态度的影响

信息是"创建一切宇宙万物的最基本的万能单位"，信息互动作为信息物质中普遍存在的客观现象，是信息得以传播、交流、使用、共享等的基础和动力。计算机网络的发展孕育催生了网络信息空间，赋予了信息在网络环境中的互动性，使数字化信息得以流动、传递、交互和存储。[1]互动性是网络的本质特征，是网络平台中信息存在的基础，是促进信息交流、知识共享等信息活动的诱导因素。[2]网络环境中的信息互动是信息互动主体借助媒介在信息配对规律、信息交互等规律作用下，基于信息传递获取有效内容来实现资源共享、沟通交互的重要方式，因此信息互动的实现以各大社交平台作为载体。各大社交平台的本质是一个个庞大的信息交换系统，在这一过程中，信息的互动性特征贯穿始终，实现了信息通过社交平台媒介从某一特定时空向另一特定时空的流动与传递。[3]此外，社交平台信息交流有别于传统运动模式，在信息相互作用过程中需要保证信源有传送信息的需求和能力，且信宿也必须有接受信息的意愿。因此，信息互动性及信息自身特征能否吸引信宿会直接影响信息相互作用效果。

Hoffman D. L. 和 Novak T. 曾将网络信息互动行为细分成人—媒互动和人—人互动这两类。[4]针对人—人互动开展的深入研究已有很多，但较少学者关注人—媒互动，人—媒互动虽然无法实现信息交互的实时性、动态性，但可通过借助开发各类信息特征使媒体端信息具有能够激起用户身份认同、激发互动意愿、满足其情感诉求的特征。近几年，为实现对互动参与者购买决策的积极影响，除了可实现人—人互动的在线品牌社群外，许多商家将目光聚焦于可开展的图片、文字、视频、语音等全方位沟通的人—媒互动营销上，如微信公众号平台。微信平台拥有数量庞大的用户、具备更强的互动性和基于强联系带来的二次传播有效性，基于这些优势，在营销过程中充分发掘信息特征，便能收获理想的效果。比如维秘曾上线一款形式炫酷的轻应用，有趣自然的互动体验配上能引发共鸣、恰到好处的文案，往往能瞬间俘获消费者的心，继而引导顾客产生购买消费行为。与实践活动相对应的理论研究中也发现，在对社交平台数据的挖掘中，较高的互动性通常会增大品牌信息被分享和评价的概率。有研究发现，低交互、高交互的品牌信息比没有互动的信息能够获得更多的赞赏和评论。[5]研究发现提问作为具有高互动性特质的元素，当其被运用到品牌信息中时会带来用户更多的赞赏和评论。[6]但是用户参与行为后其品牌感知、品牌态度会否发生改变才是真正提升用户品牌黏性、增强用户忠诚度的关键，研究中探讨该问题的少之又少。认知失调理论认为，个体具有保持行为和认知一致性的倾向，这是因为行为和认知的“一致”常常能够给个体带来愉悦的感觉，这种“一致”的心理状态一般会被称为“协调”。因此在用户做出互动行为后，可能存在为解释自身行为而提升主观品牌态度的情况。

3.1.1 基本概念

为了方便本章后续内容的理解，本小节将对本章重点讨论的概念进行基础解析与讨论，包括社交网络营销、信息互动性、信息丰富性、品牌拟人化与品牌态度等。

3.1.1.1 社交网络营销

社交网络源于社会化网络服务（Social Network Service，SNS），其本质是一个可供用户浏览其他用户信息，并加强相互联系的开放式平台。[7] 伴随着社交网络媒体的快速发展，其应用范围从通过文字、图片、视频等形式分享自己的状态或情感[8]延伸到营销领域，并在其中发挥着越发重要的作用。[9]中国互联网信息中心报告显示：43.1%的用户会因社交网络中朋友分享的商品信息而产生购买意愿；42.8%的用户会在社交网站上分享有趣的广告图片或视频；37.2%的用户会在社交网站上和朋友分享关于品牌、商品和商家的信息；近80%的社交用户会关注社交网站的商业信息或参与社交网站的商业活动。[10]上述与企业和产品、服务等密切相关的信息统称为“营销信息”，营销信息是指能够激起消费者的购买意愿并产生消费行为的信息。营销信息可以通过影响用户对该产品的态度、认知和情感等来改变用户对该产品的购买意愿和购买行为。[11]企业营销信息的差异和特点会影响消费者的品牌态度。[12]社交网络具有大量的用户信息基础，通过社交网络营销不仅能够帮助企业直接面对消费者，使宣传更为集中、直接，有利于口碑宣传，还能直接掌握消费者数据及反馈信息，针对消费者需求实现精准营销，从而帮助企业获取更多收益。事实上，目前对于社交网络营销这一概念还没有一个明确清晰的定义。从市场营销角度来看，营销是个人或集体通过交换及交易创造的产品或价值，以满足组织或个人需求目标的活动过程。[13]社交网络营销则是指借助迅猛发展的社交网络平台开展市场营销活动。其重点研究如何利用微博、微信、论坛等平台去推广企业的产品服务、提升企业品牌形象和核心竞争力，以获取较大的收益。总的来说，本章中关注的社交网络营销是以社交网络作为营销平台，与用户或潜在用户进行互动以进行品牌推广、产品宣传等一系列营销手段的网络活动。

3.1.1.2 信息互动性

Liu 和 Shrum 将互动性定义为“两个或多个沟通方在传播媒介上相

互影响作用及这些影响同步的程度”[14]。因此，品牌信息互动性是指品牌信息驱使用户给予反馈或响应的程度。[15]其往往需要通过特定元素、特殊方法的使用来实现。不同互动性的品牌信息分类大致有两种：①基于使用的元素内容来分，不同类型的互动性品牌信息元素包括指向不同网站、投票、使用号召性用语、给予竞赛和问题的链接等。之前研究有扩展到将主题标签看作另一种互动元素，主题标签作为由品牌和消费者专门标记并允许其他用户查找类似标记内容的一种信息展现方式，可以帮助用户通过设定标签来表达自己的理解和感受。②从互动程度视角来看，de Vries 将品牌信息分为无、低、中、高四种交互水平的信息，没有互动水平意味着没有使用任何特征元素；交互性较低一般指包括指向网站或者标签的链接。中等程度的互动涉及号召性行为，如访问网站、点赞等。最后问题和投票选项代表了高水平的交互性。[6]

3.1.1.3 信息丰富性

丰富性和互动性都是指品牌信息的媒体特征。丰富性反映了品牌信息发布形式特征的丰富性及其能刺激不同感官的程度。[15]因此，不同的媒体类型（如文本、图像和视频）代表不同级别的丰富性。[6]信息的丰富性能激活用户，使参与的消费者与它们产生共鸣并加强品牌互动[5]，从而影响用户品牌态度。

3.1.1.4 品牌拟人化

拟人化是指非人类对象具有心灵、意图、思维、情绪状态和行为特征等。[16]品牌拟人化是指企业通过营销活动，使品牌具有各种类似人的情绪、心智、灵魂以及行为，从而被消费者感知为人。[17]其对品牌的重要意义主要体现在：①能够有效地将抽象的品牌价值和内涵具象化、生动化，便于用户直观感受到品牌特色与魅力；②采用多样化的沟通方式拉近与目标人群的距离，营造一种亲切感，加深用户对品牌的理解和好感。事实上，拟人化更容易实现品牌与市场、与消费者的有效沟通，能够积极影响用户的品牌态度，增强用户的好感度。

3.1.1.5　品牌态度

Wilkie 和 Pessemier 认为，品牌态度是消费者对于品牌的整体评估，消费者依据品牌突出的利益或属性，判断其对自己的影响，继而产生整体品牌态度。[18]因此，消费者产生的对某一品牌的态度是由他们对该品牌的各项品牌属性评价而带来的综合结果。Sengupta 和 Fitzsmons 认为，品牌态度是指当购买决策者接收品牌属性的刺激时，会对依据过去经验与信息的获得，产生心理内在评估历程，最后通过个体所持之认知因素评价与情感因素评价来影响行为意图。[19]从这个角度来说，品牌态度包括认知、情感与行为倾向三个部分。认知是指消费者对品牌的特定要素（如质量）的评价，是消费者的品牌知识、对品牌信念和印象的总和，是品牌态度的有意识思考的部分。情感成分是情绪以及喜欢与否的感觉，并不总以客观事实为基础。行为成分是消费者的行为的准备状态，表现为对品牌的趋避反应，是消费者的行为意图，但还不是真正的行为。品牌态度有强弱差别，测量品牌态度的方法也有多种。其中，多属性方法是通过测量被测试者对品牌拥有的突出属性与价值的可能性评分，以及对突出属性与价值的赞誉度，用两者的乘积来表示总体品牌态度。而反应时法则是利用被测试者对有关态度对象评价问题反应的时间长短来测量品牌态度的，如果一个人能够很快对一个对象评价出一种态度，这个对象就被认为有非常容易形成的态度。另外，类别量表法、等级排列法、配对比较法、语义区分法、李克特量表等也被用于测量品牌态度。

3.1.2　理论框架

总体来说，关于信息互动性的研究始于 2004 年，此后一直处于缓慢上升状态，直至 2012 年后呈现快速增长态势，成为近几年的学术研究热点，多集中于信息学、传播学、营销学等领域。从理论上来说，信息交流是信息运动过程中实现信息放大增值、发挥效益作用的重要环节，基于该视角研究的信息互动性对深入了解和有效把握社交平台信息交换机理、促进社交网络信息交流良性发展具有现实意义。从实践角度来看，信息互动性是决定信息能否吸引用户、激发用户阅读信息继而产生后续行为的关键因素，探究信息互动性对用户态度影响以应用实际营销领域具有指导意义。

文献检索结果表明，与“品牌信息互动性”和“品牌信息互动性+品牌态度”有关的研究较少。因此，笔者将文献研读的范围放宽至“品牌信息+品牌态度”“品牌互动+品牌态度”“信息特征+品牌态度”等，并在中国期刊全文数据库中国知网（CNKI）中进行高级检索，共找到21条结果，发现对该主题的研究始于2010年，研究热度有略微起伏，总体呈现逐步增长态势。从文献检索结果来看，国外关于该主题的研究显著多于国内，无论是研究数量还是内容多样性。以Web of Science为例，以“brand post + brand attitude”为检索主题，共有258条结果；缩小范围，以“brand interactivity + brand attitude”为检索主题，共有92条结果。基于结果可看到，一方面，该主题相关研究成果丰富多样，表明研究信息互动性同品牌态度间的关系具有较高理论和实践价值；另一方面，较多文献集中于近三年发表，且所在期刊影响因子较大，该主题已逐渐成为研究热点，可探索空间较大。

随着互联网技术的快速发展和应用渗透，营销趋势也在发生变化。新的营销环境在很大程度上受互联网和社交网络的影响，正在从传统的关系营销转向“关系的超越视角”[20]或“关系营销的拓展观”[21]式的营销，其中用户的互动体验和“用户参与”发挥了核心作用。相较传统营销的单一化、单向性、覆盖局限，社交网络营销具有传播速度快、覆盖面广、目标人群集中化、影响力大、成本相对低廉和与用户互动性强的特点，尤其是与用户互动性强是传统营销所无法比拟的。[22]社交平台凭借其强互动性能实现与用户间的良好沟通，更易激起消费者的兴趣和喜爱，提升用户对品牌的好感度，继而促进用户购买意愿。[23]构成社交平台内容本身的信息，其互动性亦有相似作用。品牌信息互动性是指品牌与用户以及用户与用户之间双向交流的互动程度和通畅程度。[24]品牌信息互动性有多种表现方式，如带链接的品牌信息互动性显著高于纯文字的品牌信息，同时又低于带有问题或投票形式的品牌信息互动性。高互动性的品牌信息能有效加快用户信息处理过程并促进用户购买意愿。[15]之前用户对广告态度影响因素的相关研究表明，互动性是广告有效性的重要影响因素。[25]国外研究则发现社交网络品牌信息互动性与用户点赞分享行为之间存在一定联系。此外，Luarn 等和 Schultz 的研究都发现品牌信息的交互特征能够驱动用户去评论和分享相关品牌信息。[26,27]在品牌信息中采用这些元素能够帮助企业构建高度互动的社交媒体策略，有助于消费者参与，并使品牌能与目标受众实现双向互动。Pletikosa 和 Michahelles 通过研究发现，互动性的使用可让品牌获得用户更多的赞赏，且低交互、高互动的品牌信息比无互动的信息（链接）能够收获更多的赞赏和评论。[5]基于相同的操作，Luarn 等发现更高的互动性通常会增加品牌信息被评价和分享的概率。[26]

利用品牌信息互动性开展营销在一定程度上与互动式营销概念有所重合。Molenaar 将互动营销定义为“以与现有及潜在客户直接互动为基础的营销政策概念及其执行”[28]。随着通信技术的快速发展，“互动营销”的定义增加了另一层属性——交互性，扩展为一种利用交互技术开展互动性沟通、强调用户参与的营销技术。总的来说，交互过程能够增加消费者的参与度，更大程度地增加消费者对品牌的好感度。国内许多学者都探讨过社交平台互动性对消费者品牌态度的影响。根据范晓屏的研究，互动成员之间的情感交流会使双方产生信任感，由此影响个体态度。[29]孔繁世、王慧萍认为，虚拟社区中提高人际互动的互动程度和互动频率会提升信息搜索行为，进而触发网络消费行为。[30]根据使用与满足理论、社会交换理论以及社会互动理论，消费者对企业品牌态度往往是在相互交往互动之中建立的，具备互动性的平台已成为平台营销的必备武器。

认知失调理论是心理学家 Leon Festinger 最早提出的，是一个基于个体的认知一致性倾向的理论。[31]认知失调理论认为，个体具有保持行为和认知一致性的倾向，这是因为行为和认知的“一致”常常能够给个体带来愉悦的感觉，这种“一致”的心理状态一般会被称为“协调”；反之，行为和认知的“不一致”会给个体带来不愉悦的感觉，而这种“不一致”的心理状态一般会被称为“失调”。在这个理论中，认知的内涵非常广泛，包括情感、信念、知识、态度和观念。Festinger 认为，个体为了应对“失调”的状态，会做出相应的调整，这种调整包括对认知进行调整，或对行为进行调整。特别是当行为已经做出、已成既定事实时，个体通常会选择以改变自身的认知作为主要的应对策略。具体而言，就是改变自身的态度、观念或者情感，从而使个体重新恢复“协调”的状态，以获得内心的愉悦。[32]失调的程度取决于认知与行为之间的重合程度，当认知能够解释绝大部分的行为时，这时的失调程度是较小的，应对失调所需的调整就较小；而当认知不能解释绝大部分行为时，失调程度较大，应对失调所需的调整就较大。但是，认知失调的程度对态度的影响并不是完全线性的，Festinger通过实验在随后的研究中发现，当行为和认知之间的“失调”过大、超过某一范畴时，个体会从环境中的其他方面寻找解释行为的原因，而非对原有的态度进行调整，此时，认知失调效应会消失。[33]

消费者品牌态度产生的过程可以描述为：当用户响应品牌信息互动后，为应对失调状态，会建立起对品牌的积极态度以获得内心平衡。那么我们不禁思考，若品牌信息互动性增强，激发用户更为积极的参与行为，那么用户的品牌态度是否会随之提升？社交网络品牌信息互动性与用户参与行为之间存在一定联系。更深入的互动性能够增加用户参与的可能性，例如喜欢、投票等。[6]因此我们发现，在品牌信息中采用这些元素能够帮助企业构建高度互动的社交媒体策略，有助于消费者参与，并使品牌能与目标受众实现双向互动。由此得出结论：高互动性的品牌信息能够有效带动用户的高参与、互动行为。用户参与行为会导致用户态度的改变。根据认知失调理论，个体具有保持行为和认知一致性的偏好。[33]那么当用户做出参与互动的行为后，为维持内心的平衡，极有可能通过增强对品牌的好感度来解释自己的先前行为。

3.1.3 实验研究

本章主要采取实验法分析社交网络品牌信息互动性对用户品牌态度的影响。实验环境为微信群组加公众账号组成的闭环社交网络群组，实验共分为2组，一共100名本科生及硕士研究生被试者，男女比例均衡（在实验对象选取中可控），按照分组通过某社交网络平台（微信群组）向实验对象发送特定的虚拟品牌信息，控制在特定时间内（约2min）完成阅读任务，之后发送问卷以确保实验对象认真仔细阅读品牌信息并测试其对该品牌的品牌态度。

实验品牌为虚拟品牌运动水瓶 Aqin。选取运动水瓶主要有两大原因：一是现代年轻人喜欢户外运动和健身，对运动水瓶的需求量大，选择该物品能激发学生群体参与的热情；二是现有研究探讨品牌营销中都有采用水瓶这一类的产品[17]，具有一定的参考价值。

在此之前用户会收到一则指导语，表明此次活动是针对消费者的市场调研活动，以让用户真诚作答。在确认用户都在线并愿意参加该实验后，给予小组对应的品牌信息链接，并要求用户仔细阅读全文且时间控制在 2min 作用，按要求完成相应回馈行为。阅读时间控制主要通过阅读完成后务必立刻在群中回复“已阅”来操控。最后在保证大家阅读完成后，给予问卷链接以测定用户实验完成认真程度及品牌态度。为确保问卷数据客观性与真实性，提前告知用户数据要经审核通过后才发放被试费。

3.1.3.1　信息互动性操控

信息互动性这一自变量主要通过要求用户回馈的程度来控制。无互动性品牌信息即无回馈信息，文章中没有任何对于用户行为的要求。低互动性品牌信息即低回馈信息，文末会要求用户给予点赞行为。[5,6] 即用户在阅读到文章末尾，将看到以下信息“如果现在的你有想买买买的冲动……Aqin 大人十分傲娇地请你点赞”。高互动性信息即高反馈信息，文章会要求用户进行投票。即用户阅览文章到最后时会看到投票邀请“亲爱的你购买运动水瓶时最看重什么呢？品牌，价格，容量，外观，其他”。[6,26]

此外，为保证参与者认真阅读并按要求完成互动行为，在之后问卷调查中参与者会被要求给予行为反馈测试，问卷题目如下：“您看到文章中有何要求?”（0 = 没有任何行为，1 = 点赞，2 = 投票）若用户选项与用户浏览文章中提到的互动行为不符，则该条数据被视为无效，作删除处理。

3.1.3.2 总体调查问卷

调查问卷是开展因果性和描述性研究不可或缺的度量工具。[35]此研究将采取调查问卷的方法收集样本数据，此前需对相关问卷进行规范、严谨的设计。本章根据李怀祖2004年提出的问卷结构，设计了封面语、引导语、问题选项等部分内容，从而构成了此次研究的正式问卷。[36]封面语部分，本章撰写了一段话来表明该问卷调查目的、信息保密承诺及感谢等。此后的引导语主要指导调查者按照正确方式填写问卷，以避免出现困惑或填写错误的情况。重点是问卷正文部分，本章设置了问卷测试的题项和相对应的答案选项，为了方便后期数据导出和筛选处理，在问题之前会标有该题项的编码。按照前人对问题顺序安排的建议，本章问卷采取先易后难的方式，先设置一些确保认真阅读品牌信息的确认性问题，之后设计主要的关于品牌态度的偏好、意向性问题，最后是个人背景问题。因此该问卷主要问题囊括：①确认性问题，主要检测被调查者是否阅读到要求反馈的行为活动等；②品牌态度测量，主要测试构成消费者品牌态度三个维度的信息，包括认知、情感和意愿等方面的状态评分；③人口统计学信息，主要调查被试者的性别、年龄等基本情况，能够直接观察被试者的社会群体的特征。问卷末尾通过感谢语来表达对被试者积极参与的再次感谢，并告知5个工作日内会给予一定奖励的反馈。

3.1.3.3 消费者品牌态度量表

关于问卷部分的重点——品牌态度量表，本章根据Bagozzi等的研究来设置测定用户品牌认知与情感偏好的基础题项。其中，品牌认知涵盖令人满意、评价好等重要信息；而情感偏好则主要包括让人喜欢、吸引“我”的关键要素。[37]构成品牌态度的另一维度——用户购买意愿方面，本章则参照Kenneth和Chaudhuri的成果来设计相关题项，主要从是否愿意接触、购买可能性这两个角度开展。

品牌态度的测量采用李克特七点量表，将答案选项氛围“非常同意~非常不同意”七个等级的选项，量表具体题项如表3-1所示。

表 3－1　用户品牌态度的测量量表

<table>
<tr><th>维度</th><th>题目</th><th>题项</th><th>量表来源</th></tr>
<tr><td rowspan="2">认知态度</td><td>D1</td><td>我认为这款运动水瓶是让人满意的</td><td rowspan="4">Van，Bagozzi，Lee（2001）</td></tr>
<tr><td>D2</td><td>我对这款运动水瓶的评价是好的</td></tr>
<tr><td rowspan="2">情感态度</td><td>E1</td><td>这款运动水瓶是让人喜欢的</td></tr>
<tr><td>E2</td><td>这款运动水瓶有吸引到我</td></tr>
<tr><td rowspan="2">购买意愿</td><td>F1</td><td>我愿意接触这款运动水瓶</td><td rowspan="2">Kenneth（2000）
Chaudhuri（2002）</td></tr>
<tr><td>F2</td><td>我愿意购买这款运动水瓶</td></tr>
</table>

3.1.3.4　研究量表信效度检验

信度检验也称为可靠性检验、一致性检验，一般通过测量量表各个题项的内部一致性来表示，即 Cronbach's α 系数。Cronbach's α 值越大，表示该变量量表各题项内部一致性程度越高，信度越好。按照学者经验来看，Cronbach's α 值大于 0.5，即可认为量表信度可以接受；Cronbach's α 值大于 0.7，即可认为量表具有较高信度。本章对各变量的一致性系数测算结果显示量表总体 Cronbach's α 系数为 0.96，即用户品牌态度的 Cronbach's α 为 0.96，由此可以认定本章变量量表信度为高信度水平、信度较好。

量表效度是指量表测量的变量是否为各测量题项共变的潜在原因，也就是变量测量的充分性问题，帮助我们判断所测变量是否为研究者所测量的结构。量表效度主要包括内容效度和结构效度。内容效度主要说明量表度量的内容和目标之间的适合程度。考虑到量表题项所需的充分性、合理性和规范性。本章中题项参考来源于国内外学者相关研究，确保题项在内容上符合本章所界定的变量概念，同时足以涵盖所要测量的变量范围。因此，本章认为该量表具有较好内容效度。结构效度主要检验变量间的相关程度。由表 3－2 结论可得，*CFI* 和 *TLI* 值大于 0.9，*RMSEA* 和 *SRMR* 值小于 0.05，表明量表各题项相关性显著，该量表具有较好的结构效度。

表 3－2 品牌态度问卷结构效度分析表

模型	χ^2/df	*CFI*	*TLI*	*RMSEA*	*SRMR*
品牌态度量表					
一阶一因素模型	1.90	0.94	0.93	0.04	0.04

3.1.3.5 描述性统计分析

考虑到其余变量都为分类变量，本章利用样本数据测算出各变量均值、标准差等统计量，结果如表 3－3 所示。可以看出，本章涉及的主要变量和控制变量值均在合理范围之内，样本数充足，可以认为样本数据适合进行后期数据处理分析。

表 3－3 描述性分析结果

研究变量	均值	标准差	样本数量
品牌态度	4.52	1.09	88
被试者年龄	21.02	3.15	88

3.1.3.6 数据分析与检验

该部分主要假设：社交网络品牌信息互动性对用户品牌态度具有正向影响作用，信息互动性越高，对应的用户品牌态度越好。基于假设构建的模型，研究以信息互动性为自变量，品牌态度为因变量，分析自变量对品牌态度的影响。方差分析结果如下：低反馈组的品牌态度值显著高于高反馈组和无反馈组；而高反馈又略高于无反馈组对应的品牌态度值（$M_{低}=4.94$；$M_{高}=4.67$；$M_{无}=4.60$，$p<0.05$）。

从数据结果可以看出，信息互动性对用户品牌态度的影响较为显著。但与我们假设认为互动性越强、反馈程度越高带来的态度越好不同的是，低反馈信息给用户的好感度最高、用户随之而来的品牌认知越强、品牌情感越正向、购买意愿越强烈。而高反馈信息对应的品牌态度显著低于低反馈信息，这似乎和“反态度行为”有一定重合：失调的程度受到取决于认知与行为之间的重合程度影响，当认知能够解释绝大部分的行为时，这时的失调程度是较小的，应对失调所需的调整就较小；而当认知不能解释绝大部分行为时，失调程度较大，应对失调所需的调整就较大。但是，当行为和认知之间的“失调”过大，超过某一范畴时，个体会从环境中的其他方面寻找解释行为的原因，而非对原有的态度进行调整（见图 3-1）。[33]

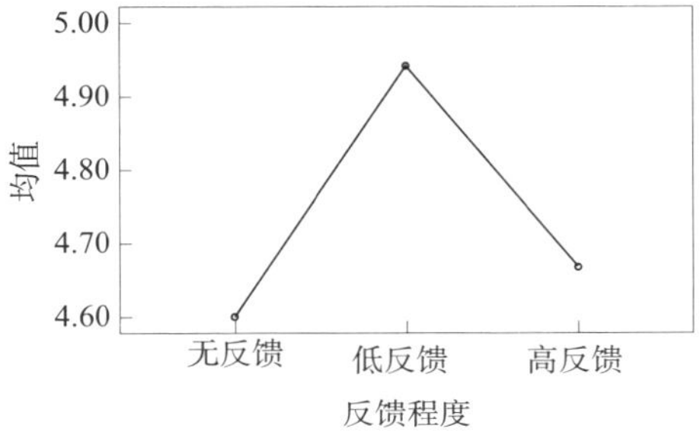

图 3-1　信息反馈程度与品牌态度均值关系

3.1.3.7　结果讨论

从上述结果可知，互动性与用户品牌态度的关系中，信息不同程度互动性带来的品牌态度差异显著。低互动性能够带来最好的品牌态度，高互动性次之，无互动效果最差。这背后有较为复杂的逻辑原理：当行为本身即用户在面对低互动信息时，因为态度和行为不一致没有辩护的理由，于是借着改变态度来减少认知失调；而对于开展高互动的用户，投票似乎更像是一个命令式的行为，在进行投票时用户已经有为自己行为辩护的足够理由，且用户在复杂的交互中认知失调程度带来的态度改变就少。对于企业来说，不是品牌和用户交互程度越高、效果越好，在开展品牌宣传、市场营销时要充分考虑互动的力度带给用户认知失谐的程度。同时，与假设有一定重合的是，高反馈和低反馈信息对应的用户态度皆好于无反馈信息，这表明无论互动强度、互动方式如何，互动交流相对于不积极、不主动，对于用户产生品牌好感、增强品牌认知、提升购买意愿还是有正面意义的。

3.2 信息丰富性的调节作用

品牌信息互动研究中关于哪些因素能够驱动用户与品牌信息进行互动的问题一直没有定论。品牌的功能性、享乐性、社会价值[6,38,39]以及个人社交互动和自我展现动机会导致人们在社交网站上使用品牌社交界面，总的来说，品牌与用户的互动还是取决于品牌信息的特征。信息特征是影响信息传播的重要因素，其中信息特征影响因素包括信息形式[40,41]、信息内容等。

3.2.1 理论框架

基于信息丰富度理论，信息形式的丰富程度会对信息传播产生影响。[42]社交平台运用图片、视频等形式呈现品牌信息，有助于阅读者对信息进行感知和记忆，用户在其中的代入感与沉浸感更强，失调程度也随之提高，内心需要以给予品牌更高的评价来弥补。信息内容主要体现在内容的情感性和说服力上。拟人化则是激发信息接收者阅读兴趣、增强内容说服力的重要手段。如今企业营销者不再如传统营销时从企业视角出发宣传推广产品，而是将品牌“幻化成人”并以第一人称的口吻直接与消费者对话。拟人化能够赋予产品说话的能力，以此激活消费者的拟人感知[43]，激发用户的互动意愿，提升用户互动质量，建立起与品牌的情感联结[44]。发布主体直接影响信息的可信赖度。相较于企业发布的宣传信息，用户口吻的分享往往更易获得顾客的信任和青睐，用户对信息中的号召性行为也会有更加积极的响应态度。因此，通过探究品牌信息特征即丰富性、内容类型、发布主题、品牌特征等来了解哪些元素可以激活用户在其中的代入感、增强用户的互动质量，对提升用户的品牌态度有重要价值。[6,45]

信息丰富性在一定程度上会对信息互动性与品牌态度的关系产生作用。不同的媒体类型在不同程度上吸引用户的感官。[6]图片能够影响视觉效果，视频明显影响视听过程。品牌信息通过采取不同媒体类型能够与用户产生共鸣，促使交互活动更顺利地开展，增强用户在其中的代入感与沉浸感；多样化的信息交流也能使用户更加主动参与到品牌的互动中。[26]用户与品牌互动越深入，其失调程度越强[46]，此时信息互动性的提高会更加增强用户对品牌的好感度。然而，哪种程度的丰富性达到效果最佳并无定论。中（动图）丰富性、高（视频）丰富性似乎比低（图片）丰富性更能激发用户互动意愿和行为。然而，中丰富性在引起用户互动意愿的效果方面却优于高水平的丰富性。[26]

丰富性和互动性都是指品牌信息的媒体特征。丰富性反映了品牌信息发布形式特征的丰富性及其能刺激不同感官的程度。[15]不同的媒体类型（例如文本、图像和视频）代表不同级别的丰富性。[6]信息的丰富性能激活用户，使参与的消费者与它们产生共鸣并加强品牌互动[47]，从而影响用户品牌态度。然而，学者们对理想的信息丰富性程度却有不同的看法，这可能取决于不同程度互动性元素的使用。[16]例如，中（动图）丰富性和高（视频）丰富性的品牌信息似乎比没有（状态）丰富性和低（图片）丰富性更能吸引用户参与。[26]然而，也有令人惊讶的研究结果表明，中等水平的丰富性（链接）可能会对用户参与产生负面影响。[46]其他研究表明低（图片）丰富性和高（视频）丰富性对用户点赞能够产生积极影响[48]，以及用户参与评论似乎受到低（图片）丰富性品牌信息的积极影响[46]。当然，图片和视频信息之间的差异可能反映用户处理所需的时间差异以及图片、视频质量也可能影响用户参与品牌互动。[49]

3.2.2　实验研究

该研究依旧采取实验法分析信息特征在社交网络品牌信息互动性对用户品牌态度的影响中的调节作用。实验环境仍为微信群组加公众账号组成的闭环社交网络群组，实验共分为 4 组（信息丰富性高与丰富性低、拟人化与非拟人两两结合成四大组，每组内按照互动性高低分为 3 个小组），一共 300 名本科生及硕士研究生被试者，男女比例均衡（在实验对象选取中可控），按照分组通过某社交网络平台（微信群组）向实验对象发送特定的虚拟品牌信息，控制在特定时间内（计划 2min）完成阅读任务，之后发送问卷以确保实验对象认真仔细阅读了品牌信息并测试其对该品牌的品牌态度。

该实验品牌选取自行设计的虚拟品牌“蓝光牌”计算机。选取计算机品牌主要有两大原因：一是计算机是学生群体几乎必备的科技产品，在选择计算机时大家习惯参考网上的宣传和测评信息；二是现有研究表明品牌营销中采用计算机这一类的产品[15]，具有一定参考价值。

3.2.2.1 信息互动性操控

信息互动性这一自变量主要通过要求用户回馈的程度来控制。无互动性品牌信息即无回馈信息，文章中没有任何对于用户行为的要求。低互动性品牌信息即低回馈信息，文末会要求用户给予点赞行为。[5,6] 即用户在阅读到文章末尾，将看到以下信息“如果现在的你渴望下单……蓝光崽崽十分傲娇地请你点赞”。高互动性信息即高反馈信息，文章会要求用户进行投票。即用户阅览文章到最后时会看到投票邀请“亲爱的你购买电脑时最看重什么呢？品牌，价格，性能，外观，其他”。[6,26]

此外，为保证参与者认真阅读并按要求完成互动行为，在之后问卷调查中参与者会被要求给予行为反馈测试，问卷题目如下：“您看到文章中有何要求?”（0 = 没有任何行为，1 = 点赞，2 = 投票）若用户选项与用户浏览文章中提到的互动行为不符，则该条数据被视为无效，作删除处理。

3.2.2.2 信息丰富性操控

信息丰富性主要以使用图片还是动图要素来区分，使用图片的信息较动图组丰富性偏低。为避免要素本身带给用户信息内容的差异，我们首先开展前测实验，通过对 20 名学生的实验调查以排除两种方式可能造成读者获取内容上的差异。其次，我们通过不同要素的使用来操控信息的不同丰富性。若品牌信息为图片信息，则信息中只包含文字和图片信息；若品牌信息为动图信息，则信息中只包含文字和动图信息。但两者包含的文字信息无差异。

此外，为保证参与者认真阅读品牌信息，在之后问卷调查中参与者会被要求作出相关回应，问卷题目如下：“这则信息内容中有”（0 = 图片，1 = 动图）。若用户选项与用户浏览的文章信息不符，则该条数据被视为无效，作删除处理。

1. 前测阶段

前测旨在排除使用图片和动图两种方式造成用户获取内容差异的可能性。该实验通过向 20 名实验对象发布同时带有静态图片和动态图片的信息，让实验对象回答两个问题："阅读这则静态图片消息，我获得了很多信息"（1 = 非常不符合，7 = 非常符合）；"阅读这则动态图片消息，我获得了很多信息"（1 = 非常不符合，7 = 非常符合）。之后对实验对象两题分数作差并进行单样本 t 检验，得出结论：两则信息无明显差异。

2. 正式实验

正式实验共分为 4 大组，一共 300 名被试者，按照分组通过某社交网络平台（微信群组）向实验对象发送特定的虚拟品牌信息。在此之前实验对象会收到一则指导语，表明此次活动是针对消费者的市场调研活动，以让实验对象真诚作答。在确认实验对象都在线并愿意参加该实验后，给予小组对应的品牌信息链接（包括拟人与非拟人组），并要求实验对象仔细阅读全文且时间控制在2min内，按要求完成相应回馈行为。阅读时间控制主要通过阅读完成后务必立刻在群中回复"已阅"来操控。最后在保证大家阅读完成后，给予问卷链接以测定用户实验完成认真程度及品牌态度。为确保问卷数据客观性与真实性，提前告知实验对象数据要经审核通过后才发放被试费。

3. 测量措施

该问卷主要问题包括：①确认性问题，主要检测被调查者是否正确接收到组别对应的品牌信息、是否看到要求反馈的行为活动等；②品牌态度测量，包括认知、情感和意愿等方面的状态评分；③人口统计学信息，主要调查被试者的性别、年龄等基本情况，能够直接观察被试者的社会群体特征。问卷末尾也通过感谢语来表达对被试者积极参与的再次感谢，并告知 5 个工作日内会给予一定奖励的反馈。消费者品牌态度量表的设计和采用情况与前一实验相同，均采用李克特七点量表。

4. 实验结果

考虑到其余变量都为分类变量，本章利用样本数据测算出各变量均值、标准差等统计量，结果如表3-4所示。可以看出，本章涉及的主要变量和控制变量值均在合理范围之内，数据样本数充足，可以认为样本数据适合进行后期数据处理分析。

表3-4　描述性分析结果

研究变量	均值	标准差	样本数量
品牌态度	5.01	1.33	252
被试者年龄	20.98	2.78	252

5. 信息丰富性在信息互动性与用户品牌态度关系中的调节作用检验

该部分主要假设：信息丰富性在信息互动性与用户品牌态度关系中起调节作用。丰富性越高，信息互动性对用户品牌态度的正向影响就越强。基于假设构建的模型，研究以信息互动性和丰富性为自变量，品牌态度为因变量，分析信息丰富性在信息互动性与品牌态度关系中的影响，分析结果如下：信息丰富性×互动性对品牌态度的影响显著（$p=0.00$）。在丰富性较强的视频组中，信息互动性的提高意味着品牌态度的增强，高互动性组较其余两组的品牌态度得分会高出许多（$M_{高,视频}=4.85$，$M_{低,视频}=4.54$，$M_{无,视频}=4.33$）。在丰富性较弱的图片组中，信息互动性提高与品牌态度的关系不是线性的，低互动性信息引起的品牌态度好于无互动信息和高互动信息（$M_{高,图片}=4.50$，$M_{低,图片}=5.33$，$M_{无,图片}=4.88$）。

其中的差异源于图片和视频给予用户的感官差异。图片容易给用户造成“不够走心，略显粗糙敷衍”的感觉，当用户在观赏完图片与品牌信息开展低互动时，其对品牌的认知无法解释其参与互动的行为，认知失调效应启动，用户需要改变自身的品牌态度来适应先前行为，对品牌的好感度油然而生；但需要开展高互动时，这就超出行为和认知之间的“失调”范畴，“失调过大”致使用户会从环境中的其他方面寻找解释行为的原因（如互动是命令式的），而非对原有的态度进行调整，品牌偏好甚至会因为反感或觉得互动太复杂而减弱。而视频较图片更加精致、有吸引力，用户查看之后会产生较图片信息更高的品牌态度，所以原本低互动性信息组中出现的认知失调消失，研究的结果也验证了这一点，低互动性信息组和无互动性信息组的品牌态度之间没有显著差异（$p = 0.69$）。相反，原本在图片信息情形下产生过度认知失调的高互动性信息组的品牌态度由于视频这一载体得到提升，认知失调由过度转向合理范畴，为解释自己的互动行为，用户会提高对品牌的评价，并达到比另外两组更高的水平（$p < 0.01$）。

6. 结果讨论

与假设相同，信息丰富性在品牌信息互动性对品牌态度影响的关系中的调节作用显著。调节作用效果同品牌拟人化具有一定相似性。认知失调原理亦在这里起关键的作用，当认知失调程度在一定区间内时，认知失调带来的态度调整才会显现；而超出某阈值时，用户会转向外向寻求自身行为的原因解释而非改变态度，认知失调作用消失。当面对信息丰富度较低的品牌信息、用户同品牌开展低程度的互动，或面对信息丰富度较高的品牌信息、用户同品牌开展高程度的互动时，失调程度适当，此时用户为解释自身互动行为引发认知失调带来的品牌态度提升效果较优；而当面对信息丰富度较低的品牌信息、用户同品牌开展高程度的互动时，认知失调超出阈值，认知失调效应消失，其对用户品牌态度改变的作用也随之消失。对于品牌营销来说，品牌元素合适的搭配，协调的运用是关键。

3.3　拟人化策略的调节作用

前面提到过，信息形式与内容可能会对信息互动性与品牌态度之间的关系有调节作用，上一节对以信息丰富性为具体代表的信息形式的调节作用进行了讨论与研究，本节将以拟人化为典型代表，对信息内容的调节作用进行讨论。

3.3.1　理论框架

信息内容主要体现在内容的情感性和说服力上。拟人化则是激发信息接收者阅读兴趣、增强内容说服力的重要手段。拟人化是指非人类对象具有心灵、意图、思维、情绪状态和行为特征等。[16]研究已经开始转向拟人化如何促成态度的变化和信念的转变。这些态度上的变化主要有三个原因：首先，非人类实体拟人化使它们成为具有自己意识目标和思想的自主代理人，使其更具可信度和说服力。[49]其次，拟人化使人们认为它们能够体验情感并赋予它们道德价值。[50]例如，Takahashi、Ban 和 Asada 表明，当人们认为非人类实体具有思想时，往往会更加喜爱它，希望能够保护它并使它开心。[51]最后，拟人化非人类实体会使人们认为他们能够评估他人。例如，面对一个类似人类的计算机代理人，人们更容易觉得它正在被审查或监督，继而影响它们的实际行为。[50]

品牌拟人化对品牌的重要意义体现在：①能够有效地将抽象的品牌价值和内涵具象化、生动化，便于用户直观感受到品牌特色与魅力；②采用多样化的沟通方式拉近与目标人群的距离，营造一种亲切感，加深用户对品牌的理解和好感。事实上，拟人化更容易实现品牌与市场、消费者的有效沟通，能够积极影响用户的品牌态度，增强用户的好感度。拟人化在用户品牌态度的产生中也发挥一定作用。营销人员常常将拟人化作为其品牌定位策略，这种营销传播技术能够积极影响消费者的反应，如增强积极情绪以及用户参与互动的意愿行为，提高互动质量。[52]这种拟人化的表征能够使消费者将品牌看作一个具有人类动机、特征、意识、情感和意图的实体[50]，从而影响人们对其情感判断和互动行为。总体而言，大部分研究体现了品牌拟人化对用户同品牌互动的积极影响。[16]而当用户在品牌互动中投入情感越多，“付出了就会喜欢”效应[53]就会强化，信息互动性的提高会更加增强用户对品牌的好感度。

3.3.2 实验研究

该研究同样采取实验法分析品牌拟人化在社交网络品牌信息互动性对用户品牌态度的影响中的调节作用。实验环境仍为微信群组加公众账号组成的闭环社交网络群组，实验共分为 2 大组（拟人化与非拟人化两大组，每组内按照互动性高低分为 3 个小组），一共 150 名本科生及硕士研究生被试者，男女比例均衡（在实验对象选取中可控），按照分组通过某社交网络平台（微信群组）向实验对象发送特定的虚拟品牌信息，控制在特定时间内（计划2min）完成阅读任务，之后发送问卷以确保实验对象认真仔细阅读了品牌信息并测试其对该品牌的品牌态度。

该实验品牌选取自行设计的虚拟品牌“Amor”巧克力。选取巧克力品牌主要有两大原因：一是巧克力贴近生活，对用户群体无特殊要求同时能激发用户参与的热情；二是现有研究探讨品牌营销中大多采用糖这一类的产品[15,54,17]，具有一定参考价值。

3.3.2.1　信息互动性操控

信息互动性这一自变量主要通过要求用户回馈的程度来控制。无互动性品牌信息即无回馈信息，文章中没有任何对于用户行为的要求。低互动性品牌信息即低回馈信息，文末会要求用户给予点赞行为。[5,6]即用户在阅读到文章末尾，将看到以下信息“如果现在的你，有点馋……Amor大人十分傲娇地请你点赞”。高互动性信息即高反馈信息，文章会要求用户进行投票。即用户阅览文章到最后时会看到投票邀请“亲爱的你购买巧克力糖时最看重什么呢？品牌，价格，口味，其他”。[6,26]

此外，为保证参与者认真阅读并按要求完成互动行为，在之后问卷调查中参与者会被要求给予行为反馈测试，问卷题目如下：“您看到文章中有何要求?”（0＝没有任何行为，1＝点赞，2＝投票）若用户选项与用户浏览文章中提到的互动行为不符，则该条数据被视为无效，作删除处理。

3.3.2.2　品牌拟人化操控

品牌拟人化通过品牌形象与宣传语设计进行区分。宣传语设计部分：拟人化品牌中使用的宣传语是：“大家好，我是Amor巧克力，快来一起和我玩吧!”非拟人化品牌中的宣传语为：“这是Amor巧克力，和他一起，玩起来吧。”虽然形象与宣传语内容上无差异，但第一人称与第三人称口吻的不同使拟人化品牌更加亲切、热情、主动，能激发用户的好感和参与度；而非拟人化品牌则略显呆板，似乎无法引起用户更多的关注。

此外，为保证参与者认真阅读品牌信息，在之后问卷调查中参与者会被要求作出相关回应，问卷题目如下：“你认为这款巧克力品牌在多大程度上像是一个人”（1 = 极小程度，7 = 极大程度）；“你认为这款巧克力品牌在多大程度上是有自己的思想的”（1 = 极小程度，7 = 极大程度）。

1. 正式实验

正式实验共分为 2 大组，一共 150 名被试者，按照分组通过某社交网络平台（微信群组）向实验对象发送特定的虚拟品牌信息。在此之前用户会收到一则指导语，表明此次活动是针对消费者的市场调研活动，以让用户能真诚作答。在确认用户都在线并愿意参加该实验后，给予小组对应的纯文字品牌信息链接，并要求用户仔细阅读全文且时间控制在 2min 内，按要求完成相应回馈行为。阅读时间控制主要通过阅读完成后务必立刻在群中回复“已阅”来操控。最后在保证大家阅读完成后，给予问卷链接以测定用户实验完成认真程度及品牌态度。为确保问卷数据客观性与真实性，提前告知用户数据要经审核通过后才发放被试费。

2. 测量措施

该问卷主要问题囊括：①确认性问题，主要检测被调查者是否正确接收到组别对应的品牌信息、是否认真阅览品牌信息重点内容、是否看到要求反馈的行为活动等；②品牌态度测量，主要测试构成消费者品牌态度三个维度的信息，包括认知、情感和意愿等方面的状态评分；③人口统计学信息，主要调查被试者的性别、年龄等基本情况，能够直接观察被试者的社会群体的特征。问卷末尾也通过感谢语来表达对被试者积极参与的再次感谢，并告知 5 个工作日内会给予一定奖励的反馈。

消费者品牌态度量表的设计和采用情况与前一实验相同，均采用李克特七点量表。

3. 描述性统计分析

考虑到其余变量都为分类变量，本章利用样本数据测算出各变量均值、标准差等统计量，结果如表 3－5 所示。可以看出，本章涉及的主要变量和控制变量值均在合理范围之内，样本数充足，可以认为样本数据适合进行后期数据处理分析。

表 3－5　描述性分析结果

研究变量	均值	标准差	样本数量
品牌态度	4.67	1.11	134
被试者年龄	21.62	3.59	134

4. 品牌拟人化在信息互动性与用户品牌态度关系中的调节作用检验

该部分主要假设：品牌拟人化在信息互动性与用户品牌态度关系中起调节作用。对于拟人化品牌来说，信息互动性对用户品牌态度的正向作用更强。基于假设构建的模型，研究以信息互动性和品牌拟人化为自变量，品牌态度为因变量，分析品牌拟人化在信息互动性与品牌态度关系中的影响，分析结果如下：品牌拟人化 × 互动性对品牌态度的影响显著（$p<0.05$）。在品牌拟人化组中，信息互动性的提高意味着品牌态度的增强，高互动性信息组、低互动性信息组较无互动性信息两组的品牌态度得分会高出许多（$M_{高,拟人}=4.90$，$M_{低,拟人}=4.89$，$M_{无,拟人}=4.60$）。在品牌非拟人化组，低互动性信息组的品牌得分最为突出，高互动性信息组则最低（$M_{低,非拟人}=4.99$，$M_{无,非拟人}=4.60$，$M_{高,非拟人}=4.38$）。

原理与上节类似，当面对较为单一、呆板、非拟人化的寻常品牌信息后，用户与品牌信息开展低互动时，其对品牌的认知无法解释其参与互动的行为，认知失调程度较大，用户为寻求内心的平衡需改变自身的品牌态度，对品牌的好感度自然提升，且显著高于其余两组（$p<0.05$）；但与品牌开展高互动时，认知失调过度作用显现，当行为和认知之间的“失调”过大，用户会从环境中的其他方面寻找原因来解释自己的行为，而非对原有的态度进行调整，品牌态度与无互动性信息组差异不显著（$p=0.73$）。而拟人化能拉近用户同品牌的距离，给予用户更多的临场感和亲切感，用户阅读之后会产生较图片信息更高的品牌态度，所以原本低互动性信息组中出现的认知失调消失，研究结论也证实了此理，低互动性信息组和无互动性信息组间的品牌态度没有显著差异（$p=0.38$）。相反，原本在非拟人化信息情形下产生过度认知失调的高互动性信息组的品牌态度因为拟人化的幽默有趣和生动而得到了提升，认知失调由过度减弱到合理范畴，为更好地解释自己的互动行为，用户会随之

提高对品牌的评价。

5. 结果讨论

与假设对应的是，品牌拟人化在品牌信息互动性对品牌态度影响的关系中显示出较为明显的调节作用。但这样的调节作用不是单一、线性的，而是复杂、具体的。这主要与认知失调原理有一定关联：认知失调效应的启动需要失调程度保持在一定范围内。当失调程度适中时（如面对非拟人化品牌信息用户同品牌开展低程度的互动，面对拟人化较高的品牌信息用户同品牌开展高程度的互动），为解释自身互动行为引发认知失调带来的品牌态度提升效果较优；而当失调程度过大时（如面对非拟人化品牌信息用户同品牌开展高程度的互动），认知失调效应消失，用户倾向于从环境中的其他方面寻找原因来解释自己的行为，而非对原有的态度进行调整。这似乎告诉我们，比起拟人化要素的使用，应当与信息本身互动性相匹配。

3.4 信息发布主体

信息发布主体的选取同信源可信度密切相关[55]，进而可能影响信息互动的作用效果，因此笔者尝试对信息发布主体是否会在信息互动与品牌态度之间的关系中发生作用进行研究。基于传播说服理论发现，信源可信度对信息接收者的行为意愿有显著的正向影响。[56]研究表明，消费者在接触到信息后对其准确性会有主观的感知评价，继而选择是否接受并认可该信息。若消费者认为信息是可信赖的，他们会更加确信地采纳该信息并据此作出后续行为。[57]当面对来自高信源可信度的品牌危机信息时，社会接纳对品牌评价的负面效应比社会排斥更显著。消费者主观评价在面对不同信源时会表现出巨大差异。[58]信息发布主体一般有用户和企业两个主体。当用户和营销人员同时参与社交媒体，客户对两者发布信息的信任度往往各不相同。相较企业发布的宣传信息，用户口吻的分享往往更易获得顾客的信任和青睐[59]，用户对信息中的号召性行为也会有更加积极的响应态度，品牌认知、品牌好感继而增加。

用户生成的产品评论和电子口碑在互联网上迅速激增，这种类型的信息对品牌营销产生了重大影响。虽然之前的研究已经阐明用户生成信息的前因和后果，但更为根本的问题是其他用户是否真地相信这些信息。也就是说，客户是否信任他们阅读的内容，特别是他们是否信任社交平台的用户评价？一些研究已经检验用户生成信息的可信度。例如，Pan 和 Chiou 研究了社会关系对在线信息中感知信任的影响。[60] Awad 和 Ragowsky 观察了性别对用户生成评价与电子商务信任之间关系的文化影响。[61]这些都表征发布主体的特性会影响用户对信息的感知信任。由于企业生成的信息往往在符合用户需求时更具优势，客户在寻求和处理信息时使用的成本更低。[62]但是其可信度也值得怀疑，因为它往往会过分强调产品的积极方面，以吸引和鼓励客户。[63]为了促进品牌态度和提升销售，营销人员倾向于积极发表声明，以创造良好的产品声誉和形象。[63]

用户不仅会因信赖身边用户而使其认知失调阈值提高（更能接受更高程度的互动行为），还会因与品牌互动的积极且深入，其失调程度增强。此时"投入了就会赞赏"效应愈发凸显[64]，发布主体更高的可信赖度也会更加增强用户对互动性高的品牌信息的好感度。然而很少有研究检验过两者对于消费者认知失调的相对影响。尽管一些研究[65]试图比较两者的角色，但探究两者引起信息互动性对用户品牌态度相对影响的实证证据是罕见的。

基于本次研究中共有 24 个小组，最后选取 460 名本科生及硕士研究生参加实验，每组人数在 20 名左右。在最终对数据进行筛选后，确定有效被试群体共 401 人。被试群体中本科生约为硕士生的 1.33 倍，年龄均在 18 ~25 岁，平均年龄为 21.02 岁（$SD=1.88$）。

该实验品牌依旧选取自行设计的虚拟品牌"Amor"巧克力。此处品牌信息变量中又增加了发布主体这一变量。因此实验采用 $2\times2\times2\times3$ 的组间设计，组间变量 1 为互动性，分为高互动性、低互动性与无互动性三个水平；组间变量 2 为拟人化，分为拟人化和分拟人化两个水平；组间变量 3 为信息丰富性，分为丰富性高和低丰富性两个水平；组间变量 4 为信息发布主体，分为用户和企业两方，因变量不变。所以品牌信息的呈现就有24种搭配形式。信息的区别主要在于发布主体、互动性、拟人化和图片（视频）的元素选取和搭配，其余信息内容保持一致且不变。品牌信息主要从巧克力的外观、口感和味道等方面来具体展开宣传。

1. 正式实验

根据信息来源的不同，我们将其分为企业信息与用户信息。企业信息是指由进入群组虚拟的企业代表发布的具有企业口吻的信息。用户信息是指由群组某用户主体发布的具有用户口吻的信息。前者一般使用第三人称，较为官方客观；后者偏主观私人化，类似于产品测评。但除口吻不同外，两者内容无明显差异。此外，为保证参与者认真阅读品牌信息，在之后问卷调查中参与者会被要求作出相关回应，问卷题目如下："这则信息的发布者是"（0 = 企业，1 = 用户）；"这则信息由谁撰写"（0 = 企业，1 = 某用户）。若用户选项与用户浏览内容不符，则被视为无效问卷。

该问卷主要问题囊括：①确认性问题,主要检测被调查者是否正确接收到组别对应的品牌信息、是否认真阅览品牌信息重点内容、是否看到要求反馈的行为活动等；②品牌态度测量,主要测试构成消费者品牌态度三个维度的信息，包括认知、情感和意愿方面的状态评分；③人口统计学信息,主要调查被试者的性别、年龄等基本情况，能够直接观察被试者的社会群体的特征。问卷末尾也通过感谢语来表达对被试者积极参与的再次感谢，并告知5个工作日内会给予一定奖励反馈。消费者品牌态度量表的设计和采用情况与前面实验相同，均采用李克特七点量表。

正式实验共分为24组（信息丰富性高与丰富性低、拟人化与非拟人、企业与用户主体两两结合成8大组，每组内按照互动性高低分为3个小组），一共460名本科生及硕士研究生被试者，男女比例均衡（在实验对象选取中可控）。当信息发布主体为企业时，由加入群组的虚拟品牌方按照分组向被试发送特定的虚拟品牌信息；当信息发布主体为用户时，由邀请被试的组织者向被试者发送该小组对应的品牌信息。与前述实验相同，实验开始前用户都会收到一则指导语，表明此次活动是针对消费者的市场调研活动。在确保用户都在线并愿意参加该实验后，品牌方或组织者在群组中发布品牌信息链接，并要求用户仔细阅读全文且时间控制在 2min 内。阅读时间控制主要通过阅读完成后务必立刻在群中回复“已阅”来操控。最后在保证大家阅读完成后，给予问卷链接以测定用户实验完成认真程度及品牌态度。为确保问卷数据客观性与真实性，提前告知用户数据要经审核通过后才发放被试费。

2. 描述性统计分析

考虑到其余变量都为分类变量，该研究利用样本数据测算出各变量均值、标准差等统计量，结果如表 3 - 6 所示。可以看出，该研究涉及的主要变量和控制变量值均在合理范围之内，数据样本数充足，可以认为样本数据适合进行后期数据处理分析。数据表明品牌态度均值为 4. 68（$SD = 1.22$），被试者年龄均值为 21. 02（$SD = 1.88$）。

表 3 - 6　实验四描述性分析结果

研究变量	*M*	*SD*	*N*
品牌态度	4. 68	1. 22	401
被试者年龄	21. 02	1. 88	401

信息主体在信息互动性与用户品牌态度关系中的调节作用检验。该研究主要假设：发布品牌信息的主体在信息互动性与用户品牌态度关系中起调节作用。基于假设构建的模型，研究以信息发布主体和信息互动性为自变量，品牌态度为因变量，分析发布主体是否能够调节主效应，分析结果表明：品牌信息发布主体 × 互动性对品牌态度的影响不显著（$p = 0.645$）。因此可见，信息发布主体不具备假设中的调节作用。

3. 结果讨论

相较信息丰富性和品牌拟人化显著的调节作用，信源可信度（信息主体）不存在显著调节作用。这背后的原因令人思考，从假设源头出发，可能是在此实验中信息是其余用户还是企业发布并不影响用户参与互动行为的质量，并没有直接的联系，也不存在认知失调存在差距的情况，但具体原因亦需要在未来的研究中展开分析和讨论。因此，商家在开展品牌营销时，需不需要换个口吻来宣传、是否借助用户的体验并不会受品牌信息互动性对品牌态度的影响。

3.5 信息互动管理启示

基于认知失调理论，加强品牌信息互动可提升品牌态度。随着微信公众号平台的兴起，基于该平台开展品牌宣传、网络营销的现象层出不穷，品牌信息也是“五花八门”。而互动性作为能够加强与用户双向交流的重要工具，在品牌信息构建中也是关键考量因素。通过认知失调理论，假设带有互动性的信息能增强用户在互动中的投入程度和愉悦感，能强化用户在其中的“代入感”与“沉浸感”，当为弥补内心的认知失调时，能够更大程度地增加消费者对品牌的好感度。实验结果证明假设成立，基于认知失调展开的品牌信息互动在一定程度内可提升用户的品牌认知、品牌情感和品牌偏好。这启示我们，首先，无论互动手段强度如何，找到合适的方法同用户沟通交流带来的用户好感度都要显著高于传统单一式的输出。事实上，为了突破纷繁复杂的信息让品牌深入消费者的内心，让用户能够“玩”品牌、“对话”品牌是十分有效的方式，尤其针对追求个性化、新鲜感的年轻人，有趣好玩的互动营销、给予他们平台同品牌交流的营销吸引力十足。其次，品牌信息互动需要合理的度。过高的互动强度可能会让顾客觉得自身行为与认知间差异过大，用户会将自身参与品牌互动的行为解释为有要求或有目的性等原因，并不会调整原有的态度。因此提升用户对品牌的基础认知后再开展相应互动，顾客品牌态度的增强效果将最佳；信息互动的关键在于摸透消费者的心理，让更多的人有兴趣且有意愿参与到品牌互动中，通过点燃用户的情感让其将品牌铭记于心，继而促进购买行为。这个过程中信息互动的力度、强度、频率、基础等还需要通过反复实践和实验来实现效果最优化。

品牌信息互动策略应与品牌信息特征相匹配。互联网时代是信息爆炸的时代，也是“内容为王”的时代。为获得更多的流量、获取更多用户黏性，商家必须创造出更吸引消费者的优质品牌信息内容。优质是多维度、多方面的，不仅体现在信息的形式特征、内容特征、互动性和可信赖度上，更体现在这些因素如何叠加、融合、交互上，从而获得

“1+1>2”的效果。但实验结果告诉我们，信息要素的设计不是越多越好，而是需要寻求要素之间的平衡、恰到好处的融合，注重用户整体观感的舒适和愉悦。当品牌信息只采用图片这一形式时，低信息互动策略能够最大化“认知失调”的效益，产生的用户品牌态度最佳；而高信息互动策略反而会给用户以过分的被迫感，个体开始倾向于从环境中的其他方面寻找解释行为的原因，却不愿调整原有品牌态度。当品牌信息中引入视频这一要素时，基于用户阅览信息后已对品牌有一定的好感度，这已经可以帮助用户解释其低互动行为，不会对品牌态度产生显著影响；但高信息互动策略在此时能够使“认知失调”产生的弥补效果最佳，引导用户提升品牌态度来解释互动行为。

品牌信息打造中似乎也存在“短板效应”，吸引用户并在其中构建品牌好感度也是一个制造木桶以动态储水的过程。储水的多少取决于木桶的长久储水量，木桶的长久储水并不是由某块特别高的板决定的，而取决于木板最短板的高度、整体的协调度和各板的配合紧密性。

参考文献

[1] 毕达天，贯君，李洁. 基于信息运动视角的虚拟社区互动机理研究［J］. 图书情报工作，2015，59（20）：112－118，148.

[2] 张赟. 虚拟社区信息交流机制研究［D］. 郑州：郑州大学，2011.

[3] 赵夷平，毕强，贯君. 国内虚拟社区信息运动理论与实践研究［J］. 图书情报工作，2013，57（17）：121－130.

[4] HOFFMAN D L，NOVAK T. The social life of content：how negative motivations to interact with content－focused pursuits can lead to positive feelings in social media［J］. SSRN Electronic Journal，2013.

[5] PLETIKOSA C I，MICHAHELLES F. Online engagement factors on Facebook brand pages［J］. Soc. Network Anal. Mining，2013（3），843－861.

[6] DE VRIES L，GENSLER S，LEEFLANG P S H. Popularity of brand posts on brand fan pages：an investigation of the effects of social media marketing［J］. Journal of Interactive Marketing，2012（26）：83－91.

[7] ELLISON B N. Social network sites：definition，history，and scholarship［J］. Journal of Computer－Mediated Communication，2007（1）：210－230.

[8] 梁栩彬. 移动社交媒体沉迷的影响因素研究——以微信为例 [J]. 情报理论与实践, 2017 (1): 93 -97.

[9] 李巍, 王志章. 网络口碑发布平台对消费者产品判断的影响研究——归因理论的视角 [J]. 管理学报, 2011 (9): 1345 -1352.

[10] 中国互联网信息中心. 2014 年中国网络购物市场研究报告 [EB/OL]. [2018 -09 -09]. http: //www. cnnic. net. Cn/hlwfzyj/hlwxzbg/dzswbg/201509/t20150909_52821. htm.

[11] 卫军英, 张莺. 论广告信息促动的知觉机制 [J]. 浙江大学学报 (人文社会科学版), 2002 (2): 126 -130.

[12] 王颖晖, 丁红伟. 善因营销信息透明度与消费者品牌态度关系研究 [J]. 消费经济, 2014 (3): 36 -41.

[13] KOTLER P, ARMSTRONG G. Principles of Marketing [M]. Pearson, 2012.

[14] LIU Y, SHRUM L J. What is interactivity and is it always such a good thing? Implications of definition, person, and situation for the influence of interactivity on advertising effectiveness [J]. Advertising, 2002, 31: 53 -64.

[15] 段涛, 周洁如. 社交网络品牌社区信息发布互动性对用户品牌认知的影响 [J]. 西南民族大学学报 (自然科学版), 2015, 41 (2): 255 -259.

[16] ANN L M. Is This Car Smiling at Me? Schema Congruity as Basis for Evaluating Anthropomorphized Products [J]. Journal of Consumer Research, 2007, 34: 468 -79.

[17] PUZAKOVA M, KWAK H, ROCERETO J F. Pushing the envelope of brand and personality: Antecedents and moderators of anthropomorphized brands [J]. Advances in Consumer Research, 2009, 36: 413 -420.

[18] WILKIE W L, PESSEMIER E A. Issues in Marketing's Use of Multi - Attribute Attitude Models [J]. Journal of Marketing Research, 1973, 10 (4): 428 -441.

[19] SENGUPTA J, FITZSIMONS G J. The effects of analyzing reasons for brand preferences: Disruption or reinforcement? [J]. Journal of Marketing Research, 2000, 37 (3): 318 -330.

[20] VARGO S L. Toward a transcending conceptualization of relationship: a service - dominant logic perspective [J]. Bus. Ind. Market, 2009, 24 (5 -6): 373 -379.

[21] BRODIE R J, HOLLEBEEK L D, Juric B, Ilic A. Customer engagement: conceptual domain, fundamental propositions, and implications for research [J]. Serv. Res, 2011, 14 (3): 252 -271.

[22] 占桓. 社交网络营销效果追踪研究 [D]. 福州: 福建师范大学, 2015.

[23] PRAHALAD C K, RAMASWAMY V. Co - opting customer competence [J]. Harv. Bus. Rev. , 2000, 78 (1): 79 -87.

[24] SOHN D. Disentangling the Effects of Social Network Density on Electronic Word – of – Mouth (eWOM) Intention [J]. Journal of Computer – mediated Communication, 2010, 14 (2): 352 – 367.

[25] SUNDARAM D S, WEBSTER C. The role of brand familiarity on the impact of word – of – mouth communication on brand evaluations [J]. Advances in Consumer Research, 1999, 1 (s 1 – 2): 191.

[26] LUARN P, LIN Y F, CHIU Y P. Influence of Facebook brand – page posts on online engagement [J]. Online Inf. Rev. , 2015, 39: 505 – 519.

[27] SCHULTZ C D. Proposing to Your Fans: Which Brand Post Characteristics Drive Consumer Engagement Activities on Social Media Brand Pages? [J]. Electronic Commerce Research & Applications, 2017, 26.

[28] MOLENAAR J G. Abiotiek, botanie en botanisch beheer van heideterreinen in de gemeente Nunspeet [J]. IBN – rapport 176, 1995.

[29] 范晓屏. 非交易类虚拟社区成员参与动机：实证研究与管理启示 [J]. 管理工程学报, 2009, 23 (1): 1 – 6.

[30] 孔繁世, 王慧萍. 虚拟社区人际互动与网络消费行为关系的研究 [J]. 中国集体经济, 2008 (8): 73 – 74.

[31] FESTINGER L A. A theory of cognitive dissonance [M]. Stanford University Press, 1957.

[32] LAWRENCE D H, Festinger L. Cognitive Dissonance [J]. Science, 1962.

[33] FESTINGER L CARLSMITH J M. Cognitive consequences of forced compliance [J]. Journal of Abnormal Psychology, 1959, 58 (58): 203 – 210.

[34] 杨沈龙, 郭永玉, 喻丰, 等. 系统合理化何以形成——三种不同的解释视角 [J]. 心理科学进展, 2018, 26 (12): 2238 – 2248.

[35] 许正良. 管理研究方法 [M]. 长春：吉林大学出版社, 2004.

[36] 李怀祖. 管理研究方法论 [M]. 西安：西安交通大学出版社, 2000.

[37] BAGOZZI R, LEE K H, LOO M F V . Decisions to donate bone marrow: The role of attitudes and subjective norms across cultures [J]. Psychology & Health, 2001, 16 (1): 29 – 56.

[38] JAHN B, KUNZ W. How to transform consumers into fans of your brand [J]. Serv. Manage. , 2012, 23: 344 – 361.

[39] PÖYRY E, PARVINEN P, MALMIVAARA T. Can we get from liking to buying? Behavioral differences in hedonic and utilitarian Facebook usage [J]. Electron. Commer. Res. Appl. , 2013, 12: 224 – 235.

[40] HOFMAN S, BEVERUNGEN D, RACKERS M, et al. What makes local government's online communications successful [J]. Government Information Quarterly, 2013, 30 (2): 387 - 296.

[41] 邓青，马晔风，刘艺，等．基于 BP 神经网络的微博转发量的预测 [J]. 清华大学学报：自然科学版，2015，55 (12): 1342 - 1347.

[42] PINSKY L E, WIPF J E. A picture is worth a thousand words [J]. Journal of General Internal Medicine, 2000, 15 (11): 805 - 810.

[43] PUZAKOVA M, KWAK H, ROCERETO J F. When Humanizing Brands Goes Wrong: The Detrimental Effect of Brand Anthropomorphization Amid Product Wrongdoings [J]. Journal of Marketing, 2013, 77 (3): 81 - 100.

[44] WAYTZ A, CACIOPPO J, EPLEY N. Who Sees Human? The Stability and Importance of Individual Differences in Anthropomorphism [J]. Perspectives on Psychological Science, 2014, 5 (3): 219.

[45] SABATE F, BERBEGAL M J, CAÑABATE A, LEBHERZ P R. Factors influencing popularity of branded content in Facebook fan pages [J]. Eur. Manage, 2014, 32: 1001 - 1011.

[46] ARONSON E, MILLS J. The effect of severity of initiation on liking for a group [J]. The Journal of Abnormal and Social Psychology, 1959, 59 (2): 177 - 181.

[47] CVIJIKJ I P. A Case Study of the Effects of Moderator Posts within a Facebook Brand Page [M] //Social Informatics. Springer Berlin Heidelberg, 2011.

[48] TREFZGER T, BACCARELLA C, VOIGT K I. Antecedents of Brand Post Popularity in Facebook: The Influence of Images, Videos, and Text [J]. Social Science Electronic Publishing, 2016.

[49] EPLEY N, WAYTZ A. Mind Perception [J]. Handbook of Social Psychology, 2010.

[50] WAYTZ A, KURT G, NICHOLAS E, et al. Causes and Consequences of Mind Perception [J]. Trends in Cognitive Sciences, 2010, 14 (8), 383 - 388.

[51] TAKAHASHI H, BAN M, ASADA M. Semantic Differential Scale Method Can Reveal Multi - Dimensional Aspects of Mind Perception [J]. Frontiers in Psychology, 2016, 7 (619).

[52] DELBAERE M, MCQUARRIE E F, PHILLIPS B J, et al. Persoification in Advertising Using a Visual Metaphor to Trigger Anthropomorphism [J]. Journal of Advertising, 2011, 40 (1): 121 - 130.

[53] BREHM J W. Postdecision changes in the desirability of alternatives [J]. J Abnorm Psychol, 1956, 52 (52): 384 - 389.

[54] CHEN R P, WAN E W, LEVY E. The Effect of Social Exclusion on Consumer Preference for Anthropomorphized Brands [J]. Journal of Consumer Psychology, 2016, 27 (1): 23 - 34.

[55] 孙竹梅，汪志兵. 基于信息特征的微博健康信息采纳研究 [J]. 情报理论与实践，2019，42（3）：150 - 156.

[56] 薛可，许桂苹，罗晨辰，等. 自然灾害中网络报道对大学生利他行为意愿的影响——信源可信度与信息质量的相互作用 [J]. 浙江学刊，2018（2）：105 - 112.

[57] SUSSMAN S W, SIEGAL W S. Informational Influence in Organizations: An Integrated Approach to Knowledge Adoption [J]. Information Systems Research, 2003, 14 (1): 47 - 65.

[58] 胡毅伟，余明阳，单从文. 信源可信度视角下社会排斥对消费者品牌危机评价的影响研究 [J]. 上海管理科学，2017，39（6）：51 - 55.

[59] CHOI B, LEE I. Trust in open versus closed social media: The relative influence of user and marketer - generated content in social network services on customer trust [J]. Telematics&Informatics, 2016.

[60] PAN L Y, CHIOU J S. How much can you trust online information? Cues for perceived trustworthiness of Consumer - generated Online Information [J]. Journal of Interact. Market, 2011, 25: 67 - 74.

[61] AWAD N F, RAGOWSKY A. Establishing trust in electronic commerce through online word of mouth: an examination across genders [J]. Manage. Information System, 2008, 24: 101 - 121.

[62] GOH K Y, HENG C S, Lin Z. Social media brand community and consumer behavior: quantifying the relative impact of user and marketer - generated content [J]. Inform. Syst. Res., 2013, 24: 88 - 107.

[63] WU C C, CHEN Y J, Wang C. J. Is persuasive advertising always combative in a distribution channel [J]. Market. Sci., 2008, 28: 1157 - 1163.

[64] GOETZMANN W N, PELES N. Cognitive Dissonance and Mutual Fund Investors [J]. Journal of Financial Research, 1995, 20 (2): 145 - 158.

[65] CHEN Y, XIE J. Online consumer review: word - of - mouth as a new element of marketing communication mix [J]. Manage. Sci., 2008, 54: 477 - 491.

第4章　信息黏性与品牌依恋

社群时代，品牌企业与消费者之间的距离通过网络与社群平台被极大地拉近，品牌竞争的重点不再是一时的市场占有率，更多的是对消费者心智的争夺。品牌依恋是品牌与消费者之间的情感纽带。在品牌经济时代，消费者对品牌情感上产生的依恋，给品牌带来的不仅是积极的品牌评价、品牌态度，更是强大的品牌溢价能力以及持续购买。目前，关于品牌依恋的研究侧重于品牌依恋的形成机制、品牌依恋的概念以及品牌依恋的前因变量和后果变量。其中，品牌依恋的后果变量研究尚处于发展阶段，对于知识管理领域的消费者感知信息转移成本的影响比较少有。同时，信息转移成本作为一种成本，如何使之有效降低极具研究价值。所以，本章旨在讨论品牌依恋对感知信息黏性的影响机制，探究品牌依恋对消费者感知信息黏性有怎样的影响。

4.1　品牌依恋对信息黏性的影响

我们生活的世界里处处有信息的踪影。在传递、接收、处理信息的过程中，我们不可避免地需要付出一定成本，将信息从发出者那里转移到希望接收信息的地方，而这些信息转移的成本可以用信息黏性度量。而当我们接收产品信息时，我们与品牌之间情感纽带的强弱很可能影响将品牌产生信息整合到认知中的成本。

4.1.1　基本概念

为了方便本章后续内容的理解，本节将对本章重点讨论的概念进行基础解析与讨论，主要包括感知信息黏性和品牌依恋。

4.1.1.1　感知信息黏性

信息黏性的定义在各研究领域已达成普遍共识。目前，国外学者主要采用 Eric von Hippel 于 1994 年提出的界定：信息黏性是给定的信息搜寻者在将信息转移到特定位置过程中需要增加的额外支出，简而言之即信息转移的成本。[1]成本越高，黏度越大；成本越低，黏度越小。Hippel 提及的信息可以理解为知识[2]，所以沿袭信息黏性的本质，其他学者提出了知识黏度、知识黏滞、黏滞知识等概念，用于描述知识的转移成本。基于知识的特殊属性，将知识黏性描述为特定状态下知识的一种特性，指知识对于其拥有者具有一定的黏附性，在实现知识共享即知识的正常流动时有一定障碍。[3]基于知识的转移过程，组织内知识的黏度，即知识流动的难度被定义为“组织内部转移知识的难度”[4]；同时，影响组织内部成员之间或者组织之间互相学习的因素，被描述为驱动或阻碍知识移动的因素基于黏滞知识的成因与影响因素，知识缄默度（知识隐性）、资产专用性、先前经验、知识复杂性、知识拥有方的保护程度、文化因素、知识特性、伙伴之间关系等均会导致知识模糊，影响知识转移的效果。但这些定义的核心都是信息的转移成本。

信息黏性作为信息转移的成本，是在信息的转移过程中产生的。所以，根据信息转移过程中的标志性事件，可以将这一过程分为四个阶段。[5]知识转移意愿的萌芽，标志着进入第一阶段——启动阶段；当传输者决定开始传输时，进入第二阶段——实施阶段；当被转移的信息得到使用时，进入第三阶段——提升阶段；当应用这一信息得到令人满意的绩效时，达到第四阶段——整合阶段。在每一阶段分别列举黏性的影响因素，如知识的原理模糊性、未被证实、缺乏动力、来源可靠性等，根据实证研究赋予不同的权重，可以度量信息黏性的大小。

本章所讨论的感知信息黏性属于感知成本的一种，是信息黏性与感知成本的交叉概念，用来描述消费者在接收、理解品牌信息时感知到的付出信息转移成本的大小。感知成本通常是指在获取、使用产品或服务过程中付出综合成本，包括经济成本、心理成本等。[6]根据前景理论，人们在接受损失的过程中边际敏感性是递减的，可以推出感知成本本身可能符合凸函数的性质。也就是说，我们越接近目标时，越愿意付出更多的努力。并且，当感知成本越低、感知收益越高时，消费者感知获得的价值就越大。一般来说，感知成本可以分为感知货币成本和感知非货币成本。[7]感知货币成本指的是消费者对所购买产品的价格的感知。感知非货币成本指的是消费者感知付出的除货币之外的成本，包括时间成本、搜寻成本等。[7]此外，有学者提出消费者付出的感知成本中包含感知信息成本，即信息收集以及处理过程中付出的货币成本、时间成本以及心理成本等。[8]可见，感知成本强调的是基于消费者视角衡量的成本，而不是客观情况下测量的成本，两者本质上没有区别，只是测量角度不同。所以，本章研究的感知信息黏性可以定义为消费者感知的信息转移成本。

信息黏性的产生显然对知识的共享不利，通常来说，降低信息黏性的措施有以下几类：

（1）降低信息本身产生黏性：基于信息本身产生的黏性，可以通过减小信息量、改变信息的编码方式等来降低。以用户创新工具的产品开发为例，一方面，可以通过把产品开发任务分解为子任务，减少转移的信息量，来降低黏滞信息的转移成本；另一方面，可以通过适当开发把用户创新所需要的制造商解决方案和生产信息“降黏”，并把这些知识包含在用户创新工具之中。

（2）降低信息主体产生黏性：基于信息转移涉及主体产生的黏性，可以通过建立相应的激励机制来提高信息传递者的转移意愿。如对于产学研合作中的黏滞知识，可以通过转变知识源观念、建立科研项目立项获取报酬等有利于知识转移者的利益机制，来降低知识黏度。[9]同时，提高组织与个人的学习能力，允许个体多样性的存在，强调终身学习[10]，可以降低信息接收者端产生的信息黏性。

（3）改善相关环境及技术：基于信息转移的环境与技术，建立有利于知识转移的组织环境，或增加技术投资，将有利于减少知识转移的成本。问卷调查统计结果表明，积极参与国际导向即不局限于局部环境的产品和工艺开发的公司，比其他公司更多地在公司之间采用人员交换、电子数据交换等形式，可以促进公司之间的黏滞知识转移。此外，通过在技术上投资也可以减少信息黏性。例如，企业可以将技术系统的黏性降低为最明显且易于转移的软件形式，或者是可远程访问的计算机数据库形式。

4.1.1.2　品牌依恋

品牌依恋这一概念是在心理学的依恋理论基础上发展而来的。心理学家提出，依恋是个人与他人之间一种特殊的情感纽带，并且会随着年龄增长扩展，由母子之间扩展到父母、朋友、恋人之间。后来营销学者将依恋理论扩展到个人与所有物之间，认为依恋是对个人与特定物之间感知联系强弱的描述。随后，对所有物的依恋被证明可以延伸到对品牌等其他对象的依恋。[11] 品牌依恋描述了消费者与品牌之间的一种关系，同样受到品牌关系理论的影响。品牌关系理论认为，品牌关系是消费者与品牌二者对对方态度的互动，品牌关系质量可以用来评估消费者与品牌之间关系的深度和强度。

此外，消费者与品牌之间情感纽带形成也可以从自我一致理论和自我扩张理论获得解释。研究表明，消费者对与自我个性相同的品牌持有更积极的态度，即当消费者与品牌的自我一致性较高时，会产生更强烈的依恋。同时，自我扩张理论认为，人们拥有自我扩张的潜在心理，倾向于将其他实体融入自我的概念中，并将该实体的资源视为自己的。当消费者将品牌资源视为己有时，他们也会积极投入自己的社会、财务、时间资源来维持与品牌的关系。有研究认为，品牌依恋包含三个情感维度：感情（深情、喜爱、友好、平和）、激情（愉悦、激情、着迷）以及关联（相关、建立密切关系、依恋），并提出了情感品牌依恋三要素模型。之后，有研究从更侧重于消费者自我认知的层面出发，认为品牌依恋的概念包括两方面内涵：品牌自我连接和品牌重要度。[12] 基于上述理论，本章将品牌依恋定义为：消费者将品牌与自己联系起来的情感力量。品牌依恋描述了一种消费者将品牌与自身联系起来的力量，即消费者与品牌之间建立的情感纽带。

研究发现，消费者对品牌的依恋程度较高时，会对品牌信任、品牌满意、品牌评价等有正向影响。当品牌依恋与品牌信任之间存在高度相关性，即品牌依恋程度更高的消费者更信任品牌、认为品牌更可靠，并且感知风险也更低[13]；品牌依恋程度较高时品牌满意度的平均值也更高，也会对品牌有积极评价[14]。有研究认为，当消费者与品牌建立情感联系，就会潜意识地对该品牌的产品产生好感，而这种好感又会带来一系列情感上与行为上的连锁反应，如信任、忠诚、价格敏感度降低、重复购买等。[15]由此可见，品牌依恋似乎对消费者与品牌关系有一种“爱屋及乌”“情人眼里出西施”的作用。

4.1.2　理论框架

信息黏性的来源主要有：①信息本身。围绕被传递信息本身，信息本身的特质、信息量都会影响信息的顺利转移。基于信息本身特质，信息内容被编码的方式可能使信息因为难以理解，带来转移的困难；而信息中的隐性知识也可能给知识的传递带来阻碍[1]；如果知识产生作用的因果模糊或来源可靠性未被证实，也会降低知识的可传递性[5]。此外，需要传递信息的量以及表现形式也会成为信息黏性的来源。[16]②信息传递者与信息接收者。信息传递者与信息接收者的特质，如缺乏转移意愿等，也将增加信息转移的成本，从而影响信息黏性的形成和程度。对于信息传递者来说，分享辛苦所得的知识而没有获得足够的奖励，或者传递过程会消耗自己的时间等资源，甚至会有失去特权或管理权的风险，往往使他们缺乏转移知识的动力；而且，有时获取知识的信息源可能在他们看来并不可靠，这也会给他们传递知识带来阻力。[5]对于信息接收者来说，也同样面临着激励不足的问题。信息接收者的理解能力或相关工具的缺乏，也会导致信息的转移成本增加，带来信息黏性。[17]同时，接收者如果没有保留知识的能力，既无法坚持运用新知识，又无法恢复原状，也会增加知识的转移成本。此外，信息转移双方的战略意图、组织能力、伙伴选择、双方信任也会成为影响组织内部或组织之间知识转移的因素。[18]③相关环境及技术。信息在从传递者转移到接收者时的组织距离、文化距离等环境与技术因素[6]，也会影响信息流动的成本。就组织环境来说，促进知识转移发生的组织文化、知识转移双方的密切联系及激励制度，为知识流动的发生提供肥沃土壤；而传统的组织结构带来的专业化分工及行为标准化，则会影响知识转移的尝试与效果。[9]就技术因素来说，专业人员或专业化的组织结构，如“技术守门人”“信息转移组织”可能设置技术壁垒，由此带来信息黏性。

品牌依恋的影响因素主要有：①品牌与自我一致性。自我一致性是指自我概念与品牌个性的一致性。品牌个性是指消费者所认同并产生共鸣的由品牌传递出来的拟人化的个性和特点。自我一致性是指消费者通过将品牌作为自我的一部分，与品牌建立一种同一性情感、一种品牌与自我认知上的连接。研究者认为，当消费者认为该品牌是与自我关联的，则会愿意为双方的关系作投资，从而产生对该品牌的持久性关系。还有学者指出，品牌与自我的关联是品牌依恋形成的核心来源，消费者容易对能满足自我、实现自我和丰富自我的品牌产生较强的依恋。②品牌信任。品牌信任是消费者基于对品牌品质、行为意向及其履行承诺的能力的正面预期而产生的认可该品牌的意愿，是品牌依恋形成的重要驱动。对某一品牌有信心的态度，在面临风险的情况下，消费者信赖该品牌。此外，还有学者认为品牌营销的最终目标就是在消费者与品牌之间建立紧密联系，这一联系的主要成分就是信任。③品牌涉入度。品牌涉入度最早出自 Sherif 与 Cantril 在 1947 年提出的社会判断理论，后来由 Krugman 引入营销学领域，将涉入对象从实体的产品、服务扩展到了品牌，称为消费者的品牌涉入度。从消费者行为学视角出发，品牌涉入是指当消费者认为某个对象，比如产品、服务或信息等能够满足自己的需要、目标和价值时，就会发生涉入。可见，品牌涉入是消费者产生品牌依恋的动因。

研究表明，品牌依恋与品牌信任之间存在高度相关性，主要是由于品牌依恋使消费者的感知风险更低，这意味着信息来源产生的感知信息黏性更低，即品牌依恋程度更高的消费者更信任品牌、认为品牌更可靠。[4]同时研究发现，品牌依恋较高时，消费者对品牌更加“宽容”，也就是消费者端产生的信息黏性更低，品牌满意度的平均值也更高。此外，消费者与品牌之间的情感联系较强时会对品牌信息有积极的评价[11]，也就是相比于其他消费者接受品牌信息的心理成本更低。有研究认为，当消费者与品牌建立情感联系时，就会潜意识地对该品牌的产品产生好感，而这种好感又会带来一系列情感上与行为上的连锁反应，如信任、忠诚、价格敏感度降低、重复购买等。[19]这些都会带来感知信息黏性的降低。同时，品牌依恋对消费者的溢价支付意愿有正向影响，并会导致重复购买行为，说明品牌依恋会降低消费者购买时的感知货币成本以及非货币成本。此外，品牌依恋也是消费者执行困难度较高的行为意图的显著预测因子[20]，表明在消费者承受一定的困难极限时，品牌依恋会降低消费者对执行困难度较高的行为的感知成本。

4.1.3 实验研究

本章主要研究品牌依恋对感知信息黏性的影响。自变量为品牌依恋的不同程度，分为高品牌依恋和低品牌依恋两个取值。因变量为消费者感知信息黏性。以往研究表明，享乐型产品更容易与消费者建立情感联系[21]，所以本章选用的产品类型为果汁。此外，考虑到产品的普及度，实验选择的是农夫山泉 NFC 橙汁的产品信息说明。

自变量为品牌依恋的不同程度，选用的测量量表为以往研究常使用的 10 项品牌依恋量表[21]，如表 4－1 所示。因变量为消费者感知信息黏性，选用的量表为基于相关研究的 9 项量表（见表 4－2）。[22]

表 4－1　品牌依恋量表

变量表	题　项	非常不符合→非常符合						
		1	2	3	4	5	6	7
您对该品牌的情感	深情的	○	○	○	○	○	○	○
	充满激情的	○	○	○	○	○	○	○
	相关的	○	○	○	○	○	○	○
	友善的	○	○	○	○	○	○	○
	感到高兴的	○	○	○	○	○	○	○
	建立密切关系的	○	○	○	○	○	○	○
	喜爱的	○	○	○	○	○	○	○
	入迷的	○	○	○	○	○	○	○
	依恋的	○	○	○	○	○	○	○
	平静的	○	○	○	○	○	○	○

表 4－2　感知信息黏性量表

变量表	题　项	非常不符合→非常符合						
		1	2	3	4	5	6	7
品牌信息内容	1.1 该品牌的信息我已经完全明确	○	○	○	○	○	○	○
	1.2 通过该品牌的信息，我知道为什么该产品具有宣传信息中的优势	○	○	○	○	○	○	○
	1.3 现有的品牌信息确切地描述了产品实际上是如何制作的	○	○	○	○	○	○	○
品牌信息形式	1.1 该品牌信息的形式是我容易理解的	○	○	○	○	○	○	○
	1.2 该品牌信息的形式是我乐于接受的	○	○	○	○	○	○	○
	1.3 该品牌信息的形式是我愿意传播的	○	○	○	○	○	○	○
品牌信息来源	1.1 我认为该品牌信息是可信的	○	○	○	○	○	○	○
	1.2 我认为该品牌信息来源是权威的	○	○	○	○	○	○	○
	1.3 我认为该品牌信息是已经被证实的	○	○	○	○	○	○	○

随机筛选 85 名参与者在实验室参与实验。开始时，在实验室根据实验人数安排好座位，并准备相应的实验材料。然后，请参与者进入实验室，组织被试者尽量均匀分布在实验室，以便发放、指导填写及收取问卷。最后，正式开始实验：第一步，进行实验说明，这是一个有关品牌体验调查的实验，并介绍实验流程；第二步，给参与者发放实验材料，即农夫山泉 NFC 橙汁的产品信息，并指导他们仔细阅读；第三步，5min 后发放测量品牌依恋、信息黏性的李克特七点量表以及人口统计学问题问卷，请参与者根据自身情况认真回答；第四步，按发放顺序检查问卷是否填写完整并回收实验材料及问卷。

4.1.3.1　描述性统计

实验一共回收 85 份问卷，剔除没有认真填写、未完整填写的 4 份无效问卷，有效问卷为 81 份。其中，参与者年龄范围为 19～29 岁，平均年龄为 20.3 岁，性别比例为 34∶51，符合实验参与者所在学校院系的性别比例。品牌依恋得分的计算方法为：首先，录入每位参与者在品牌依恋量表的10项的打分（李克特七点量表，最高分7分，最低分1分）；其次，对这10项得分取平均值，作为品牌依恋量表的总体得分。采用李克特七点量表计算品牌依恋得分，理论上最低得分为1分，最高得分为7分，且得分越高则品牌依恋程度越高。根据实验一的描述统计，品牌量表的总体得分最低分为1.6分，最高分为6.4分，平均得分为3.467分。其中，10个变量平均分的取值范围从2.526分（依恋的）至5.632分（平和的）；10个变量的标准差的取值范围从1.385（平和的）至1.889（相关的）。所以，当研究需要分为高品牌依恋组与低品牌依恋组时，根据以往文献分组方法[23]，将实验一所收集数据按品牌依恋得分降序排列，取大于上1/4分位为高品牌依恋组，取小于下1/4分位为低品牌依恋组。其中，高品牌依恋组包含21个样本，平均分为4.7分，取值范围为4.2~6.4分；低品牌依恋组包含20个样本，平均分为2.12分，取值范围为1.6~2.6分。

感知信息黏性得分的计算方法为：首先，录入每位参与者在感知信息黏性量表的9项的打分（李克特七点量表，最高分7分，最低分1分）；其次，对这9项得分取平均值，作为感知信息黏性量表的总体得分；最后，由于量表设计是得分越高感知信息黏性越低，为了数据分析便捷应当使得分与感知信息黏性的高低方向一致，所以对量表得分再作反向处理（1分对应7分，2分对应6分，3分对应5分，依次类推），即用8-实际得分作为最后得分。N为参与数据分析的有效样本数量。采用李克特七点量表计算信息黏性，理论上最低得分为1分，最高得分为7分，且量表度量信息黏性的方式是得分越高，消费者信息黏性越低。所以，为更清晰地表示品牌依恋对感知信息黏性的影响，本章对信息黏性的得分作反向处理，使得分越高表示消费者的信息黏性越高。根据实验一的描述统计，感知信息黏性量表的平均得分为3.76分，取值范围为1.56~6.89分。其中，信息内容产生黏性、信息形式产生黏性、信息来源产生黏性3类9个变量平均分的取值范围从3.53分（通过该品牌的信息，我知道为什么该产品具有宣传信息中的优势）至4.58分（我认为该品牌信息是已经被证实的）；9个变量标准差的取值范围从1.64（我认为该品牌信息是可信的）至2.01（通过该品牌的信息，我知道为什么该产品会具有宣传信息中的优势）（见表 4 - 3）。

表 4 - 3　实验一描述性统计

项目	年龄（岁）	品牌依恋（分）	感知信息黏性（分）
平均值	20	3.47	3.76
范围	11	4.8	5.3
最小值	18	1.6	1.56
最大值	29	6.4	6.89

4.1.3.2　信度分析

在对所收集数据进行正式分析之前，首先进行信度分析，检验实验所选用量表的可靠性。实验所采用的品牌依恋量表非现成的量表，是根据外文文献所使用的量表翻译而来的；而感知信息黏性量表也是本章根据相关文献，结合研究问题改编的量表。所以，对于本章编制的量表需要验证可靠性，即进行信度分析。信度是用来检验量表对所测量变量评价结果的前后一致性，也就是对测量变量的评分使人们可以信赖的程度有多大。[24] 当多次测量的结果保持一致时，则证明量表测量的结果是可靠的。本章用来评价量表内部一致性的指标是目前最常使用的 Cronbach's α。

实验数据的可靠性分析结果显示，对于品牌依恋量表，感情、激情、关联三个维度变量的 α 系数均大于 0.7，说明该量表信度较好；对于感知信息黏性量表，信息内容、信息形式、信息来源这三个维度的变量的 α 系数均大于 0.7，说明该量表较为可靠（见表 4 - 4）。

表 4 - 4　实验一信度分析

量表	测量变量	Cronbach's α
品牌依恋	感情	0.77
	激情	0.71
	关联	0.74
信息黏性	信息内容	0.77
	信息形式	0.92
	信息来源	0.94

4.1.3.3 效度分析

为验证所使用量表的有效性，使用SPSS软件分别对品牌依恋量表以及感知信息黏性量表进行效度检验（见表4－5）。

表4－5 实验一效度分析

品牌依恋量表的KMO和巴特利特检验	KMO取样适切性量数		0.85
	巴特利特球形度检验	近似卡方	465.2
		自由度	45
		显著性	0.00
感知信息黏性量表的KMO和巴特利特检验	KMO取样适切性量数		0.86
	巴特利特球形度检验	近似卡方	505.68
		自由度	36
		显著性	0.00

4.1.3.4 结果讨论

首先进行方差齐性检验，结果如表4－6所示，显著性为0.17，即$P>0.05$，差异无统计学意义。

为验证不同程度的品牌依恋（类别变量）对消费者感知信息黏性（连续变量）的影响，采用单因子方差分析分别检验两次实验中不同强度的情感联系对感知信息黏性的影响是否显著。组1表示低品牌依恋组，组2表示高品牌依恋组。IS2表示感知信息黏性。本章使用SPSS软件进行分析，得出结果如表4－7所示。

表4－6 实验一方差齐性检验

方差齐性检验			
莱文统计	自由度1	自由度2	显著性
1.95	1	39	0.17

由方差分析结果可见，品牌依恋的强弱对消费者感知信息黏性的影响显著（$P\leqslant 0.01$，在$\alpha=0.01$的级别显著）。并且，当消费者对品牌的

依恋程度更高时，对该品牌产品的感知信息黏性会降低。换而言之，就是对品牌更依恋的人，会觉得该品牌的产品信息更容易接受理解。

表 4-7　实验一方差分析

方差分析					
感知信息黏性					
	平方和	自由度	均方	F	显著性
组间	26.87	1	26.87	24.65	0.00
组内	42.51	39	1.09		
总计	69.38	40			

根据方差分析结果发现，品牌依恋的强弱对消费者感知信息黏性的影响显著（$P \leqslant 0.01$，在 $\alpha = 0.05$ 的级别显著）。所以，综合实验一数据分析结果可证明假设一，在高品牌依恋情况下，消费者的感知信息黏性会比低品牌依恋情况下低。

4.2　信息复杂度的调节作用

研究发现，品牌依恋是消费者执行困难度较高的行为意图的显著预测因子，但是对于执行困难度较低的行为意图的预测不显著。[12] 所以，在研究品牌依恋与消费者感知信息黏性之间的作用机制时，引入信息复杂度作为调节变量。

4.2.1　理论框架

信息复杂度是用来描述信息内容编码复杂程度的基本概念，对于信息接收者来说，也可以用来说明信息对内容表述理解的难易程度。一般认为，信息复杂度与信息量成正比，即一条信息所包含的文字越多理解起来越困难，也就越复杂，即复杂程度越高。此外，有研究表明，信息内容相同、信息形式不同时，信息复杂度也有显著差异。例如，对于描述产品制作方法的信息，采用视频的形式比采用图片形式的信息更容易理解，即信息复杂度更低；而图片形式的信息往往又比文字信息更生动形象，让人们更容易接受和理解。

不同的信息复杂度对信息接收者也有不同的影响，也就是影响信息接收者的感知信息黏性。例如，企业在进行知识管理的过程中，给员工提供复杂度过高而且原理模糊的信息，会使员工因为不确定掌握这类知识是否会达到预期效果以及畏难情绪而缺乏学习新知识的动力。

信息复杂度对品牌认知也有一定影响。有相关研究指出，通过降低品牌广告信息的复杂度可以带来信息成本的节约，从而正向影响品牌传播。此外，有学者指出，在投放广告时可以采用场景化传播的方法，即根据投放受众的不同、投放目的的不同，有针对性地投放个性化内容，从而达到降低信息复杂度的效果，进而提高广告信息的接受度。而且，有研究发现，当品牌采用拟人化的信息展示形式时，会使消费者更容易产生共鸣，从而降低消费者对品牌发布的产品信息复杂度的感知。前提是品牌个性适宜拟人化的品牌形象。例如，糖果类食品相比于高科技电子产品更适宜采用拟人化的形象。因为前者保持亲切友善的形象符合产品本身是给人们带来精神上的放松以及产生愉悦感的消费目的；而后者，保持冷静神秘有距离感的形象，有助于消费者对其专业性的认知，也符合高科技产品宣传的专业的、一丝不苟的形象特质。

4.2.2 实验研究

本节实验引入调节变量为信息复杂度，分为高复杂度和低复杂度两种类型。随机筛选 115 名参与者在实验室参与实验。首先，根据参与者座位的分布，将参与者座位分为两组，并分配给相应的协助实验的学生，负责问卷的发放、指导以及回收；之后，给参与者发放实验材料，即高复杂度（57 人）或低复杂度（53 人）的农夫山泉 NFC 橙汁的产品信息，并指导他们仔细阅读；最后，请参与者根据自身情况认真回答分别测量品牌依恋、信息黏性的李克特七点量表，以及人口统计学问题。

4.2.2.1 描述性统计

实验二共回收 115 份问卷，剔除没有认真填写、未完整填写的 1 份无效问卷，有效问卷为 114 份。其中，参与者年龄范围为 18 ~ 23 岁，平均年龄为20岁。性别比例为47：34，符合实验参与者所在学校院系的性别比例。品牌依恋得分的计算方式为：首先，录入每位参与者在品牌依恋量表的10项的打分（李克特七点量表，最高分7分，最低分1分）；之后，对这10项得分取平均值，作为品牌依恋量表的总体得分。

对于高信息复杂度组：采用李克特七点量表计算品牌依恋得分，理论上最低得分为1分，最高得分为7分，且得分越高，则品牌依恋程度越高。根据实验的描述统计，品牌量表的总体得分最低分为1.6分，最高分为6.4分，平均得分为3.43分。其中，10个变量平均分的取值范围从2.53分（依恋的）至5.63分（平和的）；10个变量标准差的取值范围从1.38（平和的）至1.89（相关的）。所以，当研究需要分为高品牌依恋组与低品牌依恋组时，将实验所收集数据按品牌依恋得分降序排列，取上1/4为高品牌依恋组，取下1/4为低品牌依恋组。其中，实验二的品牌依恋平均得分为3.43分，高品牌依恋组包含15个样本，取值范围为4.2~6.4分；低品牌依恋组包含15个样本，取值范围为1.6~2.7分。

对于低信息复杂度组：采用李克特七点量表计算品牌依恋得分，理论最低得分为1分，最高得分为7分，且得分越高，则品牌依恋程度越高。根据实验二的描述统计，品牌量表的总体得分最低分为1.6分，最高分为5.7分，平均得分为3.44分。其中，10个变量平均分的取值范围从2.37分（充满激情的）至5.45分（平和的）；10个变量标准差的取值范围从1.37（入迷的）至1.78（相关的）。所以，当研究需要分为高品牌依恋组与低品牌依恋组时，将实验二所收集数据按品牌依恋得分降序排列，取上1/4为高品牌依恋组，取下1/4为低品牌依恋组。其中，实验的品牌依恋平均得分为3.44分，高品牌依恋组包含15个样本，取值范围为4.1~5.7分；低品牌依恋组包含15个样本，取值范围为1.6~2.6分。

感知信息黏性得分的计算方法为：首先，录入每位参与者在感知信息黏性量表的9项的打分（李克特七点量表，最高分7分，最低分1分）；其次，对这9项得分取平均值，作为感知信息黏性量表的总体得分；最后，由于量表设计是得分越高、感知信息黏性越低，为了数据分析便捷，应当使得分与感知信息黏性的高低方向一致，所以对量表得分再作反向处理（1分对应7分，2分对应6分，3分对应5分，依次类推）。

对于高信息复杂度组：采用李克特七点量表计算信息黏性，理论上最低得分为 1 分，最高得分为 7 分，且量表度量信息黏性的方式是得分越高，消费者信息黏性越低。所以，为更清晰地表示品牌依恋对感知信息黏性的影响，本章对信息黏性的得分作反向处理，得分越高表示消费者的信息黏性越高。实验二结果显示，感知信息黏性量表的平均得分为 3.74 分，取值范围为 1.98～6.68 分。其中，信息内容产生黏性、信息形式产生黏性、信息来源产生黏性 3 类 9 个变量平均分的取值范围从 3.53 分（通过该品牌的信息，我知道为什么该产品会具有宣传信息中的优势）至 4.58 分（我认为该品牌信息是已经被证实的）；9 个变量标准差的取值范围从 1.64 分（我认为该品牌信息是可信的）至2.01分（通过该品牌的信息，我知道为什么该产品会具有宣传信息中的优势）。

对于低信息复杂度组：采用李克特七点量表计算信息黏性，理论上最低得分为 1 分，最高得分为 7 分，而量表度量信息黏性的方式是得分越高，消费者信息黏性越低。所以，为更清晰地表示品牌依恋对感知信息黏性的影响，本章对信息黏性的得分作反向处理，得分越高表示消费者的信息黏性越高。根据实验二的描述统计，感知信息黏性平均得分为 2.86，取值范围为 1.64～4.78 分。其中，信息内容产生黏性、信息形式产生黏性、信息来源产生黏性三个变量的平均分分别为 3.27 分、2.39 分、3.92 分（见表 4－8）。

表 4－8　实验二描述性统计

项目	年龄（岁）	品牌依恋（分）	感知信息黏性（分）
平均值	20	3.43	3.74
范围	11	4.8	5.04
最小值	18	1.6	1.64
最大值	29	6.4	6.68

4.2.2.2　信度分析

在对实验所收集数据进行正式分析之前，首先进行信度分析，检验实验所选用量表的可靠性。实验所采用的品牌依恋量表非现成的量表，是根据外文文献所使用的量表翻译而来的；而感知信息黏性量表，也是本章根据相关文献、结合研究问题进行改编的量表。所以，对于本章编制的量表，需要验证可靠性，即进行信度分析。本章用来评价量表内部一致性的指标是目前最常使用的 Cronbach's α。

实验数据的可靠性分析结果显示，对于品牌依恋量表，感情、激情、关联三个维度变量的 α 系数均大于 0.7，说明该量表信度较好；对于感知信息黏性量表，信息内容、信息形式、信息来源这三个维度的变量的 α 系数均大于 0.7，说明该量表较为可靠（见表 4-9）。

表 4-9　实验二信度分析

量表	测量变量	Cronbach's α 系数
品牌依恋	感情	0.75
	激情	0.80
	关联	0.82
信息黏性	信息内容	0.78
	信息形式	0.74
	信息来源	0.91

4.2.2.3　效度分析

为验证本章使用量表的有效性，我们使用 SPSS 软件分别对品牌依恋量表以及感知信息黏性量表进行效度检验（见表 4-10）。

表 4-10　实验二效度分析

品牌依恋量表的 KMO 和巴特利特检验	KMO 取样适切性量数		0.87
	巴特利特球形度检验	近似卡方	646.22
		自由度	45
		显著性	0.00
感知信息黏性量表的 KMO 和巴特利特检验	KMO 取样适切性量数		0.86
	巴特利特球形度检验	近似卡方	715.61
		自由度	36
		显著性	0.00

4.2.2.4 相关性分析

经过前面的实验数据分析，发现无论在信息复杂度高还是低的情况下，品牌依恋程度较高时，消费者的感知信息黏性都相比于品牌依恋程度较低时更低。也就是说，品牌依恋有助于降低消费者的感知信息黏性。同时，研究发现在高信息复杂度与低信息复杂度两种情况下，虽然品牌依恋都对消费者感知信息黏性的得分有负向影响，但是影响的幅度似乎不同。于是，我们继续分别对高复杂度、低复杂度两种情况的品牌依恋与信息黏性的得分作相关分析，结果如表 4－11 所示。

表 4－11　实验二相关性分析

	量表	相关性	品牌依恋	感知信息黏性
高信息复杂组	品牌依恋	皮尔逊相关性	1	−0.67**
		Sig.（双尾）		0.00
		个案数	57	57
	感知信息黏性	皮尔逊相关性	−0.67**	1
		Sig.（双尾）	0.00	
		个案数	57	57
低信息复杂组	品牌依恋	皮尔逊相关性	1	−0.29*
		Sig.（双尾）		0.03
		个案数	57	57
	感知信息黏性	皮尔逊相关性	−0.29*	1
		Sig.（双尾）	0.03	
		个案数	57	57

注：** 在 0.01 级别（双尾），相关性显著。

由两组实验数据的双变量相关分析结果可知，虽然在高信息复杂度与低信息复杂度两种情况下，品牌依恋对消费者感知信息黏性都有显著的负向影响（高复杂度：$P \leqslant 0.01$，在 $\alpha = 0.01$ 的级别显著；低复杂度：$P \leqslant 0.05$，在 $\alpha = 0.05$ 的级别显著），但是影响的幅度有所区别。换言之，信息复杂度可能对品牌依恋与消费者感知信息黏性之间的负向关系有一定调节作用。

所以，高信息复杂度与低信息复杂度两种情况下的相关系数有一定差异，继续对两组实验数据进行两因素有交互效应的方差分析，通过验证品牌依恋与信息复杂度二者的交互作用是否显著，来验证信息复杂度是否对品牌依恋与消费者感知信息黏性之间的关系有调节作用。

4.2.2.5　两因素方差分析

为了验证信息复杂度对自变量与因变量的调节作用，首先将两组实验所得的品牌依恋类别变量转化为数值变量，用 1 表示高品牌依恋组，用 0 表示低品牌依恋组。之后，为区分两组实验数据信息复杂度，引入类别变量 *Type* 并同样转换为数值变量，用 1 表示高信息复杂度，用 0 表示低信息复杂度。最后采用两因素有交互效应的方差分析，结果如表 4－12 所示。

表 4－12　实验二方差分析

主体间效应检验					
因变量：感知信息黏性					
源	Ⅲ类平方和	自由度	均方	*F*	显著性
修正模型	35.23[a]	3	11.74	13.66	0
截距	797.73	1	797.73	927.95	0
Group（品牌依恋）	24.49	1	24.49	28.49	0
Type（信息复杂度）	2.91	1	2.91	3.39	0.071
Group × *Type*	7.82	1	7.82	9.10	0.004
误差	48.14	56	0.86		
总计	881.10	60			
修正后总计	83.37	59			

注：a 表示 $R^2=0.42$（调整后 $R^2=0.39$）。

其中，*Group* 为品牌依恋转换来的数值变量（1 表示高品牌依恋，0 表示低品牌依恋），*Type* 为信息复杂度转换来的数值变量（1 表示高信息复杂度，0 表示低信息复杂度），*Group* × *Type* 表示二者交互项。由两因素有交互效应的方差分析的结果可知，品牌依恋与信息复杂度的交互项对感知信息黏性的影响显著（$P \leq 0.05$，在 $\alpha=0.05$ 的级别显著）。

4.3 信息载体的调节作用

信息载体类型作为影响消费者对品牌认知的重要因素，近年来逐渐被营销学者关注。有研究认为，广告信息的表现形式将对消费者的认知产生不同影响。[25]所以，在研究品牌依恋与消费者感知信息黏性之间的作用机制时，应引入信息载体类型作为调节变量。

4.3.1 理论框架

大众媒体通常以图文并茂或图片代替文字的方式，以增强信息的吸引力，激发人们的阅读兴趣。[26]图片运用光影、线条、色彩等手段来对现实生活和自然界的事物进行模仿，能真实、形象地再现现实的各种不同社会生活场景和自然现象。[27]此外，图片以静止、凝练的顷刻画面和艺术造型，表现客观事物的外观属性，使观众联想到这一瞬间前后相关客观物象的情景、关系和事物发展的过程。[28]因此，作为视觉传达信息的图片，以其比文字更具形象性和趣味性、更具视觉传达上的冲击力和独特魅力，因而也相对更加吸引受众的目光。随着生活节奏的加快，人们往往缺乏阅读文字的耐心，一目了然的图片更能吸引人的目光，提高信息传递的效率。[28]

图片信息因其生动形象的表达形式更容易让人们理解文字描述起来很烦琐的信息[27]，这意味着将文字变为图片，一定程度上可以削弱信息复杂度。信息复杂度因其在人们接收信息过程中的障碍属性[29]，具有凸显品牌依恋削弱感知信息黏性的能力，而信息载体形式的不同会影响人们对于信息复杂度的感知。

4.3.2 实验研究

本节实验引入调节变量信息载体形式，分为文本、图片两种类型。随机筛选230名参与者在实验室参与实验。开始时，请参与者进入实验室，组织被试者尽量均匀分布在实验室就坐，以便发放、指导填写及收取问卷。然后，根据参与者座位的分布，将参与者座位分为4（2×2）组，并分配相应的协助实验的学生，负责问卷的发放、指导以及回收。最后，正式开始实验：第一步，进行实验说明，这是一个有关品牌体验调查的实验，并介绍实验流程；第二步，给参与者发放实验材料，即高复杂度或低复杂度/文字或图片的农夫山泉 NFC 橙汁的产品信息，并指导他们仔细阅读；第三步，请参与者根据自身情况认真回答分别测量品牌依恋、信息黏性的李克特七点量表，以及人口统计学问题。

4.3.2.1　描述性统计

实验三共回收230份问卷，剔除没有认真填写、未完整填写的2份无效问卷，有效问卷为228份。参与者年龄范围为18～23岁，平均年龄为20.26岁；性别比例为56：54，符合实验参与者所在学校院系的性别比例。

品牌依恋得分的计算方法为：首先，录入每位参与者在品牌依恋量表的10项的打分（李克特七点量表，最高分7分，最低分1分）；其次，对这10项得分取平均值，作为品牌依恋量表的总体得分。对于文字组：采用李克特七点量表计算品牌依恋得分，理论上最低得分为1分，最高得分为7分，且得分越高，则品牌依恋程度越高。根据实验三的描述统计，品牌量表的总体得分最低分为1.6分，最高分为6.4分，平均得分为3.33分。其中，10个变量平均分的取值范围从2.526分（平和的）至5.63分（依恋的）；10个变量标准差的取值范围从1.38（平和的）至1.89。所以，当研究需要分为高品牌依恋组与低品牌依恋组时，将实验三所收集的数据按品牌依恋得分降序排列，取上1/4为高品牌依恋组，取下1/4为低品牌依恋组。其中，实验三的品牌依恋平均得分为3.33分，高品牌依恋组包含15个样本，取值范围为4.2～6.4分；低品牌依恋组包含15个样本，取值范围为1.6～2.7分。

对于图片组：采用李克特七点量表计算品牌依恋得分，理论最低得分为1分，最高得分为7分，且得分越高，则品牌依恋程度越高。根据实验三的描述统计，品牌量表的总体得分最低分为1.6分，最高分为5.7

分，平均得分为3.28分。其中，10个变量平均分的取值范围从2.37分（充满激情的）至5.45分（平和的）；10个变量的标准差的取值范围从1.37（入迷的）至1.78（相关的）。所以，当研究需要分为高品牌依恋组与低品牌依恋组时，将实验三所收集的数据按品牌依恋得分降序排列，取上1/4为高品牌依恋组，取下1/4为低品牌依恋组。其中，实验三的品牌依恋平均得分为3.28分，高品牌依恋组包含15个样本，取值范围为4.1～5.7分；低品牌依恋组包含15个样本，取值范围为1.6～2.6分。

感知信息黏性得分：首先，录入每位参与者在感知信息黏性量表的9项的打分（李克特七点量表，最高分7分，最低分1分）；其次，对这9项得分取平均值，作为感知信息黏性量表的总体得分；最后，由于量表设计是得分越高、感知信息黏性越低，为了数据分析便捷，应当使得分与感知信息黏性的高低方向一致，所以对量表得分再作反向处理（1分对应7分，2分对应6分，3分对应5分，依次类推），N为参与数据分析的有效样本数量。

对于文字组：采用李克特七点量表计算信息黏性，理论上最低得分为1分，最高得分为7分，且量表度量信息黏性的方式是得分越高，消费者信息黏性越低。所以，为更清晰地表示品牌依恋对感知信息黏性的影响，本章对信息黏性的得分作反向处理，得分越高表示消费者的信息黏性越高。根据实验二的描述统计，感知信息黏性量表的平均得分为4.02分，取值范围为1.24～6.02分。其中，信息内容产生黏性、信息形式产生黏性、信息来源产生黏性3类9个变量平均分的取值范围从3.53分（通过该品牌的信息，我知道为什么该产品会具有宣传信息中的优势）至4.58分（我认为该品牌信息是已经被证实的）；9个变量标准差的取值范围从1.63（我认为该品牌信息是可信的）至2.01（通过该品牌的信息，我知道为什么该产品会具有宣传信息中的优势）。

对于图片组：采用李克特七点量表计算信息黏性，理论上最低得分为1分，最高得分为7分，而量表度量信息黏性的方式是得分越高，消费者信息黏性越低。所以，为了更清晰地表示品牌依恋对感知信息黏性的影响，本章对信息黏性的得分作反向处理，得分越高表示消费者的信息黏性越高。根据实验三的描述统计，感知信息黏性平均得分为 3. 82 分，取值范围为 1. 56 ~6. 89 分。其中，信息内容产生黏性、信息形式产生黏性、信息来源产生黏性三个变量的平均分分别为 4. 27 分、4. 58 分、3. 92 分（见表 4 – 13）。

表 4 – 13　实验三描述性统计

项目	年龄（岁）	品牌依恋（分）	感知信息黏性（分）
平均值	20. 14	3. 38	3. 82
范围	11	4. 8	5. 3
最小值	18	1. 6	1. 56
最大值	29	6. 4	6. 89

4. 3. 2. 2　信度分析

在对实验所收集数据进行正式分析之前，首先进行信度分析，检验实验所选用量表的可靠性。实验所采用的品牌依恋量表非现成的量表，是根据外文文献所使用的量表翻译而来的；而感知信息黏性量表，也是本章根据相关文献、结合研究问题进行改编的量表。所以，对于本章编制的量表，需要验证可靠性，即进行信度分析。本章用来评价量表内部一致性的指标是目前最常使用的 Cronbach's α。

实验数据的可靠性分析结果显示，对于品牌依恋量表，感情、激情、关联三个维度变量的总体 α 系数均大于 0. 7，说明该量表信度较好；对于感知信息黏性量表，信息内容、信息形式、信息来源这三个维度的变量的总体 α 系数均大于 0. 7，说明该量表较为可靠（见表 4 – 14）。

表 4 – 14　实验三信度分析

量表	测量变量	Cronbach's α 系数
品牌依恋	感情	0. 75
	激情	0. 80
	关联	0. 82

续表

量表	测量变量	Cronbach's α 系数
信息黏性	信息内容	0.78
	信息形式	0.74
	信息来源	0.91

4.3.2.3 效度分析

为验证本章使用量表的有效性，使用 SPSS 分别对品牌依恋量表以及感知信息黏性量表进行效度检验（见表 4-15）。

表 4-15 实验三效度分析

品牌依恋量表的KMO 和巴特利特检验	KMO 取样适切性量数		0.87
	巴特利特球形度检验	近似卡方	646.22
		自由度	45
		显著性	0.00
感知信息黏性量表的KMO 和巴特利特检验	KMO 取样适切性量数		0.86
	巴特利特球形度检验	近似卡方	715.61
		自由度	36
		显著性	0.00

4.3.2.4 两因素方差分析

为验证来验证信息载体形式的对自变量与因变量的调节作用，首先将两组实验所得的品牌依恋类别变量转化为数值变量，用 1 表示高品牌依恋组，用 0 表示低品牌依恋组。之后，为区分两组实验数据信息载体类型，引入类别变量 *Type* 并同样转换为数值变量，用 1 表示图片组，用 0 表示文字。最后采用两因素有交互效应的方差分析，结果如表 4-16 所示。

表 4-16　实验三方差分析

主体间效应检验					
因变量：感知信息黏性					
源	Ⅲ类平方和	自由度	均方	F	显著性
修正模型	29.04[a]	3	9.68	9.80	0.00
截距	1706.72	1	1706.72	1728.73	0.00
Group（品牌依恋）	21.67	1	21.67	21.95	0.00
Type（信息载体形式）	1.87	1	1.87	1.90	0.17
Group × *Type*	5.49	1	5.49	5.56	0.02
误差	114.52	116	0.98		
总计	1850.28	120			
修正后总计	143.56	119			

注：$R^2=0.202$（调整后 $R^2=0.182$）。

其中，*Group* 为品牌依恋转换来的数值变量（1 表示高品牌依恋，0 表示低品牌依恋），*Type* 为信息载体形式转换来的数值变量（1 表示图片组，0 表示文字组），*Group* × *Type* 表示二者交互项。由两因素有交互效应的方差分析的结果可知，品牌依恋与信息载体形式的交互项对感知信息黏性的影响显著（$P\leqslant 0.05$，在 $\alpha=0.05$ 的级别显著）。

4.3.2.5　简单斜率分析

为进一步验证信息载体形式作为调节变量对品牌依恋与消费者感知信息黏性之间关系的作用，本章采用简单斜率检验。对于文字组来说，品牌依恋显著降低了消费者感知信息黏性（$\beta=-0.46$，$p<0.001$）；对于图片组来说，品牌依恋对消费者感知信息黏性的影响不显著（$\beta=-0.22$，$p>0.05$）。

4.4　信息黏性管理启示

当消费者与品牌之间的情感依恋程度高时，消费者的感知信息黏性要比低品牌依恋的更低；信息复杂度更高时，品牌依恋对消费者感知黏性的负向影响更显著。据此，本章结合生活实际，对生活中的现象进行思考并提出以下启示与建议，以期给品牌管理实践提供基于理论研究结果的思考。

降低感知信息黏性更容易吸引新用户。本章通过实验证明了品牌依恋对于消费者感知信息黏性的削减作用，也就是品牌依恋有助于降低消费者感知信息黏性，有利于让消费者接受理解产品信息。这与以往品牌依恋相关研究一致，品牌依恋作为将消费者与品牌联系起来的情感力量，可以有效预测品牌满意度、品牌评价、品牌信任等其他消费者与品牌的关系；可以影响消费者购买行为、执行品牌相关的困难行为的意图等；同时，起到“情人眼里出西施”的作用，使消费者更容易理解品牌传播的信息。所以，在品牌营销中，消费者心智将是未来商家的必争之地。根据本章的研究结论，品牌依恋程度较高时，消费者对于品牌信息的感知黏性更低。这就意味着，品牌与消费者成功建立情感联系并保持一定强度时，消费者会对品牌产品产生一种“情人眼里出西施”的效应，更容易接受品牌推出的产品信息，也更容易带来购买行为以及积极口碑传播。比如，某些品牌发烧友热衷于收集这一品牌的相关信息——外行看起来晦涩难懂的信息，对于粉丝来说容易被接受与理解。并且，当品牌企业希望建立并保持自己的品牌社区时，品牌管理者可以通过传播只有忠实粉丝才能理解的品牌信息，引起这些拥趸者的共鸣，让品牌粉丝感到自己的与众不同，为他们创造一种强烈群体认同感。对于未与品牌建立情感联系的消费者，品牌或许需要使用信息黏性更低的产品说明。因为，不同于与品牌建立情感联系的消费者，这些消费者会相对客观地衡量产品的信息黏性，而感知信息转移成本过高，可能引起用户的抵触心理，打消购买积极性。所以，当品牌需要拉新时，使用感知信息黏性较低的品牌信息将减少新用户的感知成本，使消费者觉得品牌更“平易近人”，从而更容易接受并理解品牌信息。

通过控制品牌信息的复杂度可以区别品牌依恋程度不同的消费者。本章通过实验验证了信息复杂度作为调节变量，对品牌依恋与消费者感知信息黏性之间的关系有调节作用；当信息复杂度更高时，品牌依恋对消费者感知信息黏性的降低作用比信息复杂度低时更加显著。这就说明，当品牌使用信息复杂度较高的品牌介绍信息时，对品牌依恋程度高的用户的感知信息转移成本与依恋程度低的用户的差异要比使用低信息复杂度品牌信息时更大。简而言之，使用高复杂度的品牌信息比使用低复杂度的品牌信息时品牌依恋的晕轮效应更加显著。根据实验结论，本章为品牌区分哪些消费者与他们在情感上建立紧密联系、哪些尚未建立联系提供了一种途径。

在营销实践中，如果需要识别与品牌建立强烈情感联系的用户，品牌管理者可以组织与消费者互动的活动，通过测试用户对较复杂的品牌信息的理解程度，来区分品牌的忠实用户与普通用户。如在直播答题、线上问卷中添加与品牌相关的、信息复杂度较高的题目，正确回答的用户更可能是那些与品牌建立较强情感联系的消费者。在品牌是小众品牌并且冷启动时，这些品牌依恋程度较高的消费者就可以作为品牌的关键用户，需要品牌重点关注，比如建立用户群与用户交流产品使用感受、接受用户吐槽；给初始用户会员资格，享受较高折扣等。在品牌稳定发展时期，这些品牌依恋程度较高的消费者就可以成为品牌的种子口碑传播者，在潜在用户群体聚集的社区论坛，作为意见领袖（KOL）为品牌进行舆论引导和宣传。而品牌管理者就需要格外关注这部分用户群体，比如给用户定时发送品牌新品发布信息，亲切地称呼粉丝为“小哈尼”，继续拉近、保持与粉丝的距离。

根据本章所得研究结论，信息复杂度作为调节变量，对品牌依恋与消费者感知信息黏性之间的关系有调节作用；并且，当信息复杂度更高时，品牌依恋对消费者感知信息黏性的降低作用更显著。这就说明，当品牌使用信息复杂度较低的品牌介绍信息时，品牌依恋程度高的用户与依恋程度低的用户的感知信息转移成本的差异将变小。简而言之，使用低复杂度的品牌信息时，品牌依恋的对于用户的区分作用将减弱。所以，当品牌企业希望通过品牌信息留住老用户的同时也吸引新用户，比如发起“老带新团购”活动时，就需要使用信息复杂度更低的品牌信息，以达到同时吸引新老用户的效果；如设计“邀请新用户得奖励”的活动时，也需要考虑适当地降低用户的感知信息黏性，以降低用户参与活动的感知成本，达到通过老用户拉新的目的。

感知信息黏性的降低有利于改善消费者与品牌的关系。本章通过实验法验证了品牌依恋程度较高时，消费者的感知信息黏性更低。同时在理论梳理时发现，目前研究聚焦于品牌依恋对消费者感知信息转移成本的影响比较少，主要侧重于品牌依恋对其他消费者与品牌关系的影响，并且更多研究将这一影响作为品牌依恋对其他品牌关系影响的副产物。所以，笔者认为品牌依恋对其他品牌关系的积极影响，最终落脚点可能在于降低消费者的感知信息黏性。换言之，消费者感知黏性的降低将有助于改善消费者与品牌之间的互动关系。

本章在梳理品牌依恋与品牌信任相关文献时注意到，研究品牌依恋与品牌信任之间的相关性时，发现品牌依恋使消费者的感知风险更低，即品牌信息来源产生的感知信息黏性降低。结合本章梳理的信息黏性相关理论基础可推知，降低信息来源产生的感知信息黏性，将降低消费者由于信息来源不确定性带来的感知信息成本，使消费者更容易接受品牌信息，产生类似于增强品牌可靠性的作用效果。所以，在传播品牌信息时，品牌管理者可以通过使用官方渠道（如使用官方微博），或者注明信息的来源（如来自权威媒体）等，来降低由于信息来源的不确定性带来的感知信息黏性，从而达到使消费者更加信赖品牌的作用效果。研究品牌依恋与品牌满意度的相关文献发现，品牌依恋较高时消费者对品牌更加“宽容”，消费者产生的信息黏性更低，同时消费者对品牌的评价也更积极。结合文献梳理时可推知，降低消费者端接收品牌信息时产生的感知信息黏性，将降低消费者理解品牌信息的感知成本，使消费者更容易理解品牌，从而拉近品牌与消费者心理上的距离。所以，在品牌管理实践中，相关人士可以通过使用亲切的话术与消费者交流（如称呼粉丝为小仙女），或者与消费者保持密切关系（如在生日、节日时发送问候或小礼物），还可以邀请目标用户群体喜爱的爱豆作为品牌大使，来保持品牌在消费者心中亲切、平易近人的形象，以降低消费者接受品牌信息时的心理成本，从而拉近消费者与品牌之间的距离。

参考文献

[1] ERIC VON H. "Sticky Information" and the Locus of Problem Solving: Implications for Innovation [J]. Management Science, 1994, 40 (4): 429 - 439.

[2] 王毅. 黏滞知识转移研究述评 [J]. 科研管理, 2005, 26 (2): 71 - 75.

[3] 周贺来. 知识黏性的成因分析与治理措施探究 [J]. 情报理论与实践, 2008, 31 (4): 511 - 514.

[4] GABRIEL S. Exploring Internal Stickiness: Impediments to the Transfer of Best Practice Within the Firm [J]. Strategic Management Journal, 1996, 17: 27 - 43.

[5] ABU S T, ONYIA O P, HARRISON T, LINDSAY V. Effects of perceived cost, service quality, and customer satisfaction on health insurance service continuance [J]. Journal of Financial Services Marketing, 2017, 22 (4): 173 - 187.

[6] PATRICK E M, BEN M E. Classifying Products Strategically [J]. Journal of Marketing, 1986, 50 (3): 24 - 42.

[7] VALARIE A Z. Consumer Perceptions of Price, Quality, and Value: A Means - End Model and Synthesis of Evidence [J]. Journal of Marketing, 1988, 52 (3): 2 - 22.

[8] HUI J W. Determinants of consumers' purchase behaviour towards green brands [J]. Service Industries Journal, 2017, 37: 896 - 918.

[9] 王毅, 吴贵生. 产学研合作中的黏滞知识的成因与转移机制 [J]. 科研管理, 2001, 22 (6): 114 - 121.

[10] 常宝, 储雪林, 李红艳. 试论黏滞知识及其管理对策 [J]. 科学学研究, 2005, 23 (2): 249 - 252.

[11] WHAN C P, DEBORAH J M, JOSEPH P, ANDREAS B E, DAWN I. Brand Attachment and Brand Attitude Strength: Conceptual and Empirical Differentiation of Two Critical Brand Equity Drivers [J]. Journal of Marketing, 2010, 74: 1 - 17.

[12] SAMY B A, TEMESSEK B. The role of attachment in building consumer - brand relationships: an empirical investigation in the utilitarian consumption context [J]. Journal of Product & Brand Management, 2011, 20 (1): 37 - 47.

[13] 徐芳, 朱青云. 和消费者谈恋爱 [J]. 华人时刊, 2012, 8: 46 - 47.

[14] WON EU - GENE J S. The Effect of Consumers' Loss Aversion on Pioneering Advantage [J]. Management Science and Financial Engineering, 2011, 17 (1): 1 - 18.

[15] ERIC VON H. Economics of Product Development by Users: The Impact of "Sticky" Lo-

cal Information [J]. Management Science, 1998, 44 (5): 629 - 644.

[16] GABRIEL S. The process of knowledge transfer: a diachronic analysis of stickiness [J]. Organizational Behavior and Human Decision Processes, 2000, 82 (1): 9 - 19.

[17] Campos Silva D D, Santiago L P, Silva P M S. Impact of Premattre Information Transfer on Cost and Development Time of Projects [J]. Engineering Monagement, IEEE Transactions on, 2012, 59 (4): 692 - 704.

[18] 魏江，王铜安. 个体、群组、组织间知识转移影响因素的实证研究 [J]. 科学研究，2006，24 (1): 91 - 97.

[19] MIKULINCER M, PHILLIP R S. Attachment in Adulthood: Structure, Dynamics and Change [M]. New York: The Guilford Press, 2007: 25 - 40.

[20] MITTAL B. I, Me and Mine: How Products Become Consumers' Extended Selves [J]. Journal of Consumer Behavior, 2006, 5 (6): 550 - 562.

[21] DAMJAN P, EMILIANO S. Heterogeneity, Learning and Information Stickiness in Inflation Expectations [J]. Journal of Economic Behavior and Organization, Elsevier, 2010, 75 (3): 426.

[22] CHUNG Y L. Brand Loyalty and Learning in Pharmaceutical Demand [J]. Academia Economic Papers, 2016, 44 (3): 333 - 359.

[23] DANIEL M R, BRENDAN M, JON K. Differences in the mechanics of information diffusion across topics: idioms, political hashtags, and complex contagion on twitter [J]. International Conference on World Wide Web, 2011, 11: 695 - 704.

[24] ELSEN C J. Made to Stick: Why Some Ideas Survive and Others Die [J]. Library Journal, 2007, 132 (2): 83.

[25] LUPING S, XIAONA Z, MENG S, ROBIN L K. Intention - Behavior Discrepancy of Foreign Versus Domestic Brands in Emerging Markets: The Relevance of Consumer Prior Knowledge [J]. Journal of International Marketing, 2017, 25 (1): 91 - 109.

[26] CENTOLA D. The spread of behavior in an online social network experiment [J]. Science, 2010, 329 (5996): 1194 - 1197.

[27] LEE R, LARRY L, LUKE G. A Memory - Theory Perspective of Country - Image Formation [J]. Journal of International Marketing, 2016, 24 (2): 62 - 79.

[28] SICHTMANN C, ADAMANTIONS D. The Impact of Perceived Brand Globalness, Brand Origin Image, and Brand Origin - Extension Fit on Brand Extension Success [J]. Journal of the Academy of Marketing Science, 2013, 41 (5): 567 - 585.

[29] BILL D, TOMIYUKI K, TAKAYUKI T. Integrating Sticky Prices and Sticky Information [J]. Review of Economics and Statistics, 2010, 92 (3): 657 - 713.

第 5 章　企业档案与品牌真实

社群时代的信息纷繁复杂，意见领袖的去中心化使同一品牌甚至同一产品的口碑在不同社群、不同时间千差万别。虚假宣传、广告套路使消费过程风险感知加剧，这就导致消费者更倾向于带给自己真实性感知的品牌。品牌真实性影响消费者对于品牌的评价、忠诚度甚至购买意愿。在社群时代的市场环境中，消费者更倾向于选择值得信赖和诚实的品牌。消费者往往通过“线索”来对品牌真实性进行判断，而老字号品牌通常处处散发着真实的感觉。企业档案是企业经营的原始记录，是具有强证实作用的真实性“线索”。为探究老字号企业档案对品牌真实性的影响，本章选取双妹化妆品和张裕葡萄酒品牌作为实验对象，分三个阶段采取控制实验法探究老字号企业档案对品牌真实性的直接影响，以及档案利用场景和品牌延伸如何产生调节效应来交互作用，从而具体影响消费者对于品牌真实性的认知。

在中国长期的经济发展过程中形成了众多的老字号品牌，2006 年颁布了首批“中华老字号”企业名单，共计 434 个[1]，涉及住宿和餐饮、食品制造、服装制造、酿酒和医药等行业。2011 年，为进一步促进老字号企业的成长，商务部又颁布了第二批保护与促进的“中华老字号名录”699 个。[2]但是，我国老字号品牌经营状况并不乐观，70% 的老字号企业只能勉强维持现状；20% 的企业长期亏损，并且面临着倒闭破产的风险；只有 10% 左右的老字号企业具有较好的经营效益。如何拯救老字号品牌成为学术界和企业界共同思考的问题。由于老字号企业自身所表现出的真实性，如老字号企业对于工艺、原料、设计、质量等原汁原味的传承以及对于有特定文化和传统等的承诺与延续，不少学者开始从品牌真实性视角出发解决老字号品牌老化及长期品牌管理的问题。研究发现，消费者需要真实的品牌体验，并且总是在其消费经历中寻求真实性[3-5]。对于那些被感知为真实的品牌，消费者往往表现得更为积极[6]，会大大地增加消费者的购买可能性[7]，这为从真实性视角解决老字号品牌管理的问题提供了依据。

老字号企业档案作为企业活动的真实记录，记载了老字号在其长期生产经营的过程及痕迹，具有不可替代的凭证价值。老字号在其长期的生产经营活动中保留了大量档案。为使消费者更好地感知“老字号”品牌的真实性，不少老字号企业开始尝试在品牌广告中加入档案元素，如上海家化为复兴“双妹”化妆品品牌所拍的玉容霜广告就复原了民国场景并加入了大量档案元素，北京同仁堂、杭州胡庆余堂和广州陈李济等药业品牌也在其广告宣传片中不同程度地加入了企业档案片段。但是，在广告中加入档案元素后，消费者对于品牌真实性的认知是否会发生变化、面向真实性视角的档案资源的利用效果是否达到是需要检验和验证的问题。有文献指出，消费者通过线索来判断品牌的真实性。老字号企业存储了丰富的档案资源，不少研究也表明档案具有强证实作用。这就为本章探究企业档案对品牌真实性的影响提供了依据。针对我国老字号企业有一定的档案利用意识，但总体档案资源利用不足的现状，加之档案本身的真实特性和品牌真实性理论，我们可以进一步探究：档案原本的真实可靠性是否可以为品牌真实性提供有力证明？通过对档案的接触是否比对普通广告的接触更能使消费者对品牌真实性评价产生更加积极的影响？如果有影响，则要进一步探讨何种类型的档案更能对消费者品牌真实性认知产生影响，从而为老字号企业档案资源利用提供更加明确的指导。

5.1 企业档案对感知真实的影响

老字号充满真实性，流传至今的商号、不变的牌匾、传统文化的传承、非商业化的动机等都是老字号企业的真实性要素。目前，国内对于老字号真实性的研究主要有以下几个方面。一是老字号真实性的概念、影响因素（线索）以及在此基础上对老字号品牌真实性的测量工具——老字号品牌真实性量表的开发。二是老字号品牌真实性对于长期品牌管理的影响。三是品牌真实性对老字号品牌延伸的评价和影响。

真实性（authenticity）的概念来源于拉丁语“authenticus”和希腊语“authentikos”，是信任－价值的意思。[8]真实性一般与真的（truth）、真正的（genuineness）、准确的（accuracy）、现实的（reality）或者实际的相关联。[9]20世纪70年代，MacCell首次将真实性引入旅游学中，旅游真实性可以分为两个独立的问题：旅游对象的真实性和旅游体验的真实性。[10]具体来说，可以分为客观真实性（objective authenticity）、建构真实性（constructed authenticity）和存在真实性（existential authenticity）。客观真实性强调客体与原物的完全对等，真实即为原真实，是人的感知对世界本来面目的说明。构建真实性认为对真实与否的评判要根据主体的信仰、观念、权威等进行主观建构。事物之所以被认为是真实的，并不是因为它是纯粹的客观事实，而是由于它是人的主观意识参与构建的事实。存在真实性认为主体通过体验实现自我真实，不同于存在主义与构建主义探讨旅游客体即事物的真实性，存在主义真实关注的是旅游主体的真实性。品牌真实性是指消费者主体感知的真实性，是通过营销和活动传递品牌本质的消费者个体感知和评价。[11]品牌真实性并不是品牌的固有属性，而是基于消费者个体对与品牌要素和活动的评价。对于品牌真实性的研究主要集中在品牌要素和品牌关系两个方面。[12]从品牌要素视角来看，品牌真实性是消费者对于品牌要素是否与原本保持一致的感知。消费者对于品牌真实性的理解基于原物、传统和历史渊源。这些消费者感知的独特品牌要素包括不变的商号[13]、独特的设计[14]、正宗的原料、工艺的传承[15]、原产地[16]、权威[12]等。从品牌关系视角来看，品牌真实性涉及消费者与品牌关系的认知，即消费者在判断品牌与其关系中，品牌表现得是否真实，是否反映其核心价值和消费者真实自我。有学者提出关系真实性，认为品牌关系的真实性即为消费者对品牌和消费者关系真实性的评估。[17]

有研究探讨了老字号真实性的概念和特征，认为老字号真实性是消费者对老字号呈现客观或自我主体展示老字号原物程度的感知，特征包括原物主导、社会情境驱动和非商业动机三方面。[18]不少研究也指出老字号是真实的蓄水池，无论是从一直延续未变原真实，还是基于社会构建的构建真实，抑或是寻找自我的自我真实层面，老字号处处都散发着真实性。除此之外，还有学者着手研究了老字号品牌真实性量表，包含原真实、构建真实和自我真实3个维度16个测项，为我国老字号品牌真实性的研究提供了可测量的工具。[19]老字号影响因素方面，消费者通过线索来获取品牌或产品信息，线索不同，消费者对品牌或产品的认知也会有所差异。因此不同的线索也可以认为是影响老字号品牌真实性认知的因素。有研究发现，老字号品牌故事、老字号品牌美誉度可以正向影响消费者对于老字号品牌真实性的认知，老字号品牌长寿（如悠久的生产历史和工艺）是老字号品牌最好的广告。[20]有研究发现，知觉体验、文化记忆以及怀旧情感等线索都可以作为因素影响消费者对于老字号餐厅真实性的感知。[21]

学术界认为老字号真实性对于品牌管理具有积极影响，主要体现在对口碑传播、品牌忠诚、消费者态度和购买意向等方面的影响。口碑传播方面。有研究表明，代表着中国传统文化的老字号真实性要素更易引起消费者的情感共鸣，会提升消费者口碑传播的意向[22,23]；老字号品牌原真实与品牌忠诚度之间存在正向相关关系[24]；品牌真实性对于消费者购买意向的积极影响[14,22,25,27]；老字号品牌真实性能够提升品牌权益，包括消费者对老字号的识别、质量的感知、品牌的联想以及品牌的忠诚。此外，有学者基于品牌真实视角探讨老字号品牌活化策略，认为企业通过品牌真实内核的传承与更新和品牌价值链的延伸与拓展可以激活老化的品牌。[28,29]

目前学术界对于老字号企业档案利用的研究主要集中在老字号档案资源分布、老字号企业档案的价值与开发利用、老字号企业档案的文化利用、老字号企业档案的法律利用四个方面。老字号企业档案资源的分布方面，有学者以上海市为例总结了老字号企业档案的资源分布具有既广泛又集中、依老字号行业分布而定、随企业发展而不断变化等特点。[28]有研究剖析了“老字号”企业档案管理中的问题，指出了企业进行档案管理的必要性，为企业档案工作提供了建议。[29,30,31,33]老字号企业档案的价值与开发利用方面，我国对于老字号企业档案利用的研究主要集中在档案文化价值的开发利用、档案法律价值的开发利用和档案经济的开发利用三个方面。老字号企业档案的文化利用方面，通过档案传递企业文化成为老字号企业档案利用最常见的途径，包括文化展示、开展历史研究等方式。此外，有学者[33]发现，通过创建企业博物馆的形式可对具有文化代表特征的文物档案进行展示，可以达到“以文兴商”的目的。[13]档案真实地记录了老字号企业发展，通过档案进行品牌历史的研究可以窥见整个企业的发展历程与文化底蕴。老字号企业档案的法律利用方面，老字号企业档案是企业知识产权的守护者。目前，老字号企业档案的法律利用体现在身份认证、商标保护等方面。档案是老字号品牌“正身”的“身份证”[31-34]，在商务部举办的中华老字号的评选中，参与竞选的老字号企业必须提供充足的企业档案等原始凭证来证明其历史。另外，商标档案是保护商标专用权的凭证。[35-36]但是，2003 年的相关数据统计表明，全国 2000 多家老字号企业中，只有 400 多家拥有手续齐全的商标所有权或使用权，[37]我国老字号企业商标档案保存状况并不乐观。有学者认为，档案可以激活品牌记忆，唤醒消费者对与品牌的深刻情感，影响消费者的消费意愿和行为。[38]第十一届企业档案论坛也将“企业档案馆品牌记忆的建构”作为一个主题，宣扬品牌记忆对品牌营销的促进作用。因此老字号企业可以利用档案优势，从品牌记忆视角进行品牌营销。其次，档案可以承载产品历史，助力产品研发。Pucci、Ferragmo、Max Mara 等知名意大利服饰公司在其档案保管中保存了大量文字档案和实物档案，设计师们倾向于在档案中寻找灵感。

5.1.1　基本概念

为了方便本章后续内容的理解，本小节将对本章重点讨论的概念进行界定与讨论，主要包括中华老字号、老字号企业档案、品牌真实性和品牌真实性量表等。

5.1.1.1 中华老字号和老字号企业档案

中华老字号是指历史悠久，拥有世代传承的产品、技艺或服务，具有鲜明的中华民族传统文化背景和深厚的文化底蕴，取得社会广泛认同，形成良好信誉的品牌。[1]中华商业联合会对“中华老字号”的定义是：在长期的生产经营活动中，沿袭和继承了中华民族优秀的文化传统，具有鲜明的地域文化特征和历史痕迹、具有独特的工艺和经营特色，取得了社会广泛认同和良好商业信誉的企业名称和产品品牌。根据商务部对于“中华老字号”的评选标准，“中华老字号”应具备以下几个特征：一是历史悠久；二是传承独特的产品、技艺或服务；三是传承中华民族优秀的企业文化；四是具有中华民族特色和鲜明的地域文化特征，具有历史价值和文化价值；五是具有良好的信誉，得到广泛的社会认同和赞誉。

老字号企业档案是指1956年以前创立，有独特传承的产品、技艺或服务，并拥有良好信誉的企业，在其品牌创立、生产、经营和服务过程中形成的具有传统特色、历史文化价值的文字、图表、实物、录音、录像、多媒体等各种形式的历史记录。[7]老字号在其长期的生产经营活动中，沿袭和继承了中华民族优秀的文化传统，保留了大量档案。据统计，老字号企业中品牌档案完整的有32%，商标建档完整的有23%，专利建档完整的有65%。同仁堂、片仔癀、陈李济、张裕葡萄酒、红星二锅头、内联升等老字号企业都将档案整理并建立了博物馆向公众开放。

5.1.1.2 品牌真实性量表

对于品牌真实性内涵，学术界并没有统一的明确界定。MacCell首次将真实性引入旅游学中，旅游真实性分为两个独立的问题：旅游对象的真实性和旅游体验的真实性。[10]对于旅游对象的真实性可以用客观真实和构建真实来解释，对于旅游体验的真实性则需要依靠存在主义真实解释。品牌真实性问题中，也同样存在着原真的客观与本真的自我产生的

---

❶ 定义来源：《“中华老字号”认定规范（试行）》。

真实两个极端。真实性的判断不仅取决于客体内在的属性，也取决于特定的感知主体和特定的环境。[39-41]品牌真实性的实质应是消费者社会构建的产物，是消费者对客观与其原物一致性的主观感知。因此，本章探讨的品牌真实性概念是基于消费者感知的真实性概念。

品牌真实性是消费者主体感知的真实性，是品牌活动传递品牌本质的消费者个体感知和评价。[42-45]不同的学者基于不同的学科背景和不同的行业形成了不同的品牌真实性量表，其所涉及的内容相互交叉、补充，形成品牌真实性综合的内涵。现将品牌真实性维度进行系统的梳理，发现学者对于品牌真实性的关注角度有原创、持续、可信、象征、正直、天然6个角度，其中持续、可信、象征、正直是研究最为密集的4个角度。以下是品牌真实性内涵的表格整理，以便更加清晰直观地展现品牌真实性内涵（见表5-1）。

表5-1　品牌真实性维度划分

关注角度	内涵	代表性研究
原创	独特、与众不同	Bruhn 等（2012）
持续	品牌长期维持的一种状态	Bruhn 等（2012），Mozart（2015），Coary（2013），Napoli（2014），Schallehn（2014），徐伟（2015）
可信	值得信赖、可以依靠、兑现承诺	Bruhn（2012），Mozart（2015），Napoli（2014），Schallehn（2014）
象征	身份认同、消费者在品牌中感受到的真实自我	Mozart（2015），Eggers（2013），Ilicic 和 Webster（2014），徐伟（2015）
正直	忠于价值观	Mozart（2015），Coary（2013），Eggers（2013）
天然	未加修饰的	Bruhn（2012）

在探究品牌真实性概念的基础上，国外学者根据自己研究背景和目的需要，针对不同的行业领域，创建了不同的品牌真实性量表，包括基于零售、化妆品、航空、服饰等品牌的品牌真实性感知量表等（见表5-2）。

表 5－2　品牌真实性感知量表

量表	测项
持续性	I think brand is consistent over time. （品牌在长久的时间变化中保持一致）
	I think the brand stays true to itself. （品牌对自己是始终如一的）
	Brand offers continuity. （可以提供持续的品牌要素。） The brand has a clear concept that it pursues. （品牌具有明确追求的观念）
原创性	The brand is different from all other brands. （该品牌与其他品牌都不同）
	Brands stands out from other brands. （该品牌很突出）
原创性	I think the brand is unique. （该品牌是独一无二的。） The brand clearly distinguishes itself from other brands. （该品牌能够与其他品牌区分开来）
可靠性	My experience of the brand has shown me that it keeps its promises. （该品牌能够信守承诺）
	Brand's promises are credible. （该品牌的承诺是可信的）
	The brand delivers what it promises. （该品牌积极宣传它的承诺）
	The brand makes reliable promises. （该品牌做出的承诺是可靠的）
天然性	The brand does not seem artificial. （该品牌人造的、可以修饰的成分并不明显。） The brand makes a genuine impression. （这个品牌关心自己的消费者。） The brand gives the impression of being natural. （该品牌给人一种天然的印象）

续表

量表	测项
质量承诺	Quality is central to the brand. （质量是品牌的核心）
	Only the finest ingredients/materials are used in the manufacture of this brand. （这个品牌在产品制作的过程中用的是最好的原材料）
	The brand is made to the most exacting standards, where everything the firm does is aimed at improving quality. （该品牌按照最严格的标准来制作产品，公司所做的一切都是为了提高质量。） The brand is manufactured to the most stringent quality standards. （品牌用最严格的质量标准制造。） The brand is a potent symbol of continued quality. （该品牌是持续质量的有力象征。） The brand is made by a master craftsman who pays attention to detail and is involved throughout the production process. （该品牌由一个注重细节、全程参与的大师级工匠打造。） The firm is committed to retaining long – held quality standards for the brand. （该公司致力于保持品牌长期以来的质量标准）
传承	The brand has a strong connection to an historical period in time, culture and/or specific region. （品牌与历史、文化和特定的地区有密切的联系）
	The brand has a strong link to the past, which is still perpetuated and celebrated to this day. （该品牌与过去有强烈的联系，并且这种联系一直持续到今天）
	The brand reminds me of a golden age. （该品牌使我想起了一个黄金时代。） The brand exudes a sense of tradition. （该品牌散发出一种传统的气息。） The brand reflects a timeless design. （该品牌反映了一种永恒的设计）

续表

量表	测项
真诚	The brand refuses to compromise the values upon which it was founded.（该品牌拒绝向有悖于其创立之初的价值观妥协）
	The brand has stuck to its principles.（该品牌坚持自己的原则）

在国外众多的品牌真实性量表中，最具有代表意义的是 Mohart 等将真实性本身的内涵拓展到对品牌真实性的界定，并以此为准则构建的感知品牌真实性量表。[13] 该量表基于食品品牌，通过定性访谈与跨国调研将品牌真实性划分为四个维度（见表 5－3）。可信（credibility）与品牌质量和品牌个性中的真诚维度相接近，反映品牌对消费者透明诚实的程度及其实践品牌承诺的意愿和能力；象征（symbolism）类似于品牌依恋中的身份认同部分，通过体现消费者认为重要的价值观而帮助他们完成自我塑造；持续（continuity）的内涵与血统货品牌遗产等概念有重叠之处，反映品牌是否具有历史并能够超越潮流，成为永恒；正直（integrity）意指品牌在其意图及所传递的价值观中体现的美德，是品牌所展示的与商业性动机相分离的部分。Mohart 等同时提出，在每一个品牌真实性维度下，客观真实性、建构真实性和存在真实性都得以体现。[13]

表 5－3　感知品牌真实性量表

量表	测项
可信	这个品牌不会辜负我
	这个品牌能够兑现它的价值承诺
	这是一个诚实的品牌
象征	这个品牌能够为人们的生活增添意义
	这个品牌能够反映人们关心的重要价值观
	这个品牌将人们与他们的真实自我联系起来 这个品牌将人们与那些真正重要的东西联系起来

续表

量表	测项
持续	这是一个有历史的品牌
	这是一个永恒的品牌
	这个品牌经久不衰
	这个品牌不会被潮流淘汰
正直	这个品牌愿意回报自己的消费者 这个品牌拥有道德原则 这个品牌忠于一套道德价值观 这个品牌关心自己的消费者

5.1.2　理论基础

以国内一些知名的期刊数据库和图书馆馆藏资源为主，利用主题检索相关文献，经过筛选，得到关于老字号档案与品牌真实性文献调研情况如表 5－4 所示。

表 5－4　国内文献检索结果❶

数据库	篇数（篇）	涉及的主要内容
中国期刊数据库	14	老字号品牌真实性
	5	老字号企业档案利用
万方数据知识服务平台	18	老字号品牌真实性
	5	老字号企业档案利用
CNKI 中国优秀博硕士学位论文全文数据库	4	老字号品牌真实性
	1	老字号企业档案利用
中国重要会议论文全文	0	老字号品牌真实性
	0	老字号企业档案利用
中国国家数字图书馆馆藏目录	1	老字号品牌真实性
	1	老字号企业档案利用

❶　检索日期为 2019 年 3 月 30 日。

国外习惯将老字号品牌称为“Old Brand”，对于国外关于“Old brand”档案和品牌真实性的研究同样有利于为我国老字号企业档案利用提供借鉴。在国外比较权威的数据库中进行检索，经过筛选整理后，得到结果，如表 5－5 所示。

表 5－5　国外文献检索结果❶

数据库	篇数（篇）	涉及的主要内容
Web of Science	0	Old Brand，Archives
	188	Brand Authenticity
EBSCO 数据库	0	Old Brand，Archives
	476	Brand Authenticity
ProQuest Digital Dissertations & Theses（PQDT）	0	Old Brand，Archives
	11	Brand Authenticity
ProQuest－Academic Research Library	0	Old Brand，Archives
	121	Brand Authenticity

Cox 于 1962 年正式提出线索利用理论，该理论认为消费者在信息不对称的情况下，一般会将品牌、原产国、价格等指标作为其辨别产品品质的线索。[40]另外，也有研究[47]指出“原产国”等体现品牌原真的线索也是影响消费者判断品牌真实性的重要考虑因素。Micheal 基于线索理论设计出传递出品牌真实性的指号型和符号型线索，指号型线索指能够传承传统的要素，包括原产地、传统不变的工艺等；符号型线索指能够将品牌同过去联系起来的要素，如发展历史等。[47]档案是企业历史的真实记录，具有绝对的真实可靠性，老字号企业在其广告宣传中加入的档案元素，实际上是为消费者提供真实性线索。

档案的独特价值在于它是真实可靠的原始凭证，档案的原始记录性决定了其真实性与凭证价值。[48]档案的凭证价值是由档案形成的过程及其结果的内容形式决定的。从档案内容来看，它是从当时直接使用的文件转化而来的；从形式特征来看，文件上保留着真切的历史记录，如文

❶ 检索日期为 2019 年 4 月 15 日。

件上机关或个人的印信等。电子文件的形式特征也可以存在于文件之中，如将手写签名嵌入文件或以元数据的方式将文件起草者、修改者、发件人、收件人等信息记录下来。英国哲学家艾耶尔在《语言、真理与逻辑》一书中提出证实性分为强意义和弱意义。原始印记和原始数据作为档案原始性、真实性的印记使档案具备了强证实作用。[49]

老字号产生于悠久的中国文化背景下之下，是具有典型的象征的内涵性产品，包含很多的真实性要素。老字号真实性要素体现在原真实、构建真实和自我真实三个方面。老字号自始至终未变的要素体现着品牌的原真实，如不变的商号、古老的配方、正宗的原料和原产地等；在对老字号品牌进行社会构建的过程中，消费者对于老字号品牌真实性的理解集中在工艺的传承、文化的传统、权威的认证以及公益活动等方面；在老字号消费过程中，消费者获得老字号功能性价值的同时也满足了心理需要，从而实现了老字号社会自我真实认同。[45] 消费者使用各种线索来评估真实性。[15] 在品牌推广的背景下，索引线索指的是为消费者提供品牌证明的证据的属性。[13,50] 档案是企业活动的真实记录，具有强证实作用，档案作为“证据”使历史痕迹与档案之间的关系演化为一种信任关系。[48,51] 那么，在广告中加入的档案元素是否是作为索引线索增强消费者对于品牌真实性的认知，是值得探讨的问题。

5.1.3　实验研究

5.1.3.1　实验对象的选择标准

本章选择中华老字号“双妹”化妆品和张裕葡萄酒品牌作为实验对象。张裕酿酒公司是由爱国华侨张弼士先生于 1892 年创办的，是 2006 年商务部认证的第一批中华老字号。“双妹”是广生行创始人冯福田于 1898 年创办，是 2006 年商务部认证的第一批中华老字号。

选择这两个老字号品牌作为实验对象的原因在于：①日化家用类和酒类行业成为老字号百强电商聚集的行业。2016 年，阿里研究院根据对 2016 年度全国老字号品牌在阿里零售平台销售额的统计，发布了“2016 年度中华老字号电商百强排行榜”。从行业分布来看，入围的百强老字号企业中，除餐饮食品外，百强品牌主要集中在酒类（19 席）和日化家用类（15 席），合计占据百强的 34%。②两大行业分别以男性和女性为主要受众，具有代表性。张裕葡萄酒品牌的受众主要集中在男性，“双妹”日化品牌的受众主要集中在女性。

5.1.3.2 实验对象的介绍

1. 百年张裕

1892 年，爱国华侨张弼士先生胸怀实业兴邦的理想，创办了中国第一家葡萄酿酒公司——张裕酿酒公司，不仅是中国现代葡萄酒产业的发端，还开创了中国工业化生产葡萄酒的历史先河。作为当时实业兴国的典范，清朝直隶总督、北洋通商大臣李鸿章和朝廷要员王文韶亲自签批了该公司营业准照，光绪皇帝的老师、时任户部尚书、军机大臣翁同龢亲笔题写公司名称。“张裕”二字，冠以张姓，取昌裕兴隆之意。张裕酿酒公司主要经营范围包括葡萄酒、白兰地等，广为人知的产品包括金奖白兰地、解百纳等。除在产品质量上下功夫外，张裕公司还十分重视企业历史的保存和文化的传承，百年张裕官方网站[1]公布了张裕集团有限公司的大量档案，分布在百年记事、敢为人先、名人与张裕、国际表现、酿酒师等栏目内，自 1892 年创立伊始，内容涉及产品技艺、社会责任、历史名人等方面，如创始人张弼士先生的照片档案，初次申请商标的档案，以八保为代表的第一代张裕酿酒师等历代张裕酿酒师档案，孙中山、康有为、毛泽东等名人为张裕的题字，20 世纪 20 年代为遵循张弼士先生遗愿为广州中山大学捐赠校舍以供海外学子归国继续教育的档案等。1992 年，烟台张裕酿酒公司在百年大庆之际创办了张裕酒文化博物馆，馆内设置了酒文化广场、百年地下大酒窖、综合大厅、影视厅等大厅，以实物、文物、老照片、名人题字等多种形式的档案系统介绍了张裕酿酒公司 100 年的发展历史、企业文化及酒文化知识。

---

[1] 百年张裕官方网站 http：//www. changyu. com. cn/index. html。

2. VIVE 双妹

VIVE 双妹是上海家化旗下的百年高端国货品牌，是由上海家化前身——广生行创始人冯福田于 1898 年创办的日化品牌，源承上海滩名媛闺阁美颜秘方，代表上海名媛文化，经营产品包括香氛护肤、彩妆、香水等。1915 年，在美国旧金山举行的首届巴拿马太平洋万国博览会上，“双妹牌”粉嫩膏从一众国际化妆品中脱颖而出，首次亮相就夺得第一届博览会金牌，并获得证书。为了褒奖“双妹”获得金牌，时任民国总统的黎元洪还亲自为其题匾“材美工巧，尽态极妍”。当时的巴黎时尚界用“VIVE（极致）”来赞美双妹的完美。

5.1.3.3　问卷量表设计

本章采用 Mohart 于 2015 年开创的感知品牌真实性量表，从可信、象征、持续和正直四个方面测量老字号品牌真实性。所有量表均采用李克特七点量表进行测量。其中，1 分表示“非常不同意”，7 分表示“非常同意”。问卷的最后采集了被试者的性别、年龄和学历等人口统计学信息。实验中对档案内容、档案时间和档案利用场景等变量的控制进行了检验。

本实验目的是提供初步的证据，证明老字号企业档案对消费者品牌真实性认知的影响。为此，本章采用创建于 1898 年的化妆品品牌“双妹”为实验对象，设计了两组对比实验来验证档案对于品牌真实性的影响。组 1 为广告组，被试者在观看双妹品牌宣传海报后填写品牌真实性问卷。组 2 为档案组，被试者在观看双妹品牌档案后填写品牌真实性问卷。

广告组选择现代“双妹”粉嫩膏产品图为实验刺激物，图片为“双妹”粉嫩膏产品，事件为粉嫩膏获得巴拿马万国博览会金奖。档案组选择“双妹”粉嫩膏在 1915 年首届巴拿马万国博览会（世博会前身）获得的证书档案，图片为粉嫩膏获得巴拿马万国博览会金奖。两组实验素材保持产品和事件一致为了使消费者对于档案的认知更准确，档案组标明所看素材为档案。具体两组实验素材如图 5－1 所示。

广告组素材

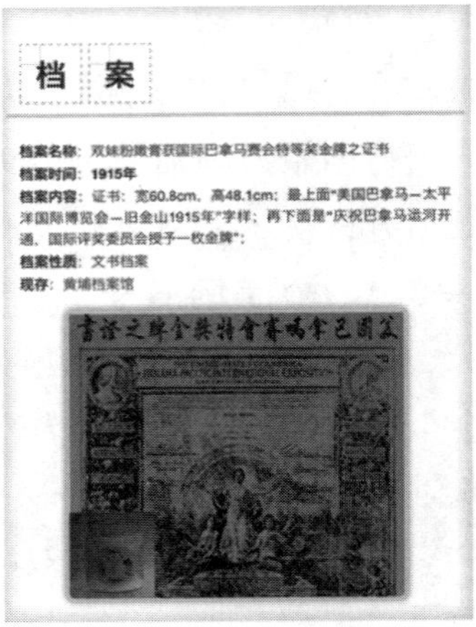

档案组素材

图5－1　实验一素材

首先，被试者需要阅读实验指导语（表明这是“双妹”品牌的一次市场调研活动）；其次，被试者观看不同的实验刺激物；最后，发放品牌真实性量表，测量被试者对于品牌真实性的认知。

该实验共收集到37份问卷，其中档案组收到18份，广告组收到19份。经过数据清洗，排除无效问卷，实际收到档案组有效问卷13份，广告组9份。在最终所收集的问卷中，性别方面，男性为10人，所占比例为45.5%，女性12人，占比54.5%，性别比例分布相差不大。年龄段分布方面，年龄为18～22岁的有10人，所占比例为45.5%；23～25岁的有12人，所占比例为54.5%。可以看出，调查对象以年轻人为主。教育程度方面，本科学历15人，占比68.2%；硕士研究生及以上学历7人，占比31.8%。可以看出，受访者教育程度普遍比较高。对“双妹”品牌的了解程度方面，从未了解过的有11人，占比50%；听说过的有11人，占比50%。由此，全部受访者对“双妹”的了解仅限于听说过，从而避免了“双妹”品牌本身对于实验结果的影响。

在此初步证明阶段，以被试者对于品牌真实性的认知为因变量，以施加影响的方式为自变量，本章对第一阶段收集到的数据进行方差分析。方差齐性分析显著性大于0.05，可以进行方差分析。经过方差分析，广告和档案对于品牌真实性认知影响是不同的（$M_{广告组}=47.4$ vs $M_{档案组}=$

56.8，$P<0.05$）。在档案情境下，消费者对于老字号品牌真实性的评分更高。由此可知，利用档案进行品牌推广可以使消费者对于老字号品牌的真实性评价更趋向于积极和正面。实验各组箱线图如图 5－2 所示。

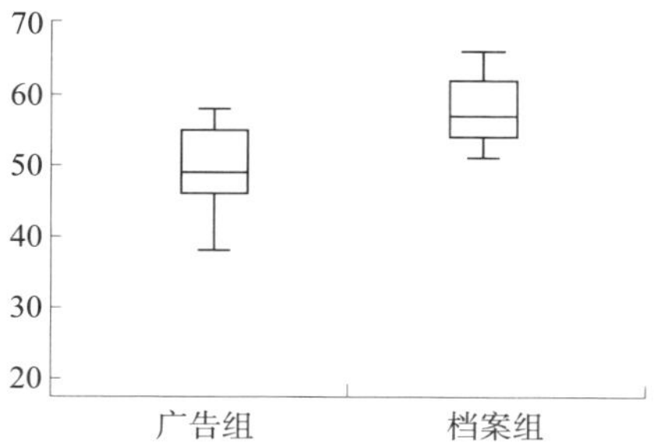

图 5－2　实验一箱线图

5.2　企业档案利用场景的调节作用

5.2.1　理论基础

目前电子商务成为激活老字号品牌的新策略。2009 年，北京开通了老字号网店❶，近百家老字号加盟，在网上销售包括日用品、食品、服装配饰、工艺品等在内的 3000 多种商品。同时，不少老字号品牌推出了 B2C 的网上商店。内联升、同仁堂、陈李济等在天猫、京东等第三方电商平台设立品牌专区；但是，由于网络环境缺乏面对面的人际互动和虚拟的购物体验，消费者对电子服务的真实性看法差别很大。[52,53] Mauricio 等也认为，电子商务与其旨在取代的实际服务相比，最初消费者倾向于认为电子服务是非真实的。[54,57] 档案利用的另一个场景是老字号品牌实体店，在北京、上海等城市的不少老字号品牌如“王麻子剪刀”“瑞蚨祥”等都在品牌实体店内以实物、老照片、名人题字等形式的档案介绍

❶　北京“老字号”网店 http：//www. lzheshop. cn。

品牌发展的历史。“红星二锅头”“内联升”等老字号企业则在其品牌实体店旁直接建立了品牌博物馆以供消费者参观，其中展示出大量的企业档案，介绍了品牌发展的历史和相关行业知识。游客倾向于将真实性归因于历史遗迹。[32]那么档案作为企业的“历史遗迹”，到底是在传统品牌线下实体店的购物情景中还是时尚品牌网上旗舰店的购物情景中会对消费者的品牌真实性认知产生更加积极和正面的影响，成为我们需要探讨的问题。这对于老字号品牌真实性塑造中档案利用环境的选择具有一定的意义。

5.2.2 实验研究

本实验采用创建于1892年的酒类老字号品牌张裕葡萄酒为研究对象，档案来源为张裕官方网站以及烟台张裕酒文化博物馆，素材分别为1915年张裕酿酒公司在巴拿马万国博览会上获奖的四款葡萄酒照片档案、张裕在巴拿马万国博览会上四款葡萄酒获奖的金牌与证书档案以及张裕公司早期酒房内的蒸馏机照片档案（见图5－3）。

图5－3 实验二素材

首先，被试者需要阅读实验指导语（表明这是张裕品牌的一次市场调研活动）；之后被试者会在阅读材料开头获取档案利用的情景相关信息：电商购物情景下看到老字号品牌张裕的B2C电子商务网站图片，并让被试者想象其在一家老字号品牌的网上商城购物；实体购物情景下给出老字号张裕实体经营店铺门面照片，并让被试者想象其在一家老字号品牌的实体店购物。在阅读完文章信息后，参与者对档案利用情景作出回应：这则信息内容中有0 = 老字号品牌的网上购物商城，1 = 老字号品牌实体店。接下来，他们会收到相应的问卷测试品牌真实性认知。最后，填写简短的人口统计信息。

该实验共收到34份问卷。所收集的问卷中，性别方面，男性为12人，所占比例为35.3%，女性22人，占比64.7%，性别比例女生偏多。年龄段分布方面，年龄为18～22岁的有13人，所占比例为38.2%；23～25岁的有18人，所占比例为52.9%；25岁以上的有3人，所占比例为8.82%。对张裕品牌的了解程度方面，从未了解过张裕品牌的有10人，占比29.4%；听说过张裕品牌的有13人，占比38.2%；有使用过张裕产品经历的有11人，占比32.4%。另外，受访者中没有人了解张裕历史或者对张裕品牌做过调研。由此，将近2/3的受访者对张裕的了解仅限于听说过，从而确保了张裕品牌本身对于实验结果的影响。消费者在不同的利用场景下观看品牌真实性的认知，方差齐性检验结果大于0.05，可以进行方差分析。下一步，对线下实体店和线上旗舰店对于消费者品牌真实性认知影响差异进行检验。首先对两种利用情境下品牌真实性得分进行统计发现，无论是历史档案还是现行档案，不同的利用场景下品牌真实性得分平均值都不同（$M_{线上场景} = 41.37$ vs $M_{线下场景} = 51.00$）。相应的箱线图如图5－4所示。

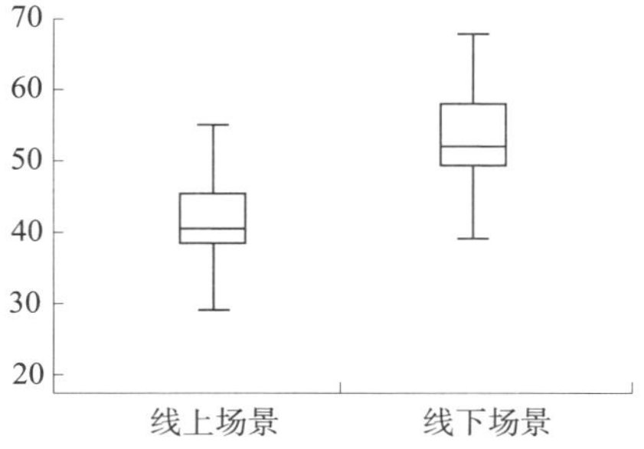

图5－4　实验二箱线图

进一步进行单因素ANOVA检验，结果显示，不同的档案利用场景对于消费者品牌真实性认知影响差异显著［$F(1, 31) = 25.76$，$P =$

0.00]。进一步进行多重检验发现，在阅读档案后，消费者在实体情境下更倾向于认为老字号品牌是真实的（$M_{线上场景}=45.00$，$M_{线下场景}=54.67$，$P<0.05$）。

5.3 品牌延伸策略的调节作用

品牌延伸成为目前老字号进行品牌复兴的新的尝试，云南白药利用其“止血”功能成功延伸到创可贴、牙膏等产品；同仁堂借助供奉御药成功地在保健品、食品及化妆品领域广泛延伸；王老吉品牌成为凉茶领袖后，开始向 OTC 中成药类的品牌延伸；片仔癀也从最开始的中医药品牌延伸到 PZH、皇后等化妆品品牌；东阿阿胶也从传统的保健食品延伸到传统中药领域，推出复方阿胶浆等产品。但是，对于老字号品牌的延伸，是否会影响到消费者对于老字号原品牌本身真实性的判断，品牌延伸又在档案与消费者品牌真实性认知的关系中发挥着什么作用，是需要探讨的问题。

5.3.1 理论基础

虽然品牌延伸已经成为老字号激活品牌的常用策略，但是品牌延伸作为对原有品牌的扩展，却面临失败的风险[55]。Spigger、Nguyen 和 Caravella指出，即使被认为是非常合适的品牌延伸也可能被认为是不真实的。[56]品牌延伸中的感知契合度，即消费者所感知的延伸产品与母产品的相容度严重影响延伸产品的成败。品牌延伸过程中，消费者如果认为延伸品牌没有保持原品牌核心价值，就会对延伸品牌的原真实和构建真实产生怀疑。品牌的价值来源于品牌的身份象征，品牌的延伸为品牌带来不同用户的同时，也使品牌身份含义发生变化，品牌社区成员会由于与他人共同使用该品牌作为身份表示而感到丢脸。[13]因此，品牌延伸也会使消费者对于品牌的自我真实产生怀疑[57,58]。Aaker 和 Keller 也认为，通过对于延伸品牌属性的阐述，而不是提醒消费者原品牌的正面联想，可以更有效地消除消费者对于延伸品牌的负面联想，即在延伸品牌情景下，消费者观看企业档案后，对于延伸品牌的真实性评价更偏向于负面。[59]

5.3.2　实验研究

本节实验以老字号品牌“张裕”及其延伸品牌“弘裕矿泉水”为实验对象，实验组在介绍原品牌档案的基础上，加入对延伸品牌“弘裕矿泉水”的介绍，具体内容如图 5－5 所示。

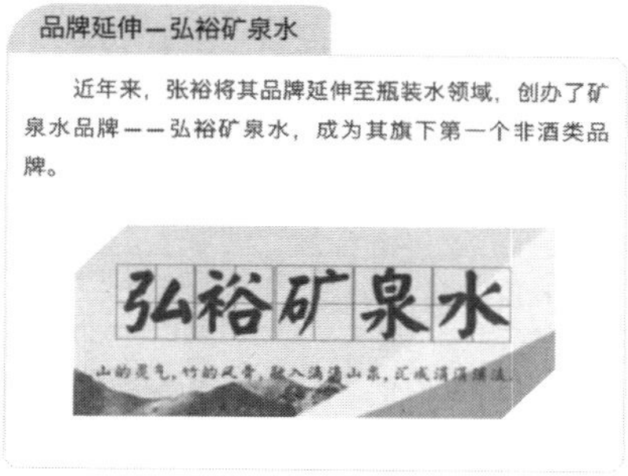

图 5－5　实验三素材

该实验共收到 103 份有效问卷，其中男性为 37 人，所占比例为 35.9%，女性 66 人，占比 64.1%，性别比例分布相差较大。年龄段分布方面，年龄为 18～22 岁的有 59 人，所占比例为 57.28%；23～25 岁的有 36 人，所占比例为 34.95%；25 岁以上的有 8 人，所占比例为 7.77%。对张裕品牌的了解程度方面，从未了解过张裕品牌的有 21 人，占比 20.39%；听说过张裕品牌的有 46 人，占比 44.66%；有使用过张裕产品经历的有 36 人，占比 34.95%。另外，受访者中没有人了解张裕历史或者对张裕品牌做过调研。由此，将近 2/3 的受访者对张裕的了解仅限于听说过，从而确保了张裕品牌本身对于实验结果的影响。

本章采用有交互作用的两因素方差分析来验证调节效应的存在。在加入了品牌延伸与档案利用场景的乘积项后，品牌延伸与利用场景的乘积项对老字号品牌真实性认知影响显著（$P<0.05$），如表 5－6 所示。

表 5－6　回归分析结果

因变量：品牌真实性					
源	Ⅲ类平方和	自由度	均方	F	显著性
修正模型	2098.05[a]	3	699.35	7.17	0.001
截距	82468.93	1	82468.93	845.16	0.00
品牌延伸	635.71	1	635.71	6.515	0.015
档案利用场景	202.75	1	202.75	2.078	0.16
品牌延伸 × 档案利用场景	1021.28	1	1021.28	10.466	0.002
误差	3903.13	40	97.58		
总计	90658.00	44			
修正后总计	6001.18	43			

为了进一步验证假设 5，本章在控制其他变量不变的情况下，绘制了品牌延伸对档案利用场景与老字号品牌真实性认知的调节效应。由图 5－6 可知，在只有原品牌的情况下，在线下情境进行档案展示会使消费者更倾向于认为老字号品牌是真实的。而在品牌延伸情境下（在阐明延伸品牌与原品牌的关系后），在线上情境进行档案展示会使消费者更倾向于认为老字号品牌是真实的。

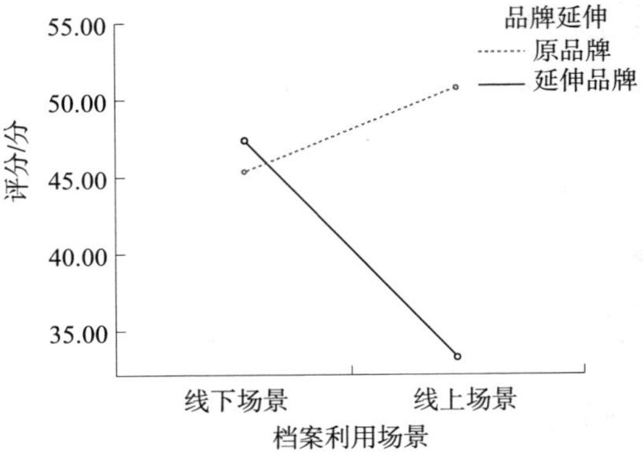

图 5－6　品牌延伸与企业档案利用场景的调节作用

5.4　企业档案产生时间作用探析

徐伟在《“老字号”真实性、消费态度与购买意向》研究中探究了代际差异对于老字号真实性的调节作用，不同代际的人由于接触的老字号的信息内容不同，其对于老字号的品牌真实性的认知也不同。[45] Julie 和 Randle 在其研究中也指出长寿是指消费者认识到该品牌长期存在的程度，长寿的品牌可以对品牌真实性产生积极影响[53]，消费者更倾向于认为长寿的品牌是真实的。那么，相对于现行档案，老字号利用能展现其品牌长期存在的历史档案进行品牌推广是否可以增强消费者对于品牌真实性的认知？

为了对这个问题进行研究，笔者采用创建于 1892 年的酒类老字号品牌“张裕葡萄酒”为研究对象进行实验，结合企业档案产生时间和企业档案利用场景两个自变量设计了一个 2（历史档案 vs 现行档案）×2（品牌实体店 vs 网上旗舰店）共 4 个实验组来探究具体老字号企业档案产生时间和企业档案利用场景对于品牌真实性认知的影响。具体组别设计如表 5 – 7 所示。

表 5 – 7　实验分组

实验组	档案产生时间		档案利用场景	
	历史档案	现行档案	线下场景	线上场景
组 1	√		√	
组 2	√			√
组 3		√	√	
组 4		√		√

根据实验设计，需要准备的档案素材有张裕酿酒公司民国期间形成的品牌档案和现有的品牌档案。档案来源为张裕官方网站以及烟台张裕酒文化博物馆（见图 5 – 7）。

图5–7　实验素材（历史档案）

具体来说，张裕酿酒公司历史档案采用1915年张裕在巴拿马万国博览会上获奖的四款葡萄酒照片档案、张裕在巴拿马万国博览会上四款葡萄酒获奖的金牌与证书档案以及张裕公司早期酒房内的蒸馏机照片档案。

张裕公司现行档案采用新中国成立后蝉联1952年、1963年、1979年三届中国八大名酒的三款张裕葡萄酒——张裕金奖白兰地、味美思和红葡萄酒三款葡萄酒照片档案，1987年烟台正式被国际葡萄·葡萄酒局授予“国际葡萄·葡萄酒城”的称号证书文书档案（烟台也成为亚洲唯一一座获此殊荣的城市）以及摄于新中国成立后张裕白兰地生产车间的照片档案（见图5–8）。

图5–8　实验素材（现行档案）

首先，被试者需要阅读实验指导语（表明这是张裕品牌的一次市场调研活动）；其次，被试观看不同的实验刺激物；最后，发放品牌真实性量表，测量被试者对于品牌真实性的认知。

档案产生时间操控中，历史档案为 1911 ~ 1948 年产生的档案并且给出提示信息“接下来你将看到民国期间产生的历史档案（同时给出历史档案的定义）”。现行档案采用 1949 年之后产生有参考价值的档案并给出提示信息“接下来你将看到企业现行的档案（同时给出现行档案的定义）”。在阅读完文章信息后，参与者对档案背景作出回应：这则信息内容中有“0 = 历史档案，1 = 现行档案”，接下来，他们会收到相应的问卷测试品牌真实性认知。最后，他们提供了简短的人口统计信息，并感谢他们的参与。

档案利用情景操控中，在阅读材料开头指明档案利用的情景，虚拟购物情景下给出老字号品牌张裕的 B2C 电子商务网站图片，并让被试者想象其在一家老字号品牌的网上商城购物。实体购物情景下给出老字号张裕实体经营店铺门面照片，并让被试者想象其在一家老字号品牌的实体店购物。在阅读完文章信息后，参与者对档案利用情景作出回应：这则信息内容中有“0 = 老字号品牌的网上购物商城，1 = 老字号品牌实体店”。接下来，他们会收到相应的问卷测试品牌真实性认知。最后，他们提供了简短的人口统计信息，并感谢他们的参与。

实验共收到 57 份问卷。其中，第一组收到问卷 11 份、第三组收到问卷 7 份、第五组收到问卷 19 份、第七组收到问卷 20 份，经过数据清洗，排除对变量控制无效和不认真作答的问卷，最终收到有效问卷 34 份。其中，第一组收到问卷 6 份、第三组收到问卷 4 份、第五组收到问卷 11 份、第七组收到问卷 13 份。所收集的问卷中，性别方面，男性为 12 人，所占比例为 35. 3%，女性 22 人，占比 77. 4%，性别比例女生偏多。年龄段分布方面，年龄为 18 ~ 22 岁的有 13 人，所占比例为 38. 2%；23 ~ 25 岁的有 18 人，所占比例为 52. 9%；25 岁以上的有 3 人，所占比例为 8. 82%，可以看出调查对象以年轻人为主。教育程度方面，本科学历 14 人，占比 41. 1%；硕士研究生及以上学历 20 人，占比 58. 8%，可以看出受访者教育程度普遍比较高，以本科和研究生为主。对张裕品牌的了解程度方面，从未了解过张裕品牌的有10人，占比29.4%；听说过张裕品牌的有13人，占比38.2%；有使用过张裕产品经历的有10人，占比39.4%。另外，受访者中没有人了解张裕历史或者对张裕品牌做过调研。由此，将近2/3的受访者对张裕的了解仅限于听说过，从而确保了张裕品牌本身对于实验结果的影响。

对观看历史档案和现行档案的得分进行统计发现，无论在何种情境下观看历史档案和现行档案后对于品牌真实性评分相差都不大（$M_{历史档案}=47.2$ vs $M_{现行档案}=48.2$）。进一步进行单因素ANOVA检验，结果发现，无论是在实体店利用场景下还是在网络实体店利用场景下，历史档案和现行档案对于消费者品牌真实性认知影响差异都不显著（$P>0.05$）。因此，无论是观看关于老字号历史档案还是现行档案，消费者对于老字号品牌真实性认知影响都没有显著差异。

5.5 企业档案管理启示

基于实验的数据结果与结论，以及老字号品牌发展的相关理论，面向品牌真实性视角的老字号企业档案利用或许可以得到以下管理启示与对策建议。

树立档案意识，发挥档案在品牌营销中的作用价值。老字号企业应重视档案在品牌营销中的作用和价值。中华老字号企业具有悠久的历史，平均年龄达160年之久。在老字号企业成长与发展的岁月长河中，企业累计和保存了大量的档案资源。本章证明了老字号企业档案对于品牌真实性的积极影响，为企业档案资源在品牌真实性塑造中发挥作用提供了理论基础与依据。再者，知识经济时代强调信息交流与共享，这就要求突破“静态”档案实体保管的局限，把工作重点放到企业档案资源的开发和利用上。[60]作为拥有丰富档案资源的中华老字号企业，要充分发挥档案资源的优势，以更加积极态度投入到档案资源的开发利用中，发挥档案资源在品牌营销和品牌真实性塑造中的作用。

构建线下情境，优化品牌实体店情景下的档案展示。坚持在传统的老字号品牌实体店情景下利用档案进行品牌宣传与推广，拓宽实体店档案资源利用的形式。本章证明了相对于电子商务情景下如老字号品牌网上旗舰店情景，在传统的老字号品牌实体店情景下利用档案更能增强消费者对于品牌真实性的认知。当前，不同城市的中华老字号聚集，形成了不少有名的文化商业街，如位于北京前门大栅栏42号的百年文化商业街，汇集了全聚德、同仁堂、内联升、瑞蚨祥、张小泉、张一元、都一处、红星二锅头等众多百年中华老字号；又如上海南京东路，老凤祥银楼、大白兔、吴良材、亨德利等百年老店聚集于此。由此，这些聚集于商业街的老字号品牌实体店不仅是出售产品的店面，更成为展示老字号精湛技艺和悠久文化的窗口。由此，老字号企业可以充分借助这些“窗口”，以实物、文物、老照片、名人题字等形式的档案展示企业发展历史、弘扬企业文化，从而增强消费者对老字号企业品牌真实性认知，进一步提升购买意愿。

聚焦原有品牌，规避延伸品牌对老字号品牌的干扰。品牌延伸利用用户的消费偏好和品牌忠诚，使品牌增值，增加品牌的市场影响力。但延伸品牌的出现是否能够在利用档案塑造品牌真实性过程中也起到正向作用？实验三证明了品牌延伸对档案产生时间与品牌真实性认知关系具有调节效应，品牌延伸对档案利用场景与品牌真实性认知关系也具有调节效应。在利用档案进行品牌推广的过程中，消费者在了解延伸品牌与老字号品牌关系后，对老字号品牌真实性评价更偏向于负面。根据实验结果，对于老字号企业档案利用可以得到以下启示：在利用档案塑造老字号原品牌真实性的过程中，应聚焦原品牌进行宣传和推广，尽量避免与延伸品牌的交叉宣传。

参考文献

[1] 商务部关于认定第一批“中华老字号”的通知［EB/OL］. http：//www. mofcom. gov. cn/aarticle/h/redht/200611/20061103752041. html.

[2] 商务部关于进一步做好“中华老字号”保护与促进工作的通知［EB/OL］. http：//www. mofcom. gov. cn/aarticle/b/g/201108/20110807688840. html.

[3] AAKER D A. Measuring brand equity across products and markets［J］. California Man-

agement Review, 1996, 38 (3): 102 – 120.

[4] ARNOULD E J, PRICE L L. Authenticating acts and authoritative performances: Questing for self and community [M] //Ratneshwar S, MICK D G and HUFFMAN C. (Eds). The why of consumption: Contemporary perspectives on consumer motives, goals, and desires. London: Routledge, 2000.

[5] BEVERLAND M B, FARRELLY, F J. The quest for authenticity in consumption: Consumers purposive choice of authentic cues to shape experienced outcomes [J]. Journal of Consumer Research, 2010, 36 (5): 835 – 850.

[6] ROSE R L, WOOD S L. Paradox and the consumption of authenticity through reality television [J]. Journal of Consumer Research, 2005, 32 (2): 284 – 296.

[7] 郭红解，邹伟农. 城市记忆与档案 [M]. 上海：学林出版社，2011.

[8] LIVELY K J, POWELL B. Emotional Expression at Work and at Home: Domain, Status, or Individual Characteristics? [J]. Social Psychology Quarterly, 2006, 69 (1): 17 – 38.

[9] OYEDELE A, MINOR M S. Consumer Culture Plots in Television Advertising from Nigeria and South Africa [J]. Journal of Advertising, 2012, 41 (1): 91 – 108.

[10] MACCELL D. The Tourist [M]. Berkeley: University of California Press, 1999.

[11] SCHALLEHN M, BURMANN C, RILEY N. Brand authenticity: Model development and empirical testing [J]. Journal of Product & brand Management, 2014, 23 (3): 192 – 199.

[12] 徐伟，冯林燕，王新新. 品牌真实性研究述评与展望 [J]. 品牌研究，2016 (5): 4.

[13] MORHART F, MALÄR L, GUÈVREMONT A, et al. Brand authenticity: An integrative framework and measurement scale [J]. Journal of Consumer Psychology, 2015, 25 (2): 200 – 218.

[14] COARY S P. Scale construction and effects of brand authenticity [D]. University of Southern California, 2013.

[15] BEVERLAND M. Crafting brand authenticity: The case of luxury wines [J]. Journal of Management Studies, 2005, 42 (5): 1003 – 1029.

[16] NEWMAN G, DHRA R. Authenticity is contagious: Brand essence and the original source of product [J]. Journal of Marketing Research, 2014, 51 (3): 371 – 386.

[17] LLICIC J, WEBSTER C M. Investigating consumer – brand relational authenticity [J]. Journal of Brand Management, 2014, 21 (4): 342 – 363.

[18] 徐伟，王新新，刘伟. 老字号真实性的概念、维度及特征感知——基于扎根理论的质性研究 [J]. 财经论丛（浙江财经大学学报），2015, 200 (11): 80 – 87.

[19] 徐伟，王平，王新新，宋思根．老字号真实性的测量与影响研究［J］．管理学报，2015，12（9）：1286－1293.
[20] 彭雪莹．老字号真实性研究［J］．现代营销（下旬刊），2018（4）：15.
[21] 马向阳，魏文文，白寅．老品牌餐厅感知真实性的线索类型及其作用机理——以中国老字号餐厅为例的社会网络分析［J］．华东经济管理，2017（8）：176－184.
[22] 徐伟，冯林燕．老字号真实性对口碑传播意向的影响机制研究［J］．中央财经大学学报，2018（1）：93－101.
[23] 单臻．老字号真实性，口碑传播与购买意向［D］．合肥：安徽财经大学，2017.
[24] 王秀宏，杨立娟，马向阳．怀旧倾向对老字号真实性与品牌承诺、购买意愿关系的调节作用［J］．沈阳工业大学学报（社会科学版），2017，10（1）：50－57.
[25] 杨立娟．老字号餐饮品牌真实性与品牌忠诚作用机理的实证研究［D］．天津：天津大学，2017.
[26] 许晖，张海军，冯永春．传承还是重塑？本土老字号品牌活化模式与机制研究——基于品牌真实性与价值迁移视角［J］．管理世界，2018（4）：146－161.
[27] 吴小凤．品牌真实性对老字号品牌延伸的评价的影响［D］．合肥：安徽财经大学，2017.
[28] 谢兰玉．老字号企业档案资源分布的特点与规律探析——以上海市为例［J］．档案，2013（6）：15－18.
[29] 郑姗姗．加强老字号企业档案管理，弘扬地方文化品牌［J］．档案学研究，2010（5）：60－62.
[30] 王玉龙．老字号企业档案管理存在的问题及其应对策略［J］．档案，2013（2）：55－58.
[31] 孙柯．考察北京市老字号企业博物馆的总结与思考［J］．首都博物馆论丛，2015（0）：129－138.
[32] 柴林．基于“老字号”资源在城市休闲体验旅游开发模式的研究——以绍兴市老字号资源为例［J］．绍兴文理学院学报（教育版），2015，35（2）：109－112.
[33] 彭鑫．山东老字号企业档案价值与保护开发研究［J］．山东档案，2017（2）.
[34] 王成荣．老字号品牌文化［M］．北京：高等教育出版社，2018：31.
[35] 刘佳慧，王云庆．品牌档案的价值内涵及起实现路径［J］．北京档案．2016（10）：16－18.
[36] 姚夏池，玛莉．企业驰名商标档案应引起重视［J］．中国档案，2001（2）：29－30.
[37] 陈荔．试论老字号企业商标档案管理的问题现状与对策［J］．兰台世界，2015（20）：18－20.

[38] 韩云惠. 讲好品牌故事：论企业档案对企业品牌记忆的传扬 [J]. 档案管理, 2017 (2)：55 -57.

[39] 徐伟，王新新. 商业领域"真实性"及其营销策略研究探析 [J]. 外国经济与管理，2012 (6)：57 -65.

[40] BRUHN M, SCHOENMÜLLER V, SCHÄFER D, HEINRICH D. Brand authenticity: towards a deeper understanding of its conceptualization and measurement [J]. Advances in Consumer Research, 2012, 40: 567 -576.

[41] EGGERS F, O'DWYER M, KRAUS S, VALLASTER C, GÜLDENBERG S. The impact of brand authenticity on brand trust and SME growth: A CEO perspective [J]. Journal of World Business, 2013, 48 (3): 340 -348

[42] NAPOLI J, DICKINSON S J, BEVERLAND M B, FARRELLY F. Measuring consumer - based brand authenticity [J]. Journal of Business Research, 2014, 67 (6): 1090 -1098.

[43] SCHALLEHN M, BURMANN C, RILEY N. Brand authenticity: model development and empirical testing [J]. Journal of Product & Brand Management, 2014, 23 (3): 192 -199.

[44] 徐伟，汤筱晓，王新新. 老字号真实性、消费者态度与购买意向 [J]. 财贸研究，2015 (3)：133 -141.

[45] BEVERLAND M B, FARRELLY F J. The Quest for Authenticity in Consumption: Consumers' Purposive Choice of Authentic Cues to Shape Experienced Outcomes [J]. Journal of Consumer Research, 2012, 36 (5): 838 -850.

[46] COX D F. The measurement of information value: A study in consumer decision - making [J]. Emerging concepts in marketing, 1962: 413 -421.

[47] MICHEAL B B, ADAM L. Projecting Authenticity through Advertising: Consumer Judgments of Advertiser's Claims [J]. Journal of Advertising, 2008, 37 (1): 5 -15.

[48] 张开森. 档案真实性、可信性之辨析 [J]. 档案学研究，1997 (2)：4 -5.

[49] A. J. 艾耶尔. 语言、真理与逻辑 [M]. 尹大贻，译. 上海：上海译文出版社，2015.

[50] LEIGH T W, PETERS C, SHELTON J. The consumer quest for authenticity: The multiplicity of meanings within the MG subculture of consumption [J]. Journal of the Academy of Marketing Science, 2006, 34 (4): 481 -493.

[51] 洪佳惠. 档案真实的价值论特征研究——兼论口述历史档案的真实性问题 [J]. 档案学通讯，2018 (2)：38 -42.

[52] BROWN S, SHERRY K J F. Teaching Old Brands New Tricks: Retro Branding and the

Revival of Brand Meaning [J]. Journal of Marketing, 2003, 67 (3): 19 – 33.

[53] KOISO – K N. Time, attention, authenticity and consumer benefits of the web [J]. Business Horizons, 2005 (48): 63 – 70.

[54] MAURICIO S F, JOSEPH S V, JOHN D W. Is that authentic or artificial? Understanding consumer perceptions of risk in e – service encounters [J]. Information Systems Journal, 2006 (16): 107 – 134.

[55] GRAYSON K, RADAN M. Consumer Perceptions of Iconicity and Indexicality and Their Influence on Assessments of Authentic Market Offerings [J]. Journal of Consumer Research, 2004 (31): 296 – 312.

[56] SPIGGLE S, NGUYEN H T, CARAVELLA M. More than fit: Brand extension authenticity [J]. Journal of Market – ing Research, 2012 (6): 967 – 983.

[57] 许衍凤. 基于消费者卷入度的品牌延伸研究——以我国老字号品牌为例 [J]. 山东社会科学, 2017 (6): 148 – 153.

[58] AVERY J. Saving Face by Making Meaning: The Neg – ative Effects of Consumers' Self – Serving Response to Brand Extensions [D]. Simmons School of Management, Simmons College, 2008.

[59] AAKER D A, KELLER K L. Consumer Evaluations of Brand Extensions [J]. Journal of Marketing, 1990, 54 (1): 27 – 41.

[60] 黄霄羽, 张云. 档案支撑企业品牌建设的表现和实施路径 [J]. 档案与建设, 2018 (1): 12 – 17.

第 6 章　特色服务与品牌理念

品牌的作用不只是商品的宣传与推广，更是机构突破传统的局限、转变自身形象来谋求未来发展的保障。本章以公共图书馆为例，讨论如何通过特色化的品牌服务使传统机构在数字化的社群时代焕发生机。

随着社会的进步与技术的发展，公共图书馆的服务内容在不断转变，以适应新时代背景下的社会发展需求。近年来，越来越多的中外公共图书馆开始面向读者、企业等各类信息服务需求者提供各种各样的特色服务。比如，我国温州市公共图书馆以结合温州当地庞大的鞋类产业，构建了鞋样图片的特色数据库，为当地鞋类企业的鞋样设计提供了丰富素材支持[1]；云南省公共图书馆依托当地少数民族建立了 15 个云南独有少数民族多媒体资源库，对云南当地少数民族文化的研究提供了丰富的资料[2]；加拿大的公共图书馆通过购买和合作共建特色数据库为当地居民提供包括学习、工作、医疗保健和汽车维修等领域信息资源的特色服务[3]。由此可见，基于特色资源面向社会公众提供特色服务已经成为国内外公共图书馆的发展趋势之一，对于图书馆所在区域的经济效益和社会效益均带来积极影响。然而，由于我国与西方国家在社会制度、文化习俗、经济结构等方面存在一定的差异，国内外公共图书馆特色服务发展也呈现出各不相同的特点。因此，有必要探讨中外公共图书馆特色服务的共性和差异，从而能够更加清晰地认识公共图书馆特色服务发展的一般规律，并为我国公共图书馆特色服务建设提供参考。

6.1　图书馆特色服务品牌

现今，美国《福布斯》杂志每年都会发布世界品牌榜，各国政府及企业都掀起了呼吁品牌时代到来的热潮，由此可见品牌对于企业的重要意义。不仅是企业，个人、产品、公园、动物等都可以实现品牌化，公共图书馆也不例外。自 2017 年起，国务院发文同意将每年 5 月 10 日设立为“中国品牌日”，标志着国家对品牌的重视已经上升到前所未有的高度。时代的改变为公共图书馆带来了竞争，公共图书馆品牌化在这样的时代背景下显得尤为重要。

公共图书馆未来的发展问题很早就开始在世界范围内出现了，受到越来越多的学者和管理者关注。发展至今，通过建立图书馆品牌来扩大公共图书馆的影响力，在图书馆领域已经获得很多认同。公共图书馆作为公共文化设施，并不以营利为目的。表面上看来与品牌营销没有什么关系，但是通过以上有关图书馆品牌营销的研究，我们可以发现运用品牌营销手段来扩大图书馆的影响力，图书馆品牌建设对图书馆的发展是有利的，更是与时俱进的。迄今为止，有关图书馆品牌营销和图书馆服务的文献已经有一定量的基础，但是更多的是从理论上来探讨图书馆未来的发展。因此，本章希望以公共图书馆特色服务为切入点，深入剖析图书馆特色服务对图书馆品牌形象及发展的影响。通过聚类分析，寻找有益于图书馆品牌形象建立的特色服务，为图书馆品牌化提供指导建议。

对于公共图书馆特色服务的概念，学界目前尚无一致的定义。有的学者认为，所谓公共图书馆特色服务，就是建立在文献信息资源和人力资源充分开发、合理配置的基础上，以某种独特的服务方式，对特定的读者对象开展的优质、高效、具有创新意义的服务行为[4]；也有学者认为，公共图书馆特色服务是一个相对概念，旨在与图书馆常规服务加以区别，当图书馆的特色服务受到社会的广泛认可和采用之后，如果无法继续保持其独特性，将会由特色服务转变为常规服务[5]；更有学者认为，公共图书馆特色服务是图书馆为了差异化发展而采用的一种竞争手段和策略[6]。结合已有研究总结的关于公共图书馆特色服务的共同特点，本章将其定义为：公共图书馆根据用户的实际需求而提供的针对性服务，并在服务内容、服务方式或服务对象上，与常规图书馆服务以及其他图书馆所提供服务相比具有一定的独特性。

从文献梳理的结果来看，大量国内外公共图书馆基于自身特色优势，并结合社会实际需求开发了一系列有别于图书馆常规服务的特色服务，主要包括建设特色馆藏、分类用户服务、社会参与共建、新理念新技术应用等。[7]其中，特色馆藏建设方面具有代表性的国内项目有天津图书馆建设的音乐图书馆[8]、云南图书馆的少数民族多媒体资源库[2]、南京图书馆专门建设的古籍馆[7]等。此外，国外公共图书馆也普遍依托特色馆藏来提供特色服务，如俄罗斯国家图书馆提供专门的法律信息资源[9]，加拿大前十大城市的公共图书馆共建有特色数据102个，涵盖地域特色、社会文化等方面。分类用户服务主要是针对不同类型用户提供专门服务，如美国国会图书馆为残疾人读者提供专门服务[10]；安徽省图书馆上门为老年读者提供服务，开展老年人计算机培训课程等[7]。社会参与共建则主要是指与其他社会部门广泛合作开展有利于社会公益的特色服务，如杭州图书馆与杭州市文明办合作，将“市民大学堂”引入图书馆[7]；香港公共图书馆与学校、教育团体密切合作推行“阅读大使计划”、“社区图书馆伙伴计划”和读书会活动[7]等。新技术和新理念应用的典型代表则包括基于云计算的我国高校数字图书馆特色服务[11]、美国康涅狄格州西港图书馆的机器人管理员[10]等。

目前，学术界对于图书馆特色服务的关注点主要涉及服务内容、服务环境、服务交互等维度。服务内容方面，有学者深入对比了国内外15家高校图书馆学术服务内容，包括学术研究支持和数据资源服务等方面的特点[12]；还有学者则讨论了中国大学图书馆为留学生提供的特色服务内容[13]。另外，一些国外学者如Matthews R. 关注图书馆如何提供个性化的服务内容[14]；Bonnie L. 则讨论如何让图书馆服务内容更好地支持学术论文写作[15]。公共图书馆服务环境方面，一些学者着眼于分析公共图书馆儿童阅读物理空间的多元化需求[16]；另一些学者则从公共图书馆服务理念的需求和服务环境的营造两个方面探讨了创客空间的构建需求[17]；还有一些学者讨论如何培训图书馆员以更好地支持图书馆服务[18]，并指出图书馆可以成为良好的学习空间并为其提供环境支持[19]。在公共图书馆服务交互方面，有学者指出良好的服务交互有利于图书馆信息服务的开展[20]，并且认为图书馆服务中与用户交互的重要性体现在挖掘用户的深层需求进而实现服务升级[21]。还有学者强调以用户为中心的交互对图书馆提升其服务有重要作用[22]，指出重视服务交互是持续提升图书馆服务的有效方式[23]。由此可见，提供特色服务是国内外公共图书馆为适应社会发展而普遍采用的一种变革方式，尽管目前对于公共图书馆特色服务的内涵尚未统一，但是特色服务一直是学术界关注的热点，并且公共图书馆特色服务的服务内容、环境需求、服务交互更是国内外学者重点研究的领域。为此，本章也将从上述三个维度出发来分析和对比中外公共图书馆特色服务的主要类型及相应特点。

6.2　图书馆特色服务示例

为识别国内外公共图书馆特色服务类型及其特征，笔者将采用二阶聚类分析的方法划分出中外图书馆特色服务的主要类别。采用聚类分析方法，是因为目前对于图书馆特色服务还没有明确的分类体系或框架，且图书馆特色服务类目繁多、形式各异，直接加以定性分类缺少必要的理论依据。为有效提炼不同类型特色服务的关键特征，笔者将从服务内容、环境需求、服务交互三个主流研究维度出发，对各个样本公共图书馆的特色服务加以量化处理，并运用二阶聚类分析的方法将具有相似特征的特色服务划分到同一族簇之中，通过各类别之间的特点对比归纳总结国内外公共图书馆特色服务的异同。

笔者从我国省一级公共图书馆和美国、加拿大等国家的州一级公共图书馆官方网站上抓取其 2017 年全年的活动动态，通过筛选得到该图书馆在 2017 年全年所提供的特色服务。因国内部分省级图书馆网站存在信息不全和信息滞后的问题，最终筛选出国内 20 家省级图书馆作为中国公共图书馆特色服务的数据来源，分别为安徽省图书馆、广西壮族自治区图书馆、广州市图书馆、哈尔滨市图书馆、海南省图书馆、山东省图书馆、贵州省图书馆、云南省图书馆、内蒙古自治区图书馆、宁夏回族自治区图书馆、首都图书馆、天津市图书馆、重庆市图书馆、湖北省图书馆、黑龙江省图书馆、吉林省图书馆、辽宁省图书馆、河北省图书馆、湖南省图书馆、江西省图书馆。

同时，本章按照数据可得性和有效性的标准，筛选出20家具有一定代表性的美国、加拿大等国及其州一级公共图书馆作为国外公共图书馆特色服务的数据来源，分别为美国加利福尼亚州立图书馆、美国肯塔基州立图书馆、加拿大安大略图书馆、加拿大不列颠哥伦比亚图书馆、美国佐治亚州立图书馆、美国佛罗里达州立图书馆、美国科罗拉多州图书馆、美国马里兰州立图书馆、美国夏威夷州立图书馆、德国巴伐利亚州立图书馆、德国卡尔斯鲁厄巴登州立图书馆、德国汉堡州立图书馆、澳大利亚维多利亚州立图书馆、南澳大利亚州立图书馆等。经过数据处理之后，最终获得2521条国内公共图书馆特色服务数据和2649条国外公共图书馆特色服务数据。部分特色服务示例如表6－1所示。

表6－1　部分中外公共图书馆特色服务示例

	图书馆	特色服务	部分服务内容简介示例
国内图书馆特色服务	安徽省图书馆	掌声聚民心 开启新时代——学习十九大报告图文展	安徽省图书馆在一楼大厅里以图文方式展示安徽省各地群众学习十九大报告的成果……
		新安百姓讲堂	安徽省图书馆邀请华中科技大学教授刘仲林讲《道德经》……
		《非暴力沟通》系统训练营	广西图书馆馆员作为阅读引导者，带领读者针对《非暴力沟通》一书开展的社群学习活动……
	广西壮族自治区图书馆	观广西戏剧品壮乡风情——“群文荟萃”戏剧推广活动	广西图书馆选送了一批具有代表性的桂剧、壮剧、彩调剧等戏剧节目，依托全国文化信息资源共享工程·中国文化网络电视平台进行播放。通过设计专题宣传海报在网站和微信平台等媒体上做专题文章联推等方式，开展“我最喜爱的广西戏剧节目”线上投票活动来展现广西戏剧的风采……

续表

<table>
<tr><th></th><th>图书馆</th><th>特色服务</th><th>部分服务内容简介示例</th></tr>
<tr><td rowspan="5">国内图书馆特色服务</td><td rowspan="2">贵州省图书馆</td><td>老年电脑知识公益培训班</td><td>贵州图书馆向老年读者讲授使用电脑、网络及智能手机的基本知识，主要内容包括电脑基本操作、上网学习娱乐、QQ 及微信应用、贵州省图书馆数字资源使用等……</td></tr>
<tr><td>来省图，学摄影——摄影经验分享会</td><td>贵州省图书馆、贵州省图书馆学会在贵州省图书馆二楼学术报告厅举办王建军美国西部摄影经验分享会……</td></tr>
<tr><td rowspan="2">浙江省图书馆</td><td>教你用语文的方式阅读英文——从电影到原著</td><td>浙江图书馆二楼集体视听室为大家带来儿童英语阅读技巧讲座……</td></tr>
<tr><td>国学中的企业战略系列培训</td><td>浙江图书馆邀请了中国管理科学院特聘研究员，浙江经纬文化传播公司方荣耀董事长，主讲“国学与企业战略”……</td></tr>
<tr><td>……</td><td>……</td><td>……</td></tr>
<tr><td>国外图书馆特色服务</td><td>加利福尼亚州立图书馆</td><td>“一战”停战一百周年纪念展览</td><td>The California State Library announces the opening of California in World War I：100th Anniversary of Armistice, a joint exhibit by the State Library and the California Military Department and State Military Museum commemorating the 100th anniversary of the armistice of World War I…</td></tr>
</table>

续表

国外图书馆特色服务	加利福尼亚州立图书馆	加利福尼亚州 K－12 在线资源获取方法培训课程	As the second year of California's K－12 Online Content Project gets underway, free training sessions are being offered at three different locations throughout the state to help teachers, library staff, administrators, educational support staff and parents better understand what learning tools are being made available through these online offerings...
	肯塔基州立图书馆	KDLA 青年进修服务	KDLA's annual Youth Service Retreat is a dynamic continuing education opportunity that allows public library staff to discuss emerging topics in the field of children's and youth libraries online...
		图书外展服务	KDLA's book mobility and outreach services ensure that all Kentucky citizens have access to public library materials and services...
	加拿大不列颠哥伦比亚图书馆	Lexis Advance Quicklaw 培训课程	Learn about Lexis Advance Quicklaw: Registration is required and only UBC Allard Law School students and faculty members are required. Please register your Lexis Advance Quicklaw password before attending the conference...
		温哥华 DTES 摄影展	UBC Library has partnered with local non－profit 2 Paycheques Away, to bring an exceptional and striking photography exhibit to two library locations...

续表

国外图书馆特色服务	澳大利亚维多利亚图书馆	自制杂志和艺术家书籍展览	Discover the evolution of do - it - yourself publishing in this free exhibition of fanzines, punk zines, underground press publications and artist books designed to buckthe commercial gallery system…
		在线研究资源浏览与获取培训	Learn more about how to access resources and navigate the Library's catalogue…
	……	……	……

6.3　图书馆特色服务种类

在获得国内外公共图书馆特色服务数据之后，为获得特色服务种类，需要进行聚类分析。在进行聚类分析之前，还需要对每条数据进行量化处理，将其转化为向量形式。为此，笔者从服务内容、环境支持、服务交互三个一级维度出发，结合采集数据情况进一步划分二级维度，运用专家打分的方式将每条服务数据进行量化。具体的数据处理过程如下。

通过整理国内外公共图书馆服务数据发现，国内外公共图书馆特色服务的服务内容主要包括提供学术支持和信息资源，并且不同服务提供学术支持的深度不同，比如有的图书馆会提供帮助用户理解学术研究原则和规则方面的服务，这类服务相对属于较为浅层的学术支持；而有些图书馆则会提供诸如“信息素养教育”“定向课程”等较为深入的学术支持服务。另外，在提供信息资源方面，不同图书馆所提供信息资源的学术性也存在差异，比如有些图书馆专门提供专业学术资源的服务，而有些图书馆则专门提供休闲阅读资源的服务。基于此，在服务内容维度上，笔者主要邀请专家从所提供学术支持的深度和所提供信息资源的学术性两个方面对图书馆特色服务内容进行打分，分值为 0 ~ 5 分。分数越低，证明该服务的学术支持程度越浅，提供信息资源的学术性越低；反之，则表明学术支持越深入，信息资源学术性越高。

国内外图书馆特色服务在环境方面的特点主要体现在两个细分维度，一是物理环境支持，二是图书馆员的支持。不同服务对于二者的支持需求程度不同，有些特色服务如“少儿阅读活动”只需要图书馆提供可用于阅读学习的物理空间即可；而有些特色服务如“创客空间”则不仅需要物理空间，更需要技术设备支持。在图书馆员支持方面，有些特色服务可以通过互联网终端完成，只要有在线管理员便可满足用户需求，甚至有些图书馆仅提供人工智能机器人作为在线管理员；还有一些特色服务则需要专门的图书馆员，甚至是特别联络员。因此，本章在环境支持维度上划分为两个子维度，分别为物理空间支持和图书馆员支持，同样邀请专家对逐项服务进行打分，分值仍然为 0 ~ 5 分。分数越低，物理空间与图书馆员支持越低；反之，则越高。

在服务交互方面，根据所采集公共图书馆服务数据的基本情况，可以细分为交互频率和交互形式两个子维度。同样，在这方面还是采用专家打分的方式对各条服务数据进行处理，分值为 0 ~ 5 分。分数越低，特色服务的交互频率越低、交互方式越简单（如远程在线服务）；反之，则交互频率越高、交互方式越复杂（如一对一指导）。具体数据处理方式如表 6 – 2 所示。笔者基于学历、工作单位类别、职称、研究领域以及相关工作年限等考量选择分布于北京、上海、武汉、南京等地，从事图书馆领域教学、科研、图书馆管理及相关工作的高级专家学者 50 名组成专家组，而后就本章搜集到的 2018 年 1 ~ 12 月 2521 条国内公共图书馆特色服务数据和 2649 条国外公共图书馆特色服务数据对专家进行咨询，邀请每位专家分别对 300 条特色服务数据从服务内容、环境支持、服务交互 3 个维度的 6 项指标进行打分，确保每条数据均有 3 位以上专家进行评分。

表 6－2　公共图书馆特色服务分析维度

一级维度	二级维度	评价标准
服务内容（SC）	SC1：提供学术支持的深度	0～5 分，分数越低，表明学术支持程度越浅，如“理解学术研究原则和规则”服务；分数越高，表明学术支持程度越深，如“定向课程”服务
	SC2：提供信息资源的学术性	0～5 分，分数越低，表明提供信息资源学术性越低，如“提供休闲阅读资源”服务；分数越高，表明提供信息资源学术性越高，如“提供语言学习资源”服务
环境支持（ES）	ES1：物理空间支持程度	0～5 分，分数越低，表明物理空间支持程度越低，如“少儿阅读活动”服务；分数越高，表明对物理空间支持程度求越高，如“创客空间”服务需要技术设备支持
	ES2：图书馆员的支持程度	0～5 分，分数越低，表明图书馆员支持程度越低，如“在线查询”服务；分数越高，表明图书馆员支持程度越高，如“一对一指导”服务
服务交互（SI）	SI1：服务交互频率高低	0～5 分，分数越低，表明服务交互频率越低，如“举办展览”活动；分数越高，表明服务交互频率越高，如“特殊人群俱乐部”服务
	SI2：服务交互形式复杂程度	0～5 分，分数越低，表明服务交互形式越简单，如“远程在线指导”服务；分数越高，表明服务交互形式越复杂，如“专人授课”服务

笔者采用 SPSS 19.0 软件的二阶聚类算法对国内公共图书馆特色服务的评分数据进行分析。以“提供学术支持深度”“提供信息资源学术性”“物理空间支持程度”“图书馆员支持程度”“服务交互频率”“服

务交互形式”作为分析维度，聚类得到5类。

聚类的簇与簇之间关联紧密，不同簇之间的差异性大，5类中样本的数量以及所占百分比如下：聚类1包含476个样本（18.9%）、聚类2包含223个样本（8.8%）、聚类3包含1241个样本（49.2%）、聚类4包含193个样本（7.7%）、聚类5包含388个样本（15.4%）。5类特色服务的命名如下。

国内类别C1：深度学术资源和支持类服务。类别C1的服务学术支持程度较深，提供的资源学术性较强，均是国内公共图书馆各类特色服务当中最高的，因此可以将类别C1的服务定义为“深度学术资源和支持类服务”。这类特色服务主要是各类学术讲座和培训活动等，如天津市图书馆的“天图悦读会之市民科普课堂”、浙江省图书馆的“老年心理健康讲座”等。通过对类别C1中样本的具体服务内容展开分析，本章发现此类服务无须过高的物理环境支持，读者交流区和小型视听室都可以成为其开展活动的地点；同时，这类服务通常只需要图书馆员负责简单的报名程序即可，因此无须图书馆员的深度支持，并且被服务者与图书馆的交互频率也较为有限。另外，该类中的培训活动主要是专人授课或一对一教学，服务形式相比一般服务更为复杂。总之，这类服务主要是向用户提供专业知识或专业技能，因此其最大特点就是高学术性资源与深度学术支持。

国内类别C2：高交互频率类服务。类别C2的最大特点是其服务交互频率在国内各类特色服务中是最高的，因此将其服务定义为“高交互频率类服务”。通过分析类别C2中的服务样本可以发现，这类特色服务主要包括英语沙龙、读书会等，比如辽宁省图书馆的“英语沙龙”活动，学员可以学习英语日常口语并进行对话练习；天津市图书馆的“天图悦读会之立心读书会”活动，主要由主持人带领参会成员一起读书并共同参与讨论。进一步分析可以发现，由于英语沙龙和读书会这类服务所提供的资源，相比较纯学术支持类服务的学术性并不突出，但是比单纯的休闲资源的专业化程度又高一些，因此类别C2的学术性较为适中；同时，因为沙龙和读书会需要图书馆员的主持或者服务，所以需要具有良好沟通能力的图书馆员，对图书馆员有一定程度的需求。另外，沙龙和读书会不仅需要活动成员到图书馆现场参加，还需要与主持活动的图书馆员一起学习、阅读和讨论，因此其最大的特点就是强交互性。

国内类别 C3：高物理环境支持的休闲资源类服务。类别 C3 服务的物理环境支持非常高，同时其提供资源的学术性却极低，因此将类别 C3 定义为高物理环境支持的休闲资源服务。形成这一特点的主要原因在于，类别 C3 中的特色服务主要是现场举办的大型活动，如朗诵会、诗歌比赛等。例如，首都图书馆的“国风私塾小课堂”活动，其内容旨在通过国风私塾场景布置，人员统一的汉服着装，渲染古代教学氛围，让孩子们体验古风教学。由于大型活动对场地的需求高，物理空间要大，同时还要配备各种现场技术设备。其主要目的在于通过休闲资源和文化活动来丰富用户的生活。因此，其最大特点就是信息资源休闲化和高物理环境支持。

国内类别 C4：公共图书馆代理服务。类别 C4 所代表的特色服务在六个维度的得分都比较均衡，缺乏突出特点，本章将其定义为“公共图书馆代理类服务”。如此命名的原因在于，划分入该类中的特色服务样本主要是书友会、座谈会等，如四川图书馆的新闻主播做客“书友会”分享朗读技巧的活动、浙江省图书馆“文澜读书”座谈会等。这类服务的一大共性就在于其往往是图书馆的用户自发组织的活动，这类活动虽然依托于图书馆的支持，但是图书馆更多的只是作为一个代理服务机构在其中发挥作用，这也是这类服务对图书馆各方面的需求都不高的原因。

国内类别 C5：高物理环境支持的自助类服务。该类特色服务样本主要包括文化展览、音乐欣赏和电影放映等。例如，浙江图书馆的展览“和阅读万年历有约”活动，就是这类服务的典型代表。该展览从文字的变迁到阅读载体的革新，带领读者了解阅读的前世今生；同时展出了各种装帧形式，如卷轴装、包背装、线装书等，活动地点是浙江图书馆一楼展厅。类别 C5 的特色服务除了对物理环境支持较高以外，在另外五个维度的得分都较低，尤其是图书馆员支持程度、服务交互形式复杂度以及服务交互频率高低均为国内特色服务中最低的。形成这一特点的主要原因在于展览、音乐欣赏和电影放映等服务对场地和设备的需求都比较高，以目前的技术而言，这些播放设备往往自动化程度较高，并且用户参与活动的过程也是自助的，这些都使得这类活动呈现交互性弱、图书馆员参与程度低、服务方式简单的特点。

笔者采用与国内公共图书馆特色服务数据聚类分析一致的方法来将国外公共图书馆特色服务加以聚类，共分为5类，各类中样本的数量以及所占百分比如下：类别F1包含424个样本（16.0%），类别F2包含315个样本（11.9%），类别F3包含609个样本（23.0%），类别F4包含726个样本（27.4%），类别F5包含575个样本（21.7%）。

国外类别F1：环境与管理员深度支持的学术资源类服务。国外公共图书馆特色服务类别F1的物理环境支持程度、图书馆员支持程度以及提供资源的学术性等均位于较高水平。因此，本章将其定义为“环境与管理员双高支持的学术资源类服务”。深入分析该类中的服务样本可以发现，这类特色服务最主要的形式是讲座，如美国国会图书馆的“街头民俗：得克萨斯州休斯敦的嘻哈、汽车文化和黑人生活”讲座。形成这类服务上述特点的原因主要在于，这些讲座类服务对场地和设备的需求都比较高，且这类服务的学术性很强，并且此类讲座活动的规格也都比较大，需要特别联络图书馆员来负责主讲人的联系以及活动的统筹，因此需要图书馆员的深度支持。

国外类别F2：图书馆员深度支持的休闲资源类服务。该类别需要图书馆员的深度支持，同时提供信息资源的学术性明显较低，因此本章将其定义为“图书馆员深度支持的休闲资源类服务”。这类服务主要形式是作家会谈、售书会等，比如美国波士顿图书馆举办的“丹肯尼迪：大亨的归来”活动，主要是由媒体评论员和丹·肯尼迪教授讨论他的著作“大亨的归来”并在活动中售书。形成类别F2服务特点的主要原因在于，作家会谈通常是小范围的邀请参与者，因此对物理环境的需求不高；活动内容中讨论的是作家的书籍，基本不需要图书馆提供学术资源，因此其学术性不是很强。另外，此类服务由于需要特别联络图书馆员负责与作者和读者之间的联系与对接，其最大的特点就是对图书馆员深度支持的需求。

国外类别F3：高物理环境支持的自助类服务。类别F3的国外公共图书馆特色服务需要较高的物理空间支持，且对图书馆员的需求极低，交互形式复杂度不高且交互频率偏低，本章将其定义为“高物理环境支持的自助类服务”。与国内图书馆类似，这类服务主要是展览、电影放映和音乐欣赏等，如美国纽约图书馆的“MOSAIC 音乐会”，每人有60min免费欣赏时间，用户通过网上报名自助参与活动。同样，这类活动对场地和设备的需求都比较高，设备的自动化、智能化程度也高，无须图书馆员的过多参与，用户多以自助形式报名和参加。因此，这带来了此类服务物理环境需求较高而对图书馆员需求较低的特点。

国外类别 F4：高交互频率类休闲服务。类别 F4 服务的整体需求比较平均，不过服务提供资源偏休闲化，并且服务频率较高，本章将其定义为“高交互频率类休闲服务”。类别 F4 的主要服务内容是外语培训与练习之类的活动，比如美国旧金山图书馆开展的“ESL 会话组”活动，欢迎所有级别的参与者练习外语。形成类别 F4 特点的主要原因在于，外语会话练习等活动内容主要是一些生活休闲用语，相对学术性较低。且因为这类活动的互动性强，所以交互性也相对较高，并且需要擅于沟通的图书馆员来主持活动。因此，类别 F4 的主要特点就是高交互频率的休闲类服务。

国外类别 F5：深度学术支持的高交互类服务。类别 F5 服务的显著特点是其学术支持非常深入，服务供需双方交互频率在国外公共图书馆特色服务中是最高的，本章将其定义为“深度学术支持的高交互类服务”。这类服务主要形式往往是培训课程，例如美国芝加哥公共图书馆的“早期识字”，其内容由专人授课，帮助学前儿童学习单词和语句。通过结合类别 F5 中特色服务内容的分析，不难发现这类服务特点形成的原因。定向课程类的服务在学术支持方面的要求相对较高，因此属于深度学术支持的服务；同时课程开设往往持续一段时间，涉及多次授课，所以其交互频率较高。另外，这些课程通常也不需要过大的物理空间和各种复杂的设备，所以物理环境需求较低。因此类别 F5 的最大特点就是深入的学术支持且交互频率较高。

6.4 特色服务中外对比

基于国内外公共图书馆特色服务的聚类分析结果，本章从整体和三个维度分别对中外公共图书馆特色服务进行对比，以揭示中外公共图书馆特色服务的差异，为我国公共图书馆特色服务发展提供参考。

就整体比较而言，中外公共图书馆的特色服务存在一定的差异，如图 6－1 所示。国外公共图书馆主要在“学术支持深度”“图书馆员支持”“服务交互形式”“服务交互频率”“信息资源学术性”等方面相较国内公共图书馆有一定的优势，表明国外公共图书馆特色服务的学术支持程度更高、服务资源专业性更强、服务交互形式多样、交互性更强、服务人员综合素质更高。这也反映了相比国外公共图书馆，国内公共图书馆的特色服务所提供的资源专业性不足，服务模式比较初级，且不够注重服务与用户的交互和服务过程中参与人员的整体水平。不过国内公共图书馆特色服务在“物理环境支持”方面要整体领先于国外公共图书馆，表明目前我国公共图书馆在物理环境建设方面相对更加完善。

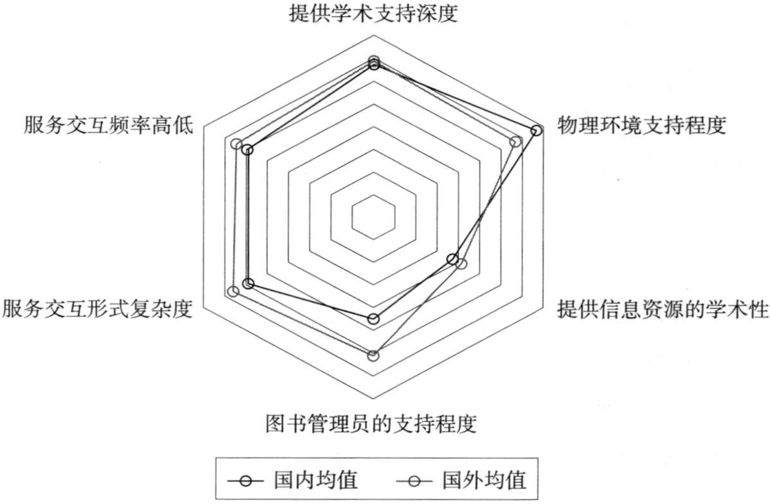

图 6－1　中外公共图书馆特色服务

6.4.1　中外特色服务在服务内容方面的比较

服务内容维度涉及学术支持和服务资源两个方面。在学术支持方面，国内类别 C1 和国外类别 F5 的学术支持程度是所有类别中最高的。其中，国内类别 C1 有 476 个样本，占总体样本的 18.9%，国外类别 F5 有 575 个样本，占总体样本的 21.7%。国外深度学术支持的服务占比相对国内高出 2.8 个百分点，表明国外公共图书馆深度学术支持类服务占比较高，国外公共图书馆特色服务内容相比国内更加注重专业化和学术化。未来我国公共图书馆的特色服务建设需要加强学术支持的深度，提高服务内容的学术性和专业性，让用户形成公共图书馆是“专业的”“学术的”这样的良好认知，从而更好地提升公共图书馆特色服务的影响力。在服务资源方面，国内类别 C1 和国外类别 F1 是服务资源学术水平最高的两类特色服务。其中，国内类别 C1 有 476 个样本，占总样本的 18.9%，国外类别 F1 有 424 个样本，占比 16.0%。数据分析的结果来看，国内公共图书馆特色服务在专业学术资源支持方面的比例相比国外略高一些，但是总体比较中显示国外图书馆服务资源整体学术水平更高，说明我国公共图书馆一般性服务资源的学术性仍需进一步提升。服务资源的质量是公共图书馆特色服务的硬实力，只有具备高质量的资源基础，公共图书馆的特色服务才能更受用户的青睐。进一步分析可以发现，国内公共图书馆特色服务在服务内容方面，高学术支持往往伴随着专业学术资源的提供，例如安徽省图书馆举办的“图书资料专业初、中级技术职称以考代评继续教育培训班”、海南省图书馆举办的“电脑知识公益培训班”，以及河南省图书馆举办的“创客课堂——机器人编程培训”等特色服务，其服务开展模式类似于上课，不仅有专业人士进行培训，而且提供相应的学术资源，具有明显的专业性特点，在模型中都聚类为类别 C1。而相比于国外图书馆特色服务，其高学术支持与专业学术资源提供之间没有很强的相关性，二者可以分开存在，高学术支持类服务聚类到类别 F5 中，而高学术资源类服务聚类到类别 F1 中，类别 F5 服务典型代表如德国汉堡图书馆的“法律素养提升”培训班和科罗拉多州立图书馆的“鼓励父母”培训班，在培训班中有专业的律师和儿童教育专家与大家一起探讨和分享专业知识，并且不再为用户提供学术性很强的专业资料，取而代之的是专家制作的图片和视频等更易于用户理解的服务资源，更强调专业人员与用户之间的交互与交流，而非单方面的授课。另外，国外图书馆类别 F1 服务的典型代表则是各类讲座，如果马萨诸塞州立图书馆举办的“历史上的英格兰”讲座，现场为观众普及一些简单的历史知识，内容的学术性支持程度不深，但是会为用户提供相关的专业资料以便其可以进一步了解相关知识。

6.4.2 中外特色服务在环境支持方面的比较

环境支持维度包括物理环境和图书馆员两个方面。在物理环境方面，国内类别 C3 和类别 C5，以及国外类别 F1 和类别 F3 的物理环境需求程度最高。其中，国内类别 C3 和类别 C5 合计 1629 个样本，占总样本的 64.6%，国外类别 F1 和类别 F3 合计 1033 个样本，占总样本的 49%。国内高物理环境支持的服务占比国外高出 15.6 个百分点，表明相比国外国内公共图书馆的特色服务，国内服务对物理环境需求更高，同时也投入了更多资源来提升物理环境质量。这对于提升用户对图书馆的满意度是有利的，我国公共图书馆特色服务建设应继续保持这一良好态势。在图书馆员方面，国内公共图书馆中对图书馆员需求最高的特色服务是类别 C2 和类别 C3，需要中级图书馆员支持。而国外公共图书馆中对图书馆员需求最高的特色服务是类别 F1 和类别 F2，需要高级图书馆员的支持。可见，国内公共图书馆特色服务相较国外对图书馆员的要求更低一些，说明国内公共图书馆特色服务缺乏更多高水平图书馆人才的参与。如果说服务资源的质量是特色服务的硬实力，那么图书馆专业人才的素养就是其特色服务的软实力，两者缺一不可。加大图书馆高素质人才的培养力度，是未来我国公共图书馆特色服务发展的重要一环。

总体来看，在高物理环境支持的图书馆服务方面，国内外公共图书馆具有相似的特点，一般以大型活动如展览、讲座、比赛等为主。如国内类别 C3 和 C5 的典型代表天津图书馆举办的“少年摄影大赛”、山东省图书馆举办的“筑梦强军，固我国防”大型展览等，国外类别 F1 和类别 F3 的典型服务案例包括澳大利亚维多利亚图书馆举办的“21 世纪墨尔本艺术展”、美国康涅狄格州立图书馆举办的“妇女与战争”演讲等，都是在专门的场地、展馆中展示图片、摄影作品和各类艺术品等。另外，在图书馆员支持方面，中国与国外图书馆之间既有共性也存在差异。共性主要表现为大型活动都离不开图书馆员支持，如类别C3和类别F1都是大型活动类服务，图书馆员负责整个演讲、展览服务的组织、协调和沟通过程。而区别则主要表现为中国图书馆员参与较高的服务主要是非学术类服务，如国内类别C2和类别C3服务的典型代表辽宁省图书馆的“英语沙龙”和首都图书馆的“私塾小课堂”等，主要服务内容是开展小范围的兴趣讨论，组织休闲文化活动等，而国外的类别F1服务中不乏偏学术性的活动，如马萨诸塞州立图书馆的“特权与穷人”讲座分析美国社会阶层与公民权利等学术性话题，这也从某种层面反映我国图书馆有关学术的大型活动较为缺乏，更需要具备一定专业素养的图书馆员予以支持。

6.4.3　中外特色服务在服务交互方面的比较

服务交互维度涉及交互频率和交互形式两个方面。在交互频率方面，国内类别C2的服务具有高交互性，国外类别F4和类别F5的服务具有高交互性。其中，国内类别C2有223个样本，占总样本的8.8%，国外类别F4和类别F5合计1301个样本，占总样本的49.1%。可以看出，国内高交互性的特色服务的规模相较国外有很大差距，说明我国公共图书馆特色服务相对忽视用户在服务过程中与图书馆的交互。未来我国公共图书馆特色服务建设应加大对服务交互性的重视，加强与用户的沟通与交流。

在交互形式方面，国内类别C1和国外类别F5的服务交互形式规格最高。其中，国内类别C1有476个样本，占总样本的18.9%，国外类别F5有575个样本，占总样本的21.7%。国外高规格交互的占比相对国内高出2.8个百分点，表明国外特色服务的服务水平要高于国内。交互形式也是建立与用户联系的重要一环，越是专业化、系统化的服务形式，越能够更好地向用户提供其需求的资源。专业化和系统化的服务形式能加深用户对公共图书馆特色服务的印象，增强公共图书馆的影响力。

具体分析中外图书馆在特色服务交互方面的特点，可以发现国内类别 C2 类和国外类别 F4 服务都是偏休闲类资源的服务。比如天津图书馆的“读书会”活动和爱达荷州立图书馆的“炉边谈话”活动等，以寓教于乐的方式促进读者之间的交流讨论，讨论的内容也以读者的兴趣爱好为主。并且这类服务往往是长期的，图书馆员在其中扮演组织协调者的角色，从活动准备到活动结束始终保持较高的交互频率，包括活动前期沟通和活动之后的体验回访等，说明国内外图书馆在休闲文化类服务中都较为重视与用户之间的交互。中外差别主要体现在国外图书馆的类别 F5 服务，这类服务不仅需要图书馆员与用户之间保持较高交互频率，且服务内容更偏学术性和专业性。如爱达荷州立图书馆的“高中 EBSCO 工具专业授课课堂”，具体服务内容是由专业图书馆员为有需要的高中生教授 EBSCO 工具的使用方法，使其尽快掌握该工具的使用技巧。而我国图书馆缺乏此类由专业图书馆员开展培训的学术性服务。由此可见，我国公共图书馆较为缺乏此类专业的图书馆员。在交互形式方面，国内公共图书馆较为直接的“面对面”交互形式主要集中在类别 C1 服务中，以各类培训服务为主，主要依赖专家和授课的专业人员，如安徽省图书馆举办的“图书资料专业初、中级技术职称以考代评继续教育培训班”，是请相关领域专家开展培训服务，其图书馆员的直接支持程度较低，而国外类别 F5 服务如佛罗里达州立图书馆的“电子政务”培训课程则由专业的图书馆员直接进行培训，相对于我国图书馆其图书馆员支持程度较高。由此也可以看出，我国公共图书馆缺乏此类具备一定专业水平的图书馆员，进而缺少类似特色服务。

6.4.4 中外公共图书馆特色服务特点总结

基于中外公共图书馆特色服务的聚类和对比分析可以发现，中外图书馆特色服务共性主要表现在以下三个方面：第一，中国省级公共图书馆和以美国、加拿大、澳大利亚、德国为代表的国外图书馆都在积极开展各类特色服务，不断挖掘公共图书馆资源的价值，使其更好地服务于社会；第二，中外公共图书馆对各类型的特色服务都有覆盖，包括高学术支持型的培训、讲座，休闲文化型讨论会、交流会，大型比赛、展览活动等；第三，中外公共图书馆在一些特色服务尤其大型活动和长期性服务活动的组织中都依赖图书馆员的有效支持。

与此同时，通过对中外公共图书馆特色服务在各个维度的对比可以发现，中外公共图书馆特色服务存在以下差异：第一，中国图书馆高学术支持类的服务往往伴随着提供相应的高学术性服务资源，如培训课程提供专业资料，而国外特色服务中二者相关性并不强，即一些学术和专业性较强的讨论和交流中使用更加通俗易懂的资料如图片、视频等资源，而有些浅显的科普型讲座则为感兴趣的用户提供可以深入学习的专业学术资料；第二，在高物理环境需求的大型服务活动中，我国公共图书馆特色服务以休闲文化型为主，如展览、比赛等，而国外公共图书馆存在大量学术支持水平较高的大型讲座类服务；第三，国内公共图书馆员支持度较高的特色服务以休闲文化类服务为主，学术支持水平较高的专业性服务主要依赖外部专家，而国外存在一批由专业图书馆员直接支持的专业学术型培训服务。

6.5　特色服务管理启示

由本章对中外公共图书馆对比的结论可以看出，我国图书馆在物理环境发展上比较具有优势，但是缺乏图书馆服务管理人才。图书馆服务的学术性和专业性较弱，且服务与用户的交互性低，服务形式不够先进。本章认为，任何信息服务最有效的品牌形式都是始终如一地为用户提供优质的服务。要坚定以用户为中心的原则，进行公共图书馆的特色服务优化，可以从以下几个方面出发。

一是发挥服务环境优势，加强培养服务人才。通过中外对比结果可以发现，国内服务在“物理环境需求”方面较国外有一定的优势。这说明我国图书馆服务正在形成自己的优势和特色。因此，图书馆未来发展服务时，要注重发挥自身服务环境的优势，给予用户更好的物理空间体验。发现自身优势的同时，我国公共图书馆也要认识到自身的不足。国内服务在“图书管理员需求”方面与国外服务存在巨大差距。从这方面可以看出，国内图书馆特色服务对图书管理员需求不高。而相反，国外图书馆特色服务则有大量高素质图书馆员的参与，负责统筹活动的安排。公共图书馆正处于一个转型升级的阶段当中，从用户问卷调查结果来看，公共图书馆特色服务对具有较高专业素质和协调沟通能力的图书管理员需求越来越高，同时服务也更注重与用户的交互性。我国图书管理员人才相对不足导致同类服务中的交互形式较为初级，交互频率相较国外较低。因此，在发挥服务环境优势的同时，我国公共图书馆开展特色服务时也应重视专业图书管理员的参与，充分培养图书管理员人才，以便更好地为用户提供所需服务。

二是实现公共图书馆特色服务系统化与品牌化。从问卷调查结果来看，大部分用户需求初级学术支持、初级物理环境支持。在公共图书馆转型升级的阶段中，很多用户还是向图书馆寻求初级的服务内容支持。本章认为，造成这种现象的原因是图书馆员和管理者能够清楚地认识到公共图书馆的重要性，然而，图书馆现在的用户却并不了解图书馆能够为他们提供什么样的服务。图书馆经营观念转变的缓慢和用户已有的对图书馆的刻板印象，导致用户已经逐渐不愿意主动去了解如今的公共图书馆的服务和存在意义。这时，公共图书馆要做的首先就是提醒用户，哪些东西是公共图书馆能够做到而其他信息服务机构做不到的。正如中国公共图书馆特色服务存在服务专业性和系统性不足一样，图书馆可能提供良好的服务，但是因为每次的特色服务或者活动都很松散不成体系，用户在回想这些服务的时候会容易遗忘这些服务的来源。如果公共图书馆的特色服务能够形成一个一个完整的系列，会让人更容易记住这些服务。这样在图书馆的特色服务中建立起一个个服务品牌，只要有一个服务品牌的影响力足够大，那么记住这个服务品牌的用户自然就会记住公共图书馆的品牌。只有让用户记住图书馆的服务，他们才会在有实际需求的时候选择公共图书馆来满足自己的需求。我国公共图书馆实现特色服务系统化与品牌化，其实可以借鉴国外公共图书馆。在收集图书馆特色服务数据的过程中，笔者发现几乎每一家国外公共图书馆网站的活动日历与服务动态栏目都有非常规范标准的分类标签。这样让用户在选择活动与服务的时候，能够清晰地了解这些服务是什么样的类型和内容。

反观国内图书馆网站的活动动态，标题大多非常散乱，不能给予用户清晰的印象。因此，规范特色服务的分类，打造出一个个鲜明的特色服务品牌来，对有效推动公共图书馆的品牌建设一定有很大帮助。

三是凸显公共图书馆特色服务与对手的差异性。图书馆的传统性在于藏书，随着互联网的发展，人们的阅读工具增多。通过网络可搜索到很多电子图书和信息，而纸质书作为传统阅读工具在一些人看来已经过时。公共图书馆生存空间受到特色书店和新兴阅读软件的挤压，这时候要做的不是推出同样的服务来与之竞争，公共图书馆要做的是与这些竞争对手划清界限。比如一些用户更喜欢间接接触类的服务，他们可能更希望不用出门去图书馆就能查找资料和阅读，所以才选择网络阅读和数据库。公共图书馆的服务应该如何与这两者区别，就是公共图书馆要做的。比如，我国公共图书馆举办的现场大型活动如朗诵会、诗歌比赛等，这类服务难以在国外公共图书馆中找到，是独具中国文化特色的服务类型，这种服务更有特色和差异性。同时，这类服务也更强调与用户的直接接触。用户需要间接接触类服务时，大可选择网上阅读或访问数据库。公共图书馆要做的就是在用户需求直接接触类服务时，能够提供最好的服务。从中外对比结果也可以看出，我国图书馆特色服务在学术支持程度和服务资源水平上较国外是有所不足的。因此，提高服务的学术性和专业性也是特色服务发展的方向。图书馆可以提供一些特色的书籍和学术资源，要强调这些资源是网上阅读没有的特色资源，这样就可以与网上书店区分开，给用户一种公共图书馆的资源更多更全的认知。很多公共图书馆都有自己的数据库，然而用户查询学术资源时，更多地会利用数据库而不是去公共图书馆。因为大家更习惯于使用网上的数据库，方便快捷。图书馆要做的就是多提供学术资源的特色服务，正版网上数据库的使用都需要不菲的费用，通过使用公共图书馆的数据库能够更低成本地获取同样的学术资源，大部分用户会把公共图书馆作为第一选择。所以，最重要的是体现公共图书馆的特色服务有竞争对手没有的优势。

四是转变公共图书馆特色服务形式以适应新需求。中外公共图书馆特色服务在整体上具有相似性。而在“服务资源”方面存在一定的差异，国内公共图书馆特色服务更偏向于初级资源的提供，国外公共图书馆特色服务提供资源的水平相对高一些，这说明国外公共图书馆特色服务在服务资源的等级上要高于国内公共图书馆特色服务。再观察用户调查可以发现，目前我国特色服务所提供的中高级资源也同样无法满足用户的实际需求，因此我国公共图书馆特色服务的服务资源需要升级。用户调查显示，用户对自助服务与远程服务的需求更高，也是图书馆服务水平低下的一种体现。用户在向图书馆寻求服务时，大多寻求的是低水平的服务，这些服务目前有很多信息服务组织都能够很好地替代图书馆，因此实际选择时用户很少会使用图书馆的这类服务。例如，北京首都图书馆还推出了24小时自动借阅机，不过应用范围并不广。正因为这类特色服务可替代性强，实际使用的过程中，服务体验还是不如网上阅读，所以用户在有需求的情况下依然不会将图书馆作为第一选择。这说明公共图书馆这类特色服务不够完善，客户满意度不高。只有适应新需求，对图书馆特色服务进行升级，才能够更好地吸引高需求的用户群体。公共图书馆原本定位应该是向公众免费开放的公共文化机构，主要目的是提升民众的文化修养和思想素质，主要提供的是信息素养教育类的服务。然而随着时间的推移，用户的需求已经不满足于提升信息素养，大量的用户产生了对学术方面的需求。而从用户需求来看，学术资源也是用户需求量最大的资源。高校图书馆面对学生，会免费提供学术研究方面的服务，但是不仅仅是学生，也会有其他人群需要理解学术原则和规则。高校图书馆大部分又不面向社会开放，那么作为国家设立的公共服务文化机构——公共图书馆更应该担起提供学术服务的责任。以用户需求为中心，基于用户需求来不断升级和完善自身的特色服务，才能在用户心中建立良好的公共图书馆品牌形象。

参考文献

[1] 苏鲜女. 论图书馆商情类数据库建设——以温州市图书馆鞋样图片特色数据库为例［J］. 河南图书馆学刊，2010，30（3）：120－121.

[2] 赵学敏，田生湖，金航. 云南地区公共图书馆特色数据库建设调查分析［J］. 图书馆学研究，2015（7）：59－62.

[3] 于琳，居晓轩. 加拿大公共图书馆特色数据库调查研究及启示［J］. 图书馆学刊，

2018，276（3）：142－146.

［4］陈昌艳. 论公共图书馆的特色服务［J］. 图书情报工作，2008（1）：133－136.

［5］赵龙刚. 论公共图书馆的特色服务［C］. 全国中小型公共图书馆联合会研讨会，2009.

［6］勾学海. 论公共图书馆的特色服务［J］. 图书馆工作与研究，2003（3）：50－52.

［7］刘志遥. 国内公共图书馆特色服务研究［J］. 图书情报与档案管理，2018（4）：49－50.

［8］陈扬. 公共图书馆特色服务新体验——以天津图书馆音乐图书馆特色服务为例［J］. 图书馆工作与研究，2016（1）：83－86.

［9］贺延辉. 图书馆特色服务可持续发展——俄罗斯国家图书馆法律信息服务的经验与启示［J］. 图书馆理论与实践，2018，223（5）：18－23.

［10］王萍. 国外公共图书馆的服务特色及其启示［J］. 江苏第二师范学院学报，2012（6）：107－109.

［11］靳辉. 基于云计算的高校数字图书馆特色服务研究［J］. 情报资料工作，2014（2）：79－81.

［12］涂志芳，徐慧芳. 国内外 15 所高校图书馆数字学术服务的内容及特点［J］. 大学图书馆学报，2018（4）：29－36.

［13］ZHOU L，HAN Y，LI P. Home away from home：Extending library services for international students in China's universities［J］. The journal of academic librarianship，2018.（44）：52－59.

［14］MATTHEWS R. Yes！on demand：how to create winning，customized library service［J］. Library quarterly，2018，88（3）：312－314.

［15］BONNIE L. An exploration of changing dissertation requirements and library services to support them［J］. Portal－libraries and the academy，2017，17（1）：129－144.

［16］莫丹萍. 多元化需求下公共图书馆儿童阅读空间功能设计探索［J］. 图书馆工作与研究，2018，271（9）：126－130.

［17］周军. 基于创客空间构建的公共图书馆理念需求与环境营造［J］. 图书馆界，2016（6）：78－80.

［18］MUDD E. Stellar Customer Service：Training library staff to exceed expectations［J］. Library quarterly，2018，88（3）：305－306.

［19］ALLISON D，DEFRAIN E，HITT D，TYLER C. Academic library as learning space and as collection：a learning commons' effects on collections and related resources and services［J］. Journal of academic librarianship，2018，45（3）：305－314.

［20］任军虎，赵捧未，秦春秀. 移动图书馆服务交互模型构建［J］. 图书情报工作，

2014 (20): 23 - 27.

[21] 朱文青. 面向专业用户的交互式文献服务链研究——以上海图书馆文献服务为例 [J]. 数字图书馆论坛, 2018 (12): 67 - 72.

[22] ALLISON R. Promoting library services with user - centered language [J]. Portal - libraries and the academy, 2017, 17 (2): 217 - 234.

[23] CHOWDHURY G. How to improve the sustainability of digital libraries and information services? [J]. Journal of the association for information science and technology, 2016, 67 (10): 2379 - 2391.

第 7 章　精准营销与品牌偏好*

社群时代，人们不自觉地花费越来越多的时间在网络与社交媒体上，因此，越来越多的品牌企业试图以互联网为媒介，通过分析消费者的行为信息来预测消费者的购买偏好，以实现精准营销的目的。本章试图从理论上进一步丰富消费者品牌决策行为的研究方法，拓展精准营销理论的研究视角。通过自适应的机器学习算法，即时分析每个消费者的个性化品牌偏好，精准识别消费者的情感需求，并依据所开发的模型动态预测其品牌选择行为，为消费者行为研究方法的拓展和精准营销的深化提供新的思路。同时，本章也希望可以在实践层面助力电商平台等网络零售商提高运营效益，为高附加值的小众品牌营造更加公平的竞争环境，提升在线消费者的消费体验。准确识别消费者的品牌决策偏好将有助于提升精准营销效率，避免推荐结果出现品牌歧视和低价竞争，改善消费者体验。

7.1　品牌偏好影响因素

信息技术的深入发展带来了人工智能的广泛应用，自习近平主席提出“三个转变”重要指示以来，决策层有关品牌发展政策的密集出台以及“中国品牌日”这一国家级节日的设立，也进一步激发了社会各界对品牌问题的关注，推动品牌研究热情的高涨。于是，如何发挥以机器学习为代表的人工智能技术的优势，推动品牌分析智能化水平的不断提升，开始引起学术界的兴趣并日益受到关注和重视。另外，伴随电子商务的

* 本章相关内容已在《南开管理评论》上发表。

繁荣，截至2017年6月，已有超过5亿人的中国消费者选择使用网络购物平台而非线下实体店的方式来挑选和购买商品，并且这一数字还在继续增长。[1]

购物方式的变化使得消费者的购买行为数据可以通过互联网被记录下来，而各电商平台可以通过对这些数据的分析来发现消费者的偏好特征，从而向其提供更为个性化的推荐服务。[2]然而，当前的推荐代理系统依然存在对消费者品牌偏好关注不足的问题。传统的推荐算法往往基于产品外部特征[3]和消费者画像[2]，尽管品牌在消费者决策过程中扮演着重要角色，但是现有的推荐算法没有将消费者的品牌决策与偏好考虑进来。这使得当前的推荐系统为了提高产品销量，倾向于在产品同质化情况下向消费者推荐市场占有率较高或更有价格优势的产品。这就导致一些具有高附加值的小众品牌在失去市场竞争机会的同时，零售商也不得不开展价格竞争。最终，现有推荐代理系统的上述缺陷将会造成消费者的个性化需求难以被满足，消费体验不断降低，零售商的利润也难以有效提升。

学术界对于消费者品牌选择行为机理的研究可以追溯到20世纪40年代。早期的学者提出通过消费者调查的方式来统计和分析消费者的品牌偏好和购买倾向，并且这类初期的统计研究结果都较为一致地显示出消费者品牌偏好具有明显的异质性。[4]到20世纪60～80年代，一些较为复杂的统计分析方法开始被运用到消费者品牌选择行为的研究中，并建立了一些模拟消费者思维的决策模型。比如，Pessemier提出了一种名为“dollar－metric”的方法，通过询问消费者对某一品牌产品所能承受的最高价格来获得消费者的品牌决策偏好。[5]Sheth提出一种基于消费者品牌态度的线性加权补偿模型来预测消费者的品牌选择行为，并将之称为“多特征态度模型”。[6]Bass等学者在前人研究的基础上进一步完善了该类模型，并通过对比不同“多特征态度模型”预测消费者品牌选择行为的性能来筛选出最优模型。[7]然而，由于当时的线性模型应用起来相对低效且预测结果准确度不高，往往难以真正满足实际商业应用的要求。[8]另外，还有一些学者围绕消费者品牌选择行为模型的构建展开了研究，探讨了消费者品牌偏好的模糊排序方法[9]、基于统计物理的消费者品牌选择半定量模型[10]等。但是消费者品牌偏好的异质性使得在当时的技术条件下难以找到一种通用的模型对所有消费者都适用。[11]因此，有关消费者品牌选择行为模型的研究在 20 世纪八九十年代之后逐渐陷入低潮。

随着电商平台的崛起和机器学习算法的逐步发展，智能推荐系统和消费者偏好识别算法在近年来再次被学者和商界所重视，如亚马逊同时采用基于产品特征和用户画像的“collaborative filtering”方法为消费者推荐产品。[12]具体地说，基于产品特征的推荐算法主要是根据用户的历史搜索或购买数据推荐与其内容最相似的产品[13]，而基于用户画像的推荐算法则认为具有相似特征的用户大概率具有相似的偏好[14]，例如某 30 岁女性用户购买了一款化妆品，亚马逊会向与该消费者具有相同职业、相同家庭背景等特征的女性用户推荐同款产品。这两种最为常用的推荐方法均为基于相似度计算的方法向用户推荐其大概率可能购买的产品[15]，并没有准确地识别消费者的真实偏好，忽视了消费者偏好的异质性。另外，基于相似度计算的推荐方法最大的缺陷在于当消费者没有购买其推荐的产品时，其无法根据用户的真实偏好来更换更合适推荐产品[16]，其只能通过打折降价的方式来促使消费者购买其可能并不喜欢的产品，最终使得电商平台销量提升的同时单个产品的利润却有所下降。除此之外，基于相似度的算法在产品和用户特征维度不断增长的趋势下，对其计算效率提出了严峻挑战。[17]

为解决当前应用推荐算法存在的上述缺陷，一些学者开始尝试使用机器学习方法识别个人消费者的决策偏好，如有学者使用贝叶斯的方法来识别消费者的决策偏好[18]，还有学者在此研究基础上使用支持向量机提升了消费者决策偏好的识别效率[19]。但是这类方法主要是基于产品的外部特征（如大小、颜色、配置等），而忽视了品牌在消费者决策偏好中发挥的重要作用。这就导致在不考虑品牌特征的情况下，当产品具有相同外部特征时，消费者总是倾向于选择价格更低的产品，最终对高溢价的品牌产品产生不利影响。曾有研究指出，品牌特征在消费者决策过程中扮演了重要的角色，尤其是在消费者无法准确辨别产品外部特征差异的时候，品牌可以有效区分不同产品，辅助消费者进行决策。[20]另有研究认为，品牌不仅能够消除产品的不确定性，更能满足消费者的情感需求（如独特性、潮流性等），从而提升产品溢价，提高零售商利润。[21]由此可见，识别消费者的品牌偏好，对满足消费者真实情感需求，并提升产品溢价方面具有重要实践意义。

由于技术水平受限，互联网、大数据和人工智能等技术尚未成熟，难以在消费者品牌决策模型领域有重大突破，20 世纪 80 年代以后，学者开始侧重于寻找影响消费者品牌选择行为的具体因素，主要包括两大类：一是品牌自身的固有因素，二是消费者等品牌以外的影响因素。品牌自身的影响因素主要包括：品牌的名称[22,23]，品牌的感知质量[24-29]，品牌信用[30,31]，品牌独特性、品牌引领性和品牌潮流性[29]，品牌性别[32]，品牌社会责任[33]。而品牌以外的影响因素则主要包括：价格、折扣和商店环境[34]，品牌原产地[35]，消费者的年龄、性别、职业、所在地等[11]。

在有关消费者品牌选择影响因素的讨论中，一些学者利用统计计量方法按产品类别针对消费者品牌偏好展开了影响因素分析，发现对于不同类型产品消费者选择品牌时的侧重因素各有不同[36]；一些学者则主要关注产品价格对消费者品牌选择的影响，发现对于不同类型的产品，消费者的价格敏感度不同[37,38]；还有一些学者从行为经济学视角出发分析了消费者品牌选择行为的影响因素，包括品牌形象、品牌文化、品牌服务和品牌原产地等[39-41]。新近的研究还表明，良好的品牌传播对消费者的互联网金融品牌选择行为具有正向作用，并且品牌产品的自身属性在消费者选择过程中扮演着比品牌传播更为重要的角色。[42]

从文献梳理的结果来看，在 20 世纪八九十年代，学术界对于消费者品牌决策偏好的研究在方法上仍然以传统的问卷调查和统计分析方法为主。[8,11]这种相对单一的研究手段可能会存在以下两方面的不足：一是消费者品牌决策数据获取效率、准确性和全面性难以充分保障。已有研究中有关消费者品牌决策模型构建所采取的主要方法是线性回归、模糊排序以及套用统计物理模型等。这类方法往往是对消费者复杂非线性决策过程的简化和近似，难以准确模拟消费者在品牌决策中的非线性思维过程。二是对消费者品牌决策行为预测的时效性较差，动态性不足。传统的问卷调查和统计方法一般周期较长，然而品牌的市场表现与消费者的偏好并非长期保持不变，这使得传统的预测模型在运行一段时间后准确度有所下降，需要定期更新消费者的品牌偏好。一个高效精准的消费者品牌选择行为预测模型，一方面需要即时准确地预测消费者的品牌偏好，另一方面还要有能力动态地应对市场变化。

近年来，随着人工智能技术的出现，机器学习等方法在模拟消费者非线性决策过程，进而深入探索各类因素对消费者行为的影响机理方面具有较强的优势[19]，但是通过上文相关研究梳理发现，这类方法过分强调消费者对产品外部特征的决策偏好，忽视了品牌在消费者决策过程中的作用以及品牌带来的溢价效应。为此，本章将采用模糊支持向量机算法模型（Fuzzy Support Vector Machine），通过对消费者在线品牌选择行为的动态分析，即时构建消费者品牌决策偏好动态识别模型，高效识别在线消费者的真实需求，针对性地向消费者推荐符合其偏好的产品，以期在满足消费者偏好的同时，提升推荐产品的溢价，实现消费者和零售商的双赢。

品牌的重要功能之一是帮助消费者识别不同组织、产品或服务，并将其与竞争对手区分开来。[21]尤其是在外部特征同质化的产品市场中，品牌对消费者的最终购买决策有着更为显著的影响。在一个成熟的市场中，产品同质化正日益成为一种普遍现象。[21]特别是对于技术成熟的产品而言（例如智能手机），其核心功能的变化或创新并不常见。在选择这些成熟产品时，消费者会更多地考虑个性、情感、时尚或其他品牌元素是否适合自己，有时对这些品牌元素的重视甚至超越产品本身的功能。

另外，当消费者对产品的内在属性不确定或不了解时，品牌也会显著影响消费者的购买选择。品牌的另一个主要功能是产品品质的象征和保证，当消费者对产品不了解并且市场具有信息不对称特征时（即企业比消费者更了解其产品品质），品牌可以作为消费者考虑和选择的重要参考标准。[43]随着工业水平的不断提高，高科技产品变得异常复杂，对于普通消费者而言，想要完全弄清楚产品各个部件的性能是非常复杂的。在这种信息不对称的情况下，选择一个可信的品牌是消费者避免犯错的有效方法。

因此，在当前产品同质化、复杂化的背景下，开发消费者品牌决策偏好识别模型对于理论研究和营销实践都具有积极的意义。由于智能手机在产品层面上同时具有同质化和复杂性的特点，本章将通过消费者对智能手机品牌决策的实验研究来开展品牌决策偏好模型的构建和检验。实验过程涉及110个市场主流智能手机样本，涵盖32个不同手机品牌。本章的研究框架如图7－1所示，由三项依次递进的研究组成，后一项研究均需要前一项研究结果作为基础。

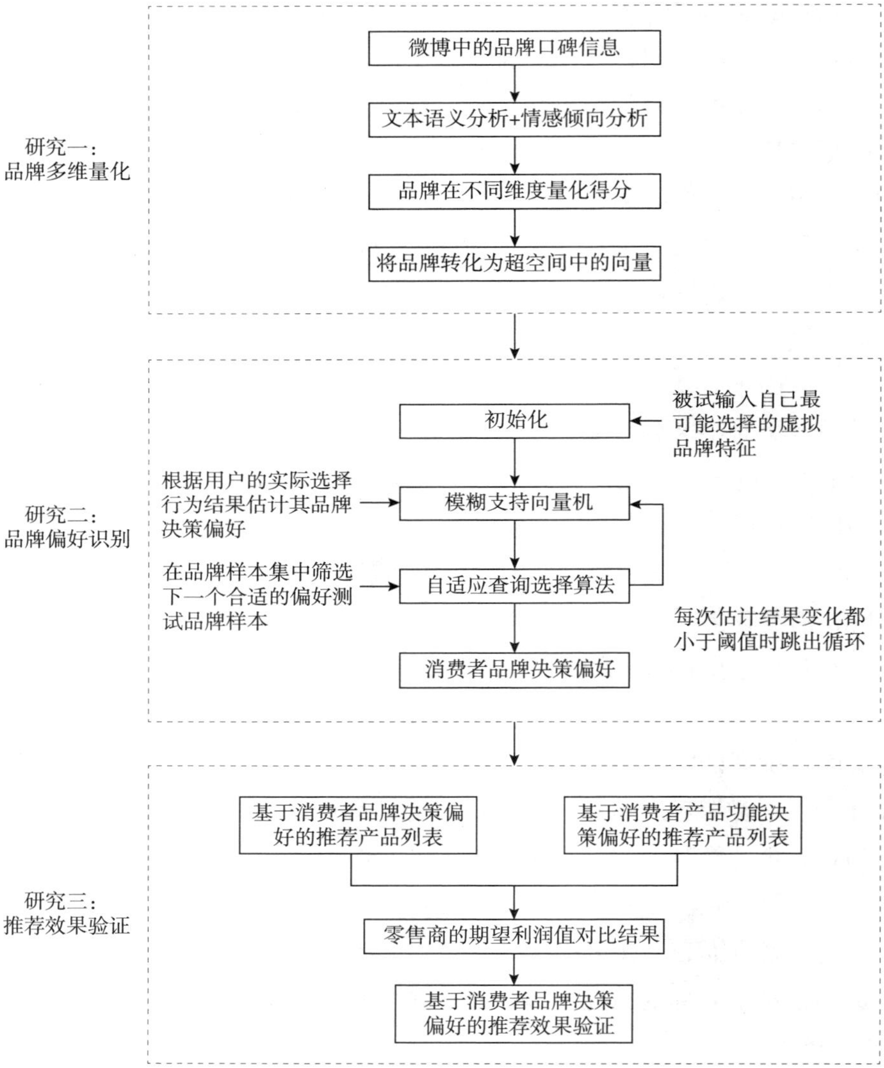

图7－1　智能手机品牌决策研究框架

在进行消费者品牌决策偏好识别之前，需要先筛选出影响消费者选择品牌的特征和因素，然后根据这些因素与特征将品牌作向量化处理，将其转换成超空间中的向量，才能应用机器学习算法识别消费者的品牌决策偏好。研究一在梳理国内外消费者品牌决策相关研究成果的基础上，筛选出品牌质量、品牌独特性、品牌可信度、品牌性别感知、品牌原产国、品牌产品价格、市场领导地位和品牌知名度等8个维度，并运用机器学习算法对其中除品牌原产国和品牌价格❶以外的6个维度进行量化。品牌量化的具体操作是：采用文本语义分析+情感倾向分析算法，将微博中普通消费者和官方平台的口碑信息分析结果作为每个品牌在不同维度的得分。

在将品牌转化为向量之后，研究二运用实验研究法，在Huang和Luo研究的基础上，利用模糊支持向量机和自适应查询选择算法开发出一套消费者品牌决策偏好识别模型。[19]具体识别过程如下：首先，模糊支持向量机需要至少两个基准样本点才能识别被试者的品牌决策偏好，因此需要被试者向本章开发的计算机程序输入初始化品牌样本，即向计算机程序输入自己最可能选择的虚拟品牌特征，无须考虑在现实中是否存在该种品牌的产品。另外，在输入的过程中需要考虑价格的因素，即被试者要输入在满足各项条件下所能承受的最高价格。在被试者输入样本的基础上，本章开发了一套算法，可以自动计算生成与被试者输入截然相反的样本，作为其最不可能选择的虚拟品牌。接着，在有了两个初始的基准样本点之后，模型可以计算出消费者的第一个品牌决策偏好估计值，但是该估计结果的准确性不高，需要增加样本量不断更新其品牌决策偏好的估计结果，使其不断逼近真实值。因此，本章采用自适应的查询选择算法，根据上一步中得到的品牌决策偏好估计结果，在样本品牌集合中筛选下一个最合适的消费者偏好测试样本，由消费者持续作出选择并反馈结果。然后开始循环迭代，将消费者对新测试品牌样本的选择行为结果放入模糊支持向量机中，修正现有的品牌决策偏好的估计结果，两个算法之间不断迭代，直到每次估计结果的变化量都小于一定的

❶ 品牌原产国采用哑变量方式处理，品牌价格则直接使用市场中的客观数据。

阈值。最后，在估计结果变化小于阈值后，跳出循环，并将最后一次品牌决策偏好的估计结果作为其品牌决策偏好。研究中的具体算法参见附录。

研究三是在研究二得到消费者品牌决策偏好结果的基础上，进一步研究其相较于传统基于消费者产品外部特征偏好的推荐结果在实际推荐效果上是否有提升，即是否能够有效减少同质化产品的低价竞争，以及在减少价格竞争的情况下对零售商利润提升效果如何。因此，本章在模糊支持向量机算法模型的基础上，应用相同算法实现了 Huang 和 Luo 等的消费者产品外部特征偏好识别模型，并通过该模型识别出消费者的产品外部特征决策偏好。[19] 随后基于两种决策偏好的识别结果，分别得到了两组针对消费者的个性化推荐产品列表，根据产品列表计算出零售商的期望利润水平，并对比两组差异，以验证应用消费者品牌决策偏好进行个性化品牌推荐的优势和效果。

7.2 品牌多维量化

运用机器学习算法识别消费者品牌决策偏好，首先需要将品牌进行多维度的量化，将每个品牌从一个抽象的概念转化为计算机可以处理的向量，然后才能通过消费者的实际选择行为来识别其对品牌不同维度的敏感度，即消费者的品牌决策偏好。研究一旨在通过文本语义分析和情感倾向分析对社交网络（微博）中的品牌口碑进行量化处理，依靠网络中的海量样本给出各个品牌在不同维度接近真实市场表现的得分，避免传统调查方法下的偏差，实现品牌的量化处理，为后续识别消费者品牌决策偏好提供基础。

7.2.1 品牌量化方法

对于不同品牌在不同维度上的表现，传统方法往往采用访谈法或消费者问卷调查法来获取相应的得分。[7,11] 但是，这些方法存在明显的缺陷：一是消费者很难对每一个品牌都有深入地了解，对于其不了解的品牌给出的打分往往存在较大偏差；二是要通过问卷方法获得品牌在每个维度较为准确的得分需要大量的样本，对调查的经济成本和时间成本也提出了较大的挑战。

为了克服传统方法的不足，本章拟借鉴已有研究的处理方法[44]，采取基于微博数据文本语义分析和情感倾向分析的方法来完成品牌量化研究。这一方法的具体操作是：对微博中消费者和品牌官方账号的微博文本进行语义分析，提出与品牌量化维度相关的关键词，分析其平均情感倾向，并给出相应得分作为品牌在该维度的量化结果。采用基于微博数据的文本分析方法代替传统消费者调查来衡量不同品牌在不同维度上的表现，其合理性和可靠性主要体现在以下三个方面：第一，微博中消费者发布有关品牌的信息一般是建立在自身体验或者认知基础上的，减少了对于自身不了解品牌的判断偏差；第二，市场中的消费者在进行品牌决策之前，尤其对于自身不了解的品牌，其他消费者的口碑信息是其建立对该品牌认知的主要方式，换句话说，品牌的市场口碑就是其品牌在不同维度的市场表现体现方式；第三，微博中巨大的样本量弥补了传统市场调查的不足，可以进一步减小结果误差。

7.2.2　品牌量化结果

本章通过关键词匹配（部分关键词示例如表 7－1 所示）收集了从 2016 年 11 月至 2017 年 10 月的微博信息，经过剔除不相关、重复和广告促销信息后，共计得到精确匹配的 123764 条同时包含“华为”“小米”等 32 个手机品牌名称和质量、独特性、可信度、性别感知、市场地位、知名度等 6 个维度相应关键词的口碑信息，并对其进行情感倾向分析。尽管不同品牌的微博信息条数有所差异，但在经过预处理后，每个品牌在各维度上的口碑信息数量最少也都保留有 300 条左右，以确保品牌在各维度的量化结果较为可靠。

表 7－1　各维度部分相应关键词

品牌维度	部分关键词示例
质量	质量、品质、质地、标准、行标、国标、故障、死机、黑屏、做工、包装、返修率、质保、投诉……

续表

品牌维度	部分关键词示例
独特性	独特性、特征、特点、特性、特色、差异、差别、区别、唯一性、特殊性、大路货、奇货、行货……
可信度	可信度、信任、信任感、信赖度、可靠性、信心、信用、真实性、完整性、认证、证明、证据……
性别感知	性别、男性、女性、男人、女人、男子、女子、汉子、爷们、娘炮、娘娘腔、伪娘、皇后、man……
市场地位	地位、位置、占有率、份额、垄断者、话语权、号召力、竞争力、领导者、领袖、领导力、翘楚、首领、精英……
知名度	名气、影响力、知名度、认知度、知晓度、曝光率、口碑、人气、热度、热搜榜、流行、潮流、时尚……

某品牌的质量得分：

$$Weight = e^{-Distance} \qquad \text{公式（7-1）}$$

某品牌在单条信息中的得分：

$$Score = \frac{1}{n}\sum_{i=1}^{n}\frac{1}{m}\sum_{j=1}^{m} Weight_{ij} \times Level_{ij} \qquad \text{公式（7-2）}$$

某品牌在某维度的平均得分：

$$Average = \frac{1}{n}\sum_{j=1}^{n} Score_j \qquad \text{公式（7-3）}$$

具体的计算步骤：第一，本章在进行微博信息情感分析时主要借鉴Pai等人测量电子口碑情感倾向的做法[45]，其认为一条口碑信息中往往包含多个主题词（Subject），例如某条口碑为“苹果手机质量不错，但是销售员态度很差”，其中后半部分的主体是销售员并非苹果手机，如果全部考虑信息中的所有词会导致较大的分析偏差，那么距离主题词越近的情感词参考意义越大，而距离较远的情感词要赋予较低的权重。因此本章借鉴其方法，选取每个主题词前后五步以内的所有词进行分析，同时借鉴其研究中的指数函数为每个情感词赋予权重，距离品牌关键词越近，权重越高，反之权重越低。

第二，计算机通过查询Boson语料库，对上述文本分析中所涉及的每一个词确定其程度（Level）。Boson 语料库是目前我国最大的中文语义分析开放平台之一，其提供的 BosonNLP_sentiment_score 语料库是从微博、新闻、论坛等数据来源的上百万篇情感标注数据中自动构建的情感极性词典。因为标注包括微博数据，该词典囊括很多网络用语及非正式简称，对非规范文本也有较高的覆盖率。该情感词典可以用于构建社交媒体情感分析引擎、负面内容发现等。其包括 114767 个词语的正负面情感分值，本章通过对其归一化处理后，查询该语料库获得每个词的褒贬义程度得分（Level）。程度范围为 0 ~ 1 分，中性为 0.5 分。越接近 1 分，褒义程度越高，越接近 0 分则贬义程度越高。需要注意的是，对于词的性别感知由于无法直接从语料库中查询得到，本章采用专家打分的方式进行人工标注。

第三，在以上计算结果基础上，笔者先定位该条信息中出现的某品牌关键词，例如"华为"（可能出现多次），将每个品牌关键词前后五步内所有词的权重与其相应的程度相乘之后计算均值，得到该条微博信息对于该品牌在某维度的态度倾向评分（Score），计算过程如公式（7－2）所示，其中 $Weight_{ij}$ 指该条信息中出现的第 i 个品牌关键词，在其前后五步距离内切出的第 j 个词的权重，$Level_{ij}$ 指这个词的褒贬义程度，m 为该条信息中，品牌关键词前后五步距离以内切出的词数，n 为该条微博信息中某品牌关键词的总个数。

第四，在得到单条微博信息的情感分析得分基础上，本章将计算每个品牌在各个维度上所有口碑信息得分的平均值，作为最终的量化结果。例如，本章将所有同时包含"华为"和"质量"维度关键词的口碑信息的情感倾向评分加总并计算均值，即可以得到"华为"品牌在"质量"方面的得分，从而完成"华为"品牌在品牌质量维度上的量化。具体计算见公式（7－3），其中 n 为某品牌在该维度的微博信息条数，另外值得注意的是本章在每个词的褒贬义程度层面就已经完成归一化处理，后续均为求均值计算，因此得到的最终量化结果始终为 0 ~ 1，均为归一化结果。最终，本章得到 32 个智能手机品牌在 6 个品牌维度上的量化得分，部分结果如表 7－2 所示。

表 7-2　部分品牌量化结果

品牌	标识	质量	独特性	可信度	性别感知	领导地位	知名度
小米	mi 小米	0.67	0.68	0.65	0.55	0.63	0.70
苹果		0.92	0.95	0.92	0.50	0.95	0.95
荣耀	荣耀 honor	0.92	0.95	0.92	0.50	0.95	0.95
魅族	MEIZU 魅族手机	0.63	0.53	0.67	0.40	0.45	0.60
华为	HUAWEI	0.88	0.77	0.90	0.85	0.88	0.80
…	…	…	…	…	…	…	…
三星	SAMSUNG	0.72	0.82	0.73	0.47	0.78	0.65
VIVO	vivo	0.70	0.57	0.72	0.47	0.50	0.75
OPPO	oppo	0.70	0.60	0.75	0.40	0.58	0.75
索尼	SONY	0.75	0.68	0.68	0.60	0.58	0.65
中兴	ZTE中兴	0.63	0.48	0.67	0.65	0.48	0.6

7.3　品牌偏好识别

研究二主要是利用本章提到的基于模糊支持向量机（FSVM）的机器学习算法模型与其他传统方法，通过实验识别出消费者的品牌决策偏好，并在此基础上预测其可能的品牌决策行为，最后将预测结果与其实际选择行为进行对比。该研究的目的，一方面在于验证本章提到的机器学习算法模型在识别消费者品牌决策偏好上的有效性，另一方面是通过与其他方法的对比来检验本章所提到方法的性能优势。

7.3.1　模型算法

支持向量机是一种广泛应用于经济管理、科学决策等领域的机器学习算法。本章采用模糊支持向量机的原因在于该方法兼具效率和可靠性的优势。根据本章的研究框架可以发现，每次估计时都会即时运行两种算法，尤其是被试者在实验过程中需要等待下一个待其作出选择的样本品牌被计算出来。尽管理论上还存在一些更精确的算法可以代替支持向量机来识别出消费者的品牌决策偏好，但除了结果的准确性，算法运算效率也是需要考虑的因素。因此，本章决定采用兼具效率和准确度的模糊支持向量机来识别个体消费者的品牌决策偏好。

支持向量机就是在高维度的超空间中找到一个超平面，在尽量准确分类样本点的同时，使得每个样本点与该超平面的距离之和最大。研究中首先需要将每个品牌样本向量化，使之成为超空间中的一个个点，即每一个品牌样本 i 为 $X_i = (x_i^{(1)}, x_i^{(2)}, \cdots, x_i^{(n)})(i = 1,2,3,\cdots,I; n = 1,2,3,\cdots,N)$，随后当 $y_j^i = 1$ 时表示被测试者 j 选择品牌 i 的产品，$y_j^i = -1$ 时则相反。在给定包含所有被测试者愿意选择和不愿意选择品牌的 X 集合后，支持向量机算法可以在此基础上得到两个系数 ω_j 和 b_j，其使得超平面 $\omega_j \cdot X + b_j = 0$ 可以尽可能对各个品牌样本点进行准确分类。

所谓模糊支持向量机，就是在传统支持向量机基础上增加了模糊因子。由于在实际选择行为中消费者不可避免地会出现决策失误的情况，即在信息不对称或其他因素干扰下选择与自己品牌偏好相违背的产品，如果不作出相应的处理，就可能会对最终估计结果产生严重的负面影响。因此，研究中需要采用一种算法对该类决策失误进行识别，并降低误差样本点的权重。

基于此，本章首先要确定决策失误样本点。例如，当一个负分类样本点在超空间中距离正样本点的几何中心更接近时，笔者大概率认为其是一个消费者的决策失误，反之亦然。因此，模糊因子 u_j^i 的计算方法如公式（7－4）所示，其中 $\overline{x}_{j\pm}^I = \frac{\sum_{i \in N_{j\pm}^I} x_j^i}{N_{j\pm}^I}$ 是集合中正（负）类样本点的几何中心点，即当一个样本点距离同类样本几何中心越远且距离异类样本几何中心越近时，该样本点使消费者选择误差点的概率越大，在算法中赋予其的权重越低，其对最终估计的个体品牌决策偏好影响越小。

$$u_j^i = \begin{cases} \dfrac{\| x_j^i - \bar{x}_{j-}^i \|}{\| x_j^i - \bar{x}_{j-}^i \| + \| x_j^i - \bar{x}_{j+}^i \|} \text{if} y_j^i = +1, \\ \dfrac{\| x_j^i - \bar{x}_{j+}^i \|}{\| x_j^i - \bar{x}_{j-}^i \| + \| x_j^i - \bar{x}_{j+}^i \|} \text{if} y_j^i = -1, \end{cases} \qquad \text{公式（7-4）}$$

在计算得到模糊因子之后，需要降低决策误差样本在估计消费者品牌决策偏好过程中的权重，将传统的支持向量机算法与模糊因子结合起来，找到被测试者品牌决策偏好的最优估计，具体算法如公式（7-5）所示，最终得到的 $\tilde{\omega}_j^I = (\omega_j^I, b_j^I)$ 就是在 I 个品牌样本下，消费者 j 的个体品牌决策偏好的最优估计值，本章中将其作为消费者 j 的品牌决策偏好。

$$\begin{aligned} & \min_{\omega_j, \xi_j^i} \left(\frac{1}{2} \| \omega_j \| + C \sum_{i=1}^{I} u_j^i \xi_j^i \right) \\ & s.t.\ y_j^i (\omega_j \cdot x_j^i - b_j) \geqslant 1 - \xi_j^i \\ & \xi_j^i \geqslant 0 \end{aligned} \qquad \text{公式（7-5）}$$

在实验过程中，本章提出的算法模型需要根据被试者前一次实际选择结果来即时调整对其品牌决策偏好的估计。自适应查询算法的目的是在当前估计出的被试者品牌决策偏好基础上，找到下一个需要观察被试者决策倾向的品牌样本，以便完成对被试者品牌决策偏好估计的动态调整，最终使得算法能够以最快速度识别消费者的真实品牌决策偏好。

表7-3 部分微博信息示例

品牌维度	微博信息内容示例
质量	我简直被华为 nova 水军恶心死了，我自己不用这破手机，我家以后也不会买一台华为手机了，质量差……

续表

品牌维度	微博信息内容示例
质量	天啊，简直气死我了。第一，我要投诉你们在线客服的回应太慢，而且经常换客服导致我相同的问题要重述几遍。第二，我要投诉你们的售后客服热线，单上明明写着工作时间是周一至周日 09：00 ~ 21：00，刚刚打过去却说工作时间是早上 8：00 到晚上 6：00，导致我无法及时查询处理问题。第三，很严重要申诉的是，我前两天抢购的你们最新出的小米 6，今天发现严重卡屏、闪退
	苹果手机质量就是好，都成这样了，闹钟还是把我吵醒了
	夸一波华为质量真好，骑个哈罗，手机放车筐里，掉下来了，我都吓死了，赶紧急刹车，捡起来，屏没坏，啥毛病没有，真棒！所以哈罗的车筐能设计得合理一点不？@ 哈罗单车
	【苹果手机出故障 维修难预约错过保修期】11 月 29 日讯，今年 10 月原女士的苹果手机出问题，一个多月过去了，目前仍然无法使用。截至目前，原女士的苹果手机仍然无法使用。一个多月前，其手机损坏，因屡次预约失败无法维修，致错过保修期。苹果客服表示，没有预约无法进行维修，客户只能等待
	三星手机在手里冒浓烟后自燃了，送售后检测说是自己摔的。你们的检测结果依据是什么，好好的手机自燃了，本来惊魂未定，吸了浓烟嗓子疼好几天，现在又推卸责任说是消费者自己摔的，太不负责任了吧！不曝光你们都对不起其他消费者 @ 青岛新闻网 @ 中国质量新闻网 @ 南方都市报 @ 12315 维权帮你忙 @ 中国消费者维权促
	……
独特性	小米 MAX 系列主打大屏大电量，这个 MAX 系列的特点。那么对于 MAX3 又有哪些升级呢？第一，应该是处理器的变化，原来小米一直打磨骁龙 625，我曾经粗略地数了一下，有 5 台小米手机用的是骁龙 625，那么对于 MAX3，小米开始打磨骁龙 636，636 相当于骁龙 660 的阉割版，但是在耗能上得到了一个更好的控制。算是一颗不错的芯！第二，应该是摄像头的变化，变成了双摄，而且还是祖传竖置双摄

续表

品牌维度	微博信息内容示例
独特性	(OPPO Find X) Find X 的最大特点则在于升降式的设计，让手机真正实现全面屏设计，也是颜值担当。规格参数对比，前后 2400 万双摄，华为 nova3……
	苹果手机在国内还是有很多的受众的，一方面，苹果独特的 ios 系统还是让很多网友已经习惯了；另一方面，苹果手机在某些方面确实还是有很大的优势的，曾几何时，苹果手机也被……
	苹果新规 7 月 1 日开始执行，网友：iPhone 手机，再见！手机行业经历了几次变革之后，现在已经是智能机的天下，而智能机中三星、苹果、华为等手机做的是最好的，也是最受欢迎的，三星拥有自己的显示屏，苹果拥有自己独特的系统，华为拥有自己的麒麟芯片，都各有各的特色，然而在中国市场，iPhone 手机是最受欢迎的，当然销量也是最高的，随着 iPhone 手机的不断发展，苹果公司已经满足现状，不再发布创新十足……
	今年 OPPO 和 VIVO 都用自己独特的思考，向真全面屏发起了冲击。夸奖的话已经说了不少，这就不重复了。说说我对全面屏最后发展的理解：在 LG、谷歌、Moto 等一系列模块化手机出现的时候，我们就聊过，所有和一体化对着干的设计都不会成为市场的主流。智能手机发展到最后，应该会成为一体化极高的一个产品形态。包括 OPPO 和 VIVO，归根结底，都是在进击和妥协中平衡的产品思路
	关于一加手机一直以来屏幕的辣眼睛问题，我很是纠结，这也是我一直没敢买一加手机的原因，想问究竟系统能不能把色彩调教得跟苹果一样，自适应效果十分好，还有就是一加系统的深度优化问题，没了国产机系统的特色，一加系统对 AI 的运用也很少，语音功能也没上，拍照也是没能深度优化，总是感觉除了快，好像其他的并没什么特色，虎哥能在系统上多做点什么吗，特别是对屏幕色彩的调教，屏幕看着舒服了，就好多了@ 刘作虎 http
	……

续表

品牌维度	微博信息内容示例
可信度	华为新款手机值得信赖，来试试看，到底是有多牛呢，异型开孔技术好牛的，华为新品最棒了呢！不错，华为真的在手机方面很有心，华为说：“等待我们的产品，一定不会让你失望的！”默默等待你公布新品发布时间
	【为何苹果手机最值得信赖?】Market Watch 网站报道称，专家们指出苹果手机是市场上最安全的手机。#为何苹果手机最值得信赖？#
	今年 10 月 1 日至 11 月 30 日，上海消保委接到关于苹果手机异常关机的投诉 860 余件，呼吁苹果公司以实际行动换回消费者的信赖
	OPPO R11……太让人失望了，七夕情人节那天买的，从来没摔过，用了才 40 天，也没让它受过伤，前一秒还在看电影，后一秒就花屏了，当时以为眼花了……锁屏一下又打来，还是花屏……1/2 的屏幕看不清……以前觉得 OPPO 手机挺值得信赖的，还跟朋友、家人推荐买OPPO…… 上网查了下，也有其他人出现过类似的问题，什么也不想说了，看到的朋友们，不要买 OPPO……真的让人太失望了……越做越不好了
	#中兴，加油#10 年拿到我第一台智能手机就是中兴 N600，这么多年了，这部手机虽然已经被淘汰，但是依然能够开机，在这将近八年的时间我陆续换了中兴小七、努比亚 z5s 到现在手里的天机七，始终信赖中兴手机的性价比
	我觉得 VIVO 和 OPPO 可以并列排第二的话，我也是一直都是信任的，因为这两款手机，它的充电速度还是相当快的，这一点对于大多数年轻人来说都是很实用的
	……
性别感知	为什么买笔袋？因为我手机不是苹果啊（。ò∀ó。）大老爷们儿也不需要抱枕什么的……
	以前听男性朋友之间的谈话，说某个女生用的苹果手机，一看就是找到有钱男朋友了，虽然当时只觉得男生说得不对，但是并没有表示抵触。直到自己看到家世好的女孩子，看到努力上进……

续表

品牌维度	微博信息内容示例
性别感知	只能说你们的女人 OPPO 拍照手机拍得太美了，然后就养得特别好。我呢，不会拍照，然后就是最差的待遇，给你们的女人拎包都配不上啊！她只要不开心，我就该受鞭打呀，她要是想不开，就该要我的命啦！好怕！你们的女人好美好美喔……
	“为什么女生更喜欢用苹果，而不是华为和小米？网友吐槽一针见血！”相信不少人都会遇到一个很有趣的现象：身边用华为、小米手机的人大多数都是男性，而用苹果手机的人一般都是女性。http：//t. cn/RrguBe8
	努比亚手机，手机中的战斗机。努比亚手机，亚洲最美雄鹰。努比亚手机，用了都说好。努比亚手机，谁用谁说好。我自创的广告语，希望努比亚手机大卖。@努比亚手机
	……
市场地位	第一季度，全球手机销量市场份额揭晓：（1）三星，22%；（2）苹果，15%；（3）华为，11%；（4）小米，8%；（5）OPPO，7%；（6）VIVO，5%
	9 月份华为市场占有率达到了 26. 5%，超过三星的 23. 2%。要知道，4 个月之前华为刚刚超越苹果，如今又超越三星，成为第一，令人赞佩。之所以能超越两大巨头，这与华为手机在俄罗斯……
	国内手机市场 6 月份销量和份额排名，OPPO 份额占 20. 7%，排名第一；VIVO 份额占 20. 2%，排名第二；华为份额 14. 7%，排名第三；锤子占 0. 2%，排名第 20。数据来源请看右下角
	荣耀又破纪录了，2017 年荣耀手机在国内的互联网手机份额已经超过小米登顶第一，大家说今年小米有机会争回这个第一吗
	苹果公司厉害不？iPhone 无人不知吧？但它只占领了全球手机市场 18%的份额！重点是苹果公司不带你玩！如新公司的一台 LumiSPA，上市两个月，就占了全球美容仪器市场 25%的份额!！但是还是有大把人不知道！重点是它愿意给所有人机会，建立平凡人的管道！高精尖的科技，看……

续表

品牌维度	微博信息内容示例
市场地位	看了下上季度的国产手机份额，真的为锤子、魅族、一加、努北亚、金立这些三四线品牌担心，它们加起来的市场占有率还在不断下降，这样明年估计还得死几家。另外一个有意思的点是，VIVO抢占了不少 OPPO 的销量排到了第一，不知道是不是蔡徐坤的功劳啊
	……
知名度	【华为 nova3 已成爆款机型，年轻人换机选它准没错】前几天，华为 nova 系列带来了新产品华为 nova3，作为时尚系列的华为 nova3 自然也是一款非常时尚漂亮的手机
	iPhone 已不再是单单一台手机这么简单：潮流的象征，所以每当苹果推出新一代的 iPhone 产品，总能掀起民众莫大的热情：库克笑开了花
	骁龙 845 128G 内存，小米手机知名度不输三星，还买什么华为、苹果?（同步自@新浪看点）
	三星 s8，一加 5，小米 6，荣耀 9，当今安卓最火四款手机对比 http：//t. cn/RjMZqWY
	不得不说，努比亚与魅族都是国内手机市场中还算有知名度的国产手机厂商，但同时都可谓是难兄难弟，因为它们两家手机厂商都没挤进国内一线的手机品牌，致使有些人并不知道国产手机企业有这两家
	@熊姐：捞一下这台实际非常好但是知名度极低的锤子手机
	……

7.3.2　实验材料与流程

研究二共召集了 247 名志愿者参与实验，包括大学在校生和公司职员，年龄分布在 20～30 岁，男女比例接近 1∶1，并且对被测手机品牌都有一定的认知。

在实验过程中，参与者被分为四组：第 1 组使用本章提出的模糊支持向量机算法模型识别其品牌决策偏好；第 2 组使用普通支持向量机算法识别消费者的品牌决策偏好；第 3 组使用 Pessemier 提出的“dollar - metric”方法识别消费者的品牌决策偏好[5]；第 4 组使用 Bass 等人提出的传统的多特征态度模型识别其品牌决策偏好。[7]❶具体的实验实施由以下三个主要步骤组成。

第一步，获取初始态度数据。本章提出的模糊支持向量机算法模型和普通支持向量机算法模型，均要求被试者在考虑价格合理的情况下输入其最偏好的虚拟品牌类型，从而实现算法的初始化。算法初始化之后，就可以通过自适应查询选择算法筛选合适的测试样本品牌，结合模糊支持向量机算法或普通支持向量机算法进行迭代循环，以此来不断更新被试者的品牌决策偏好估计值，使之不断逼近真实值。而对于多特征态度模型和“dollar - metric”模型则让被试者填写一份品牌态度量表，根据量表与其实际选择行为数据，利用线性回归得到其品牌决策偏好。因此，在这一步，第 1 组和第 2 组被试者会被要求向程序输入自己最可能选择的手机品牌以及自己愿意负担的最高价格；第 3 组和第 4 组被试者则会被要求各自填写针对 32 个手机品牌的品牌态度量表。

第二步，采集动态选择数据。这一步需要向第 1 组和第 2 组被试者循环展示算法选中的测试样本品牌图片。实验中使用的图片包括四个部分：手机图片、品牌名称、品牌标识（Logo）和手机价格。为了消除手机外观对被试者最终品牌决策的干扰，实验过程中仅提供虚拟的手机图片，即仅能体现智能手机的概念但没有具体的手机外观信息，所有样本品牌都使用相同的虚拟手机图片。这样，被测试的品牌样本之间的差异仅仅是价格和品牌（名称与标识）。被试者看到程序显示的样本品牌图片后，需要在以下两个选项中选择其一：一是“我愿意考虑购买这款手机”，二是“我对这款手机不感兴趣”。当被试者选择前一个选项时，该品牌样本的决策结果被标记为 +1，否则决策结果被标记为 -1。计算机

❶ 选择这三种方法作为对照实验的原因主要是，尽管“dollar - metric”方法和多特征态度模型提出时间较早，但是其仍然为当前市场中常用的消费者品牌偏好识别方法，而普通支持向量机这一方法的选择主要是验证在支持向量机方法中增加了模糊算法之后，其在识别消费者品牌决策偏好中的优势。

程序会在实验过程中记录每个被试者的每一次选择，每个被试者的品牌决策偏好估计都会在其作出选择后得到更新。对于第 3 组和第 4 组被试者，这一步则由另一个计算机程序向被试者多次随机显示 32 个手机品牌 110 份样本图片中的任意一张图片，并记录被试者的选择结果，标记的方法与前两组相同。4 组被试者在这一步实验中所看到的样本品牌图片也被称作训练样本集（见图 7 – 2）。

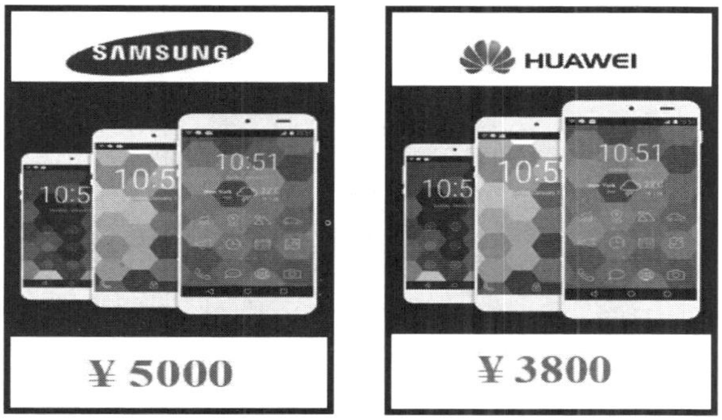

图 7 – 2　计算机实验程序向被试者展示的样本品牌图片示例

第三步，验证模型的有效性。在得到全部被试者的品牌决策偏好估计值之后，这一步要求被试者在验证样本集中再标注 20 个随机样本品牌的选择结果。验证样本集由不同品牌和价格的样本品牌构成，并且验证样本集中的品牌样本与第二步训练样本集中的品牌样本之间没有重复。而后分别使用 4 个模型得到的个体品牌决策偏好估计结果来预测被试者在验证集中的品牌决策行为，并将预测结果与被试者对于验证样本集的真实决策行为进行比较，以验证模型的有效性。

7.3.3　模型有效性评价标准

研究二采用 4 种被广泛接受的模型性能评价指标来作为模型有效性的评价标准，分别是准确率（Accuracy）、KL 散度、F1 – measure。

准确率就是模型预测结果与被试者真实决策行为相比的正确率。但是，当正样本和负样本分布不平衡时，准确率有时无法准确地反映模型性能。为此，笔者使用 KL 散度作为准确率的补充指标。

KL 散度是描述两个分布之间差异的方法，取值为 0～1，两个分布之间的差异越小，则 KL 散度取值越接近 0。也就是说，当本章中的方法预测消费者的品牌选择与其实际选择行为结果越接近时，KL 散度越小。在两种模型的准确率接近时，KL 散度是区分其性能优劣的有效指标。

此外，F1 – measure 也是衡量机器学习等分类模型的常用评价指标，其同时考虑正确预测和错误预测的比例，取值范围为 0～1，其越接近 1，则表明模型性能越好。本章也将参考四个模型的 F1 – measure 指标来衡量其性能水平。

7.3.4　实验结果

研究二分别使用模糊支持向量机模型、普通支持向量机模型、"dollar – metric" 模型和多特征态度模型识别每一个被试者的品牌决策偏好，利用该品牌决策偏好估计结果来预测被试者对验证样本集中 20 个随机品牌样本的选择行为，并将预测结果与消费者实际选择行为进行对比，4 组之间的对比结果如表 7 – 4 所示。

表 7 – 4　四种模型预测结果

模型（实验人数）	准确率（SE）（越大越好）	KL 散度（SE）（越小越好）	F_1 – measure（SE）（越大越好）
模糊支持向量机模型（63）	0.74^{bcd} (0.032)	0.49^{bcd} (0.052)	0.69^{bcd} (0.031)
普通支持向量机模型（62）	0.70^{acd} (0.043)	0.50^{acd} (0.063)	0.64^{acd} (0.034)
"dollar – metric" 模型（61）	0.64^{abd} (0.028)	0.55^{abd} (0.047)	0.57^{ab} (0.033)
多特征态度模型（61）	0.66^{abc} (0.022)	0.53^{abc} (0.042)	0.59^{ab} (0.029)

注：a 指在 0.05 置信水平上与模糊支持向量机模型结果有显著差异；
b 指在 0.05 置信水平上与普通支持向量机模型结果有显著差异；
c 指在 0.05 置信水平上与 "dollar – metric" 模型结果有显著差异；
d 指在 0.05 置信水平上与多特征态度模型结果有显著差异。

在预测准确率指标上，模糊支持向量机算法模型得出的消费者品牌决策偏好在预测其品牌决策行为时，准确率平均达到 0.74，标准差为 0.032，分布的离散程度较小，表明笔者提出算法模型在针对不同类型的消费者时具有一定的广泛适用性，也说明笔者提出的模糊支持向量机算法模型在识别消费者品牌决策偏好上具有一定的有效性。另外，普通支持向量机模型、“dollar - metric” 模型和多特征态度模型的平均准确率分别为 0.70、0.64、0.66，这一实验结果与前人研究中平均准确率相近，说明这三种模型也能在一定程度上识别消费者的品牌决策偏好，但模糊支持向量机模型的预测准确率在 0.05 置信水平上显著优于其余三种模型。

在 KL 散度指标上，本章提出的模糊支持向量机算法模型的得分为 0.49，标准差为 0.052，表明 63 个被试者的预测结果在 KL 散度分布上比较聚集，彼此之间的差异不显著，说明基于笔者所提出模型的预测结果具有一定的可靠性和有效性。同时普通支持向量机模型、“dollar - metric” 模型和多特征态度模型的 KL 散度分别为 0.50、0.55 和 0.53，标准差得分也较小。但是，普通支持向量机模型、“dollar - metric” 模型和多特征态度模型的 KL 散度在 0.05 置信水平上均显著大于模糊支持向量机模型的 KL 散度，而 KL 散度越小，说明模型预测结果序列和被试真实决策行为之间的差异越小，即 KL 散度越小模型性能越好。因此，在 KL 散度指标上模糊支持向量机模型的性能相较于其他三个模型更优秀。

在 F1 - measure 指标上，4 种模型的得分分别为 0.69、0.64、0.57 和 0.59，标准差均不大，分布上依然较为集中，个体间差异不大，表明 4 种模型都具有一定有效性，可以在一定程度上识别消费者的品牌决策偏好，并进行决策行为预测。不过，对比 4 种模型的预测能力，模糊支持向量机算法模型依然在 0.05 置信水平上显著优于其余三种模型。

因此，从实验结果来看，两种机器学习算法模型识别的消费者品牌决策偏好在预测其品牌决策行为时，在准确率、KL 散度和 F1 - measure 三个评价指标上都显著优于基于传统消费者调查的 “dollar - metric” 模型和多特征态度模型，可以认为机器学习模型在动态识别消费者品牌决策偏好上相比于传统的线性回归方法更为有效，且预测性能相较于基于问卷量表的传统模型有较为显著地提升。

而对两种机器学习算法模型的比较则又可以发现，笔者提出的模糊支持向量机模型在三个评价维度上都显著优于普通支持向量机模型，两个模型的唯一区别在于支持向量机算法中增加了模糊算法用于识别消费者选择行为中可能出现的误差样本。根据实验结果可以认为，增加模糊算法在一定程度上可以缓解消费者选择行为误差导致的偏好识别偏差，从而使得模糊支持向量机模型性能显著优于没有增加模糊算法的普通支持向量机模型。

7.4 推荐效果验证

研究三旨在进一步验证实验二中所获得基于消费者品牌决策偏好的算法模型在精准营销过程中向消费者所实施的产品推荐，相较于基于消费者产品外部特征偏好的产品推荐，在避免价格竞争、提升零售商单品利润方面是否具有优势，从而进一步揭示笔者所提出模型的实践价值。

7.4.1 研究流程

研究三的实施过程如下：首先，在模糊支持向量机算法模型的基础上，应用相同算法建立了 Huang 和 Luo 的消费者产品外部特征偏好识别模型，即基于模糊支持向量机算法的消费者产品外部特征偏好识别模型。[19] 其次，通过该模型识别出在研究二中使用模糊支持向量机模型识别其品牌决策偏好的 63 名被试者的产品外部特征决策偏好。最后，分别基于 63 名被试者的品牌决策偏好和外部特征决策偏好在 110 款手机产品样本中筛选出最符合每个被试者真实偏好的 10 款手机产品。由于笔者提出的方法适用于有效识别出消费者的偏好，被分类为符合消费者偏好的产品均为消费者愿意考虑购买的备选项，对于消费者来说，均有相对比较高概率发生购买行为，但并不意味着只要符合其偏好的产品一定会被购买，因此笔者依据得到的消费者决策偏好，筛选出最符合其偏好的 10 款产品（即最有可能被消费购买），通过计算期望的方式来估计基于两种偏好识别算法进行个性化推荐后零售商获得的利润。笔者根据生成的手机产品推荐列表计算零售商在对每个消费者采用不同识别模型情况下的利润期望值，计算方法如公式（7－6）所示。其中，$E^i_{利润}$表示第 i 个消费者的利润期望，*price* 为推荐列表中手机产品的价格，*rate* 为该品牌产品的利润率❶。

$$E^i_{利润} = \frac{price_1 \times rate_1 + price_2 \times rate_2 + \cdots + price_{10} \times rate_{10}}{10} \quad 公式（7-6）$$

7.4.2　验证结果

研究三分别利用两种识别模型识别出 63 名被试者的品牌决策偏好和产品外部特征决策偏好，然后根据两种偏好结果分别得到其最可能购买的手机产品推荐列表，进而根据两份推荐列表中的产品价格分别计算在该消费者购买推荐产品后零售商的利润期望水平，并对二者进行 t 检验，结果如表 7－5 所示。

表 7－5　基于不同决策偏好的产品推荐下零售商对 63 名被试者的利润期望比较

项目	基于产品外部特征决策偏好识别模型的推荐结果	基于品牌决策偏好识别模型的推荐结果
均值（元）	371. 03	404. 38
标准差	14. 17	15. 18
t 检验结果	－12. 98	
p 值	0. 000	

从表 7－5 中可以发现，基于消费者产品外部特征决策偏好所进行的产品推荐，零售商在每次交易中可获得的平均利润为 371. 03 元，而基于消费者品牌决策偏好所进行的产品推荐，零售商在每次交易中的平均利

❶　各品牌手机利润率是根据对于多个手机零售商的调研所获得的平均值。

润为404.38元。二者 t 检验结果为 -12.98，p 值为0（<0.01），说明在99%置信水平上，零售商在基于消费者品牌偏好的推荐下获得的利润期望水平显著高于基于产品外部特征偏好的推荐，并且采用基于消费者品牌偏好的推荐结果可以平均提升8.9%的期望利润水平。

7.5 品牌推荐管理启示

本章通过运用最新的模糊支持向量机算法，构建了针对个体消费者品牌决策偏好的识别模型，并通过实证研究验证了该模型在识别个体消费者品牌决策偏好方面的有效性。最终的数据结果表明，笔者提出的基于机器学习算法的消费者品牌决策偏好识别模型在准确率、KL散度和F1-measure三个方面均显著优于传统模型，证明笔者提出的基于模糊支持向量机的消费者品牌决策偏好识别模型是有效的，且在预测可靠性上较传统方法有显著提升。与普通支持向量机模型的预测结果相比，将模糊支持向量机算法模型在加入模糊算法识别消费者的选择行为误差之后，可以有效提升模型的性能。基于消费者品牌决策偏好的产品推荐相较于基于消费者产品外部特征决策偏好的产品推荐，在避免产品同质化竞争和提升零售商单品利润方面具有显著优势。

本章首先通过对社交网络（微博）中的品牌口碑信息进行情感倾向分析，获取品牌在不同维度上的市场表现，实现品牌的多维量化处理；随后通过实证研究证明了基于模糊支持向量机算法模型识别消费者品牌决策偏好的有效性，以及其相对于传统方面的性能优势；最后对比了不同决策偏好的产品推荐下零售商的利润期望，证明了基于消费者品牌偏好的推荐可以更为有效地避免同质化产品的价格竞争，营造更为公平的市场环境，并提升零售商的收益。本章的研究成果丰富了消费者品牌决策行为的研究方法。传统的消费者品牌决策偏好识别方法主要是基于量表和市场调查，研究过程中往往伴随着效率低和测量结果不准确的问题。此外，高昂的市场调查成本使得无法针对每一位消费者开展个性化的偏好识别。本研究成果基于消费者品牌选择的行为数据，通过机器学习算法，使得即时分析每一位个体消费者的个性化品牌偏好成为可能，为消费者品牌决策行为研究提供新的研究思路和研究方法。本章的研究成果拓展了精准营销理论的研究视角。目前学术界有关精准营销理论的讨论主要集中在利用现代化的沟通手段识别消费者对产品与服务功能层面的需求，相对忽视消费者的情感和心理需求。品牌作为满足消费者情感需求的重要载体，承担着产品及服务与消费者建立情感连接的重要作用，从品牌角度识别出消费者的个性化偏好在一定程度上拓展了当前精准营销理论的研究视角。

现代营销学之父菲利普·科特勒在其《市场营销原理》（Principles of Marketing）一书中指出，利用互联网实现与客户之间更具针对性和个性化的沟通是未来的营销趋势。随着机器学习技术的发展与成熟，运用计算机识别消费者的品牌决策偏好成为可能。基于本章的研究成果，将机器学习算法与消费者品牌偏好识别相结合，可以带来以下两项优势。

第一，对于整个市场竞争环境而言，从消费者品牌偏好出发开展个性化推荐服务有利于市场竞争环境的优化，可以营造相对公平的市场竞争环境，避免出现大品牌一家独大的马太效应。基于品牌的推荐可以为具有原创特色的小众品牌提供更多的曝光机会，提升小众品牌的市场竞争力，鼓励产品差异化发展，充分发挥自由竞争对整个行业的积极推动作用。

第二，对于零售商来说，运用计算机高效识别出消费者的品牌偏好有助于其进一步了解消费者的情感需求，并为消费者提供针对性和个性化的服务。这也意味着，在产品同质化较为严重的市场中，零售商可以选择除了降低价格以外的方式来提升自身产品或服务的竞争力与吸引力，通过充分挖掘品牌的价值来提升收益。

参考文献

[1] ZHANG ZH P, YU S M, YAO J F, CHEN L T. Report on the Monitoring of E – commerce Market Data in 2017 in China [M]. China E – Commerce Research Center, 2017.

[2] XIAO B, BENBASAT I. Designing Warning Messages for Detecting Biased Online Product Recommendations: An Empirical Investigation [J]. Information Systems Research, 2015, 26 (4): 793 -811.

[3] MERAD D, DRAP P, LUFIMPU - LUVIYA Y, et al. Purchase behavior analysis through gaze and gesture observation [J]. Pattern Recognition Letters, 2016, 81 (C): 21 -29.

[4] METFESSEL M. A proposal for quantitative reporting of comparative judgments [J]. J Psychol, 1947, 24 (2): 229 -235.

[5] PESSEMIER E A. An Experimental Method for Estimating Demand [J]. Journal of Business, 1960, 33 (4): 373 -383.

[6] SHETH J N. An Investigation of Relation ships Among Evaluative Beliefs, Affect, Behavioral Intention and Behavior [C]. College of Commerce and Business Administration, University of Illinois, Urbana, 2017.

[7] BASS F M, WILKIE W L. A Comparative Analysis of Attitudinal Predictions of Brand Preference [J]. Journal of Marketing Research, 1973, 10 (3): 262 -269.

[8] DEGERATU A M, RANGASWAMY A, WU J. Consumer choice behavior in online and traditional supermarkets: The effects of brand name, price, and other search attributes [J]. International Journal of Research in Marketing, 2000, 17 (1): 55 -78.

[9] 吴国华，潘德惠. 一种消费者品牌偏好的模糊排序方法 [J]. 系统工程理论与实践，2004，24 (9)：28 -32.

[10] 雷鸣，李祖兵，谢远艺. 基于统计物理模型的消费者品牌选择 [J]. 统计与决策，2011 (2)：44 -46.

[11] DUARTE P A O, RAPOSO M L B. A PLS Model to Study Brand Preference: An Application to the Mobile Phone Market [J]. Handbook of Partial Least Squares, 2010: 449 -485.

[12] LINDEN G, SMITH B, YORK J. Amazon. com recommendations: item - to - item collaborative filtering [J]. Internet Computing, 2003, 7 (1): 76 -80.

[13] SCHOLZ M, DORNER V, FRANZ M, HINZ O. Measuring consumers' willingness - to - pay with utility - based recommendation systems [J]. Decision Support Systems, 2015, 72 (C): 60 -71.

[14] MODARRESI K. Recommendation system based on complete personalization [J]. Procedia Computer Science, 2016, 80: 2190 -2204.

[15] YIN C, GUO Y, YANG J, REN X. A new recommendation system on the basis of consumer initiative decision based on associative classification approach [J]. Industrial Management & Data Systems, 2017, 118 (3): 188 -203.

[16] HYUNWOO H, YANG S K, KYUNG J C. Recommendation system development for fashion retail e - commerce [J]. Electronic Commerce Research and Applications, 2018, 28: 94 - 101.

[17] GUO Y, WANG M, LI X. Application of an improved apriori algorithm in a mobile e - commerce recommendation system [J]. Industrial Management & Data Systems, 2017, 117 (2): 287 - 303.

[18] DZYABURA D, HAUSER J R. Active machine learning for consideration heuristics [J]. Marketing Science, 2011, 30 (5): 801 - 819.

[19] HUANG D, LUO L. Consumer preference elicitation of complex products using fuzzy support vector machine active learning [J]. Marketing Science, 2016, 35 (3): págs. 445 - 464.

[20] AAKER J L. Dimensions of Brand Personality [J]. Journal of Marketing Research, 1997, 34 (3): 347 - 356.

[21] KOTLER P, KELLER K L. Marketing management [M]. London: Prentice Hall, 2008.

[22] ZINKHAN G M, Jr C R M. New brand names and inferential beliefs: Some insights on naming new products [J]. Journal of Business Research, 1987, 15 (2): 157 - 172.

[23] KLINK R R. Creating Meaningful New Brand Names: A Study of Semantics and Sound Symbolism [J]. Journalof Marketing Theory & Practice, 2001, 9 (2): 27 - 34.

[24] MORTON J. Predicting brand preference [J]. Marketing Management, 1994, 2 (4): 32 - 44.

[25] OLSEN S O. Comparative evaluation and the relationship between quality, satisfaction, and repurchase loyalty [J]. Journal ofthe Academy of Marketing Science, 2002, 30 (3): 240.

[26] HELLIER P K, GEURSEN G M, CARR R A, et al. Customer repurchase intention: A general structural equation model [J]. European Journal of Marketing, 2003, 37 (11/12): 1762 - 1800.

[27] BAEK T H, KIM J, YU J H. The differential roles of brand credibility and brand prestige in consumer brand choice [J]. Psychology & Marketing, 2010, 27 (7): 662 - 678.

[28] WANG Y H, TSAI C F. The Relationship between Brand Image and Purchase Intention: Evidence from Award Winning Mutual Funds [J]. International Journal of Business & Finance Research, 2014, 8 (2): 27 - 40.

[29] LANS R V D, EVERDINGEN Y V, MELNYK V. What to stress, to whom and where? A cross - country investigation of the effects of perceived brand benefits on buying inten-

tions [J]. InternationalJournal of Research in Marketing, 2016, 33 (4): 924 – 943.

[30] ERDEM T, SWAIT J. Brand Credibility, Brand Consideration, and Choice [J]. Journal of Consumer Research, 2004, 31 (1): 191 – 198.

[31] XUEHUA WANG X H, ZHILIN YANG ZH L. The Effect of Brand Credibility on Consumers' Brand Purchase Intention in Emerging Economies: The Moderating Role of Brand Awareness and Brand Image [J]. Journal of Global Marketing, 2010, 23 (3): 177 – 188.

[32] GROHMANN B, HERRMANN A, LIEVEN T, et al. The effect of brand design on brand gender perceptions and brand preference [J]. European Journal of Marketing, 2015, 49 (1/2): 146 – 169.

[33] CHU R, SHI G, BROCK J L, et al. The impact of corporate social responsibility (CSR) performance and perceived brand quality on customer – based brand preference [J]. Journal of Services Marketing, 2014, 28 (3): 181 – 194.

[34] KARANDE K. A Model for Predicting Brand Choice from Price Expectations, Point of Purchase Price Comparisons, and Store Environment [M]. Proceedings of the 1995 World Marketing Congress. Springer International Publishing, 2015: 1273 – 1276.

[35] WANG X, YANG Z. Does country – of – origin matter in the relationship between brand personality and purchase intention in emerging economies? [J]. International Marketing Review, 2008, 25 (4): 458 – 474.

[36] 陆娟. 消费者品牌选择的影响因素——来自中国消费品市场的统计分析 [J]. 经济科学, 2001, 23 (6): 114 – 124.

[37] 胡松, 赵平, 裘晓东. 价格促销对消费者品牌选择的影响研究 [J]. 中国管理科学, 2007, 15 (2): 134 – 140.

[38] 陈洁, 杨升荣. 品牌和单品忠诚对在线消费者选择行为的影响研究 [J]. 中国管理科学, 2009, 17 (4): 115 – 120.

[39] 宋超英, 张筱莹, 张乾. 消费者的品牌选择行为研究——基于行为经济学视角下的分析 [J]. 价格理论与实践, 2008 (12): 76 – 77.

[40] 王莉, 袁胡艺欣, 李沁芳. 虚拟品牌社区中顾客的调节焦点对创新行为的影响机制研究 [J]. 科学学与科学技术管理, 2017, 38 (3): 83 – 94.

[41] 庄贵军, 周南, 周连喜. 国货意识、品牌特性与消费者本土品牌偏好——一个跨行业产品的实证检验 [J]. 管理世界, 2006 (7): 85 – 94.

[42] 邓恩, 向志强, 赵明. 品牌传播对互联网金融业消费者选择行为影响研究 [J]. 财经理论与实践, 2017, 38 (5): 33 – 38.

[43] WERNERFELT B. Umbrella Branding as a Signal of New Product Quality: An Example

of Signalling by Posting a Bond [J]. Rand Journal of Economics, 1988, 19 (3): 458 - 466.

[44] JABREEL M, MORENO A, HUERTAS A. Semantic comparison of the emotional values communicated by destinations and tourists on social media [J]. Journal of Destination Marketing & Management, 2016.

[45] PAI M Y, CHU H C, WANG S C, et al. Electronic word of mouth analysis for service experience [J]. Expert Systems with Applications, 2013, 40 (6): 1993 - 2006.

第 8 章　知识共创与社群品牌

近几年，价值共创这一概念无论国际还是国内都是备受关注的研究热点。价值共创是指顾客参与到企业产品和服务的设计、开发、生产和创新等价值创造的过程中，作为价值的共同创造者帮助企业提高产品的使用价值或者服务的体验价值。[1] 近年来顾客参与价值共创已经被认为是未来价值创造的主要方式[2]，对于顾客和企业来说，价值共创都具有重要意义，企业能够通过顾客在价值共创中的参与获取市场需求信息，促进产品和服务的优化，提高顾客的品牌体验，同时提高品牌价值和企业竞争力；而顾客通过参与价值共创能够或多或少地满足其认知需求、社交需求、个人成就需求和享乐需求等。价值共创按照流派可以分为生产领域的价值共创、消费领域的价值共创、广义的价值共创三种类型，本研究中的价值共创是指广义的价值共创，将虚拟知识社区作为顾客参与价值共创的对象和场所来深入研究。之所以将虚拟知识社区作为研究对象，原因在于顾客参与价值共创对于虚拟知识社区来说重要性不言而喻，知乎等虚拟知识社区属于典型的依赖用户创造内容的品牌，不同于农夫山泉、麦当劳等实物品牌，其价值更多地依靠用户群体来创造，品牌方只能发挥一定的引导作用，必须依靠用户群体的创造和贡献才能实现正常运转。虚拟知识社区中用户价值共创的产物是知识，笔者将虚拟知识社区中的价值共创聚焦到"知识共创"这一主题上，研究虚拟知识社区中的用户知识共创行为。

虚拟知识社区是基于用户搜索的互动式知识分享社区，即用户根据自己的需求搜索或者提出问题，其他用户运用自己的知识和经验为其解答问题。常见的互动方式有提问、回复、评价、评论、投票。其运行机制为将用户的问题进行分门别类，通过问题悬赏、积分、头衔和排行榜的方式激励用户回答问题，并以邀请和合作的机制引进各行各业的专家回答问题。而知乎则是国内多个虚拟知识社区中最受用户欢迎的，知乎目前拥有 7000 万用户，平台上一共产生了 1500 万个问题、5500 万个回答、25 万个话题，可以说知乎当前的成绩基本奠定了其最大中文知识社区的行业地位。国内起步更早的虚拟知识社区——百度知道和知乎究竟有什么区别，这个问题早期在全网范围内，专业人士都做过各种差异化分析和解读，其中点赞量最多的一个回答是“知道止于答案，知乎始于答案”，简练且经典。百度知道 2005 年已创立，可以算是中文互联网界最早的独立问答型产品，也是百度体系下一个非常经典的产品案例，但百度知道最核心的功能是帮助百度公司的搜索引擎完善信息结构。而知乎想定义另一种内容形式即问答，知乎想要创造的是增量的信息，让用户在彼此问答互动中产生更多原本存在于他们脑子里、但不存在于网页中的知识、经验与见解。也就是说，百度知道并没有提供知识，它本质上是在搬运百度体系内已有的信息，而知乎要做的是创造知识，这恰恰是知识共创的本质。目前，学术界研究虚拟知识社区中知识共享的成果有很多，但是知识共享对于知识共创来说只是一个开始，知识共享之后的整理——直到最终新知识的产生才是知识共创关注的重点。而知乎为用户的知识共创行为提供了一个虚拟社区平台，因此本章将知乎这一虚拟知识社区的代表作为具体研究对象。

物质商品越发充实的现在，各个行业几乎都面临着产品同质化现象严重的问题，卖方市场的时代一去不复返，买方市场下品牌之间的竞争自然更加激烈。在这样的市场竞争环境下，品牌企业试图从理性层面进行营销从而突出重围、占据消费者的心智变得难上加难，情感营销的价值逐渐凸显。情感营销与其他营销方式的不同之处在于，将战略核心定位在关注消费者和用户的情感需求及其差异上，采取相应的营销方式与目标用户进行情感上的沟通，以获取消费者的关注，占领消费者的心智资源，从而扩大市场份额。由此可见，情感营销的关键在于充分了解消费者的心理需求，建立品牌和消费者之间的情感联结，使品牌对于消费者而言不仅是一个满足使用需求的产品，而且包含消费者自身情感映射的产品，从而成为消费者心目中与众不同的存在。

诞生于1876年的世界知名啤酒品牌百威于1995年进入中国市场，面对酒水市场竞争日益激烈的现状，百威亟待实现品牌的年轻化升级，通过深入挖掘年轻一代的价值观追求，推出了“敬真我”系列营销活动来拉近和年轻群体之间的距离，如百威在2015年即将结束之际推出了一款“百威真我SHOW”的H5营销活动，用户可以在众多“真我宣言”中选择最能代表自己2015年的标签，上传照片后即可生成自己的专属年度“真我SHOW”。百威通过此类营销活动鼓励大家和身边人分享“真我”态度，向每一个“真我”时刻致敬，可以说“百威，敬真我”这句广告语完美诠释了年轻一代勇于改变、冲破约束的真我态度，也成功赢得了年轻消费者的青睐，实现了品牌年轻化。百威情感营销的关键在于抓住了90后、00后群体追求冲破约束、释放真我的人生价值观，和消费者在情感上建立联结，迎合90后、00后消费者“懂即自我”的消费理念。2018年，瑞幸咖啡作为一家刚刚成立不满一年的公司，以迅雷不及掩耳之势迅速占领了一二线城市白领的视线，其营销活动紧紧贴合职场咖啡的调性，代言明星启用汤唯和张震这样的品质明星而非流量明星，卖点上以媲美咖啡巨头星巴克的质量和更低的价格来打造极致的性价比，对于在全民消费升级下略显焦虑的职场白领来说定位精准，品质明星、世界咖啡师大赛（WBC）冠军团队、瑞士顶级咖啡机设备、优质的咖啡豆原料，无一不彰显瑞幸咖啡的品质和精英属性，成功抓住了白领阶层的核心需求，和星巴克相比更加实惠且品质相当，和速溶咖啡相比品质更有保障；同时，瑞幸咖啡成功认识到白领群体工作繁忙甚至无法去咖啡馆享用一杯咖啡的现状，主打外卖市场，瑞幸咖啡通过塑造与目标群体高度契合的品牌形象，成功实现了与目标群体的情感联结，追求高品质和性价比，既实惠又彰显生活品质，一时间蹿红中国咖啡界。

已有大量研究表明，品牌依恋可以认为是能够在品牌和消费者自我之间起到连接作用的一种具有强度差异的纽带。消费者对品牌的依恋情感越强烈，就越可能产生一系列消费行为或使用行为。[3]因此，本章选择从品牌依恋角度来研究用户在虚拟知识社区中的知识共创行为。

8.1　社群中的用户价值共创行为

以服务主导逻辑[4]和顾客体验[5]为基础的价值共创理论是对商品主导逻辑的发展，商品主导逻辑认为产品和服务的价值是由企业在生产过程中创造的，而服务主导逻辑则强调产品的价值是由消费者或者用户消费商品或者服务的过程中产生的。价值共创理论关注商品或者服务的价值在被创造的过程中企业和消费者或者用户共同发挥作用，不是完全由企业决定，也不是完全由用户决定，双方在价值创造的过程中都发挥了一定的作用，当然消费者或者用户发挥作用的大小随企业所提供产品或者服务的不同而有所区别。特别是在虚拟知识社区中，其所提供的重要产品或者服务就是知识本身，这些知识并不是完全由社区本身来创造和提供的，而是由用户在社区中进行点赞、评论、提问、回答、写文章等知识共创行为共同创造的，因此对于虚拟知识社区来说，用户在价值创造过程中发挥的作用更加不可或缺。

本研究中的知识共创概念从“价值共创”中引申而来，并与“知识创造”这一概念融合。目前学界对于价值共创这一概念的理解还没达成共识，和顾客参与相关的价值共创大致可以分为三个流派，分别是生产领域的价值共创、消费领域的价值共创和广义的价值共创。生产领域的价值共创侧重于强调顾客在企业的引导下帮助企业进行产品的设计、开发、生产等，从而使企业生产的产品更符合顾客需求。简而言之，顾客是价值的共同创造者。有的研究将价值共创定义为顾客参与到企业产品开发和生产的过程中，顾客和顾客联合实现价值的共同生产。[6]消费领域的“价值共创”则将主导权交给顾客，企业通常是价值的共同创造者，即企业努力通过多种方式来提高顾客的体验价值、生活价值和情境价值。代表性理论是Hinonen等提出的顾客主导逻辑，不同于生产领域的价值共创，关注的重点从企业生产制造的过程变成顾客日常生活实践中的体验价值、生活价值和情境价值，顾客是价值共创的主导者，企业利用自己的产品或者服务努力帮助顾客达到创造价值的目的。[6]广义的价值共创包括生产和消费两个领域的价值共创。管理学家 Prahalad 和 Ramaswamy 认为价值共创是通过对企业和顾客共同创造的个性化体验进行具有针对性和深远意义的互动来实现的，这个过程既可能出现在生产阶段，也可能出现在消费阶段和售后阶段。[7] 还有学者提出了服务主导逻辑，顾客可以在产品设计、生产、消费的任何环节与企业互动，参与到价值创造的过程中去，强调顾客角色从产品和服务的接收者到共创者的角色转变。[8] 整体来说，广义的价值共创认为共创的价值是产品的使用价值或者服务的体验价值，企业鼓励顾客参与到企业价值链的各个环节，成为价值的共同创造者。

本研究中的知识共创属于广义的价值共创，既指用户在虚拟知识社区中进行价值创造的行为本身，也指用户进行价值共创的结果。无论是国内还是国外，对知识共创的研究都较为零散。总的来说，学者对于知识共创的定义体现了多主体共同创造以及主体间相互影响的特征。知识共创相较于知识创造而言，强调多个主体“共”同创造出新的知识，在虚拟知识社区——知乎中可以表现为，一个用户基于具体情境提出问题，而其他用户基于这个问题或者其他用户的回答创造出属于自己的回答，后期还可能根据自己知识结构、人生经历的转变以及他人的评论等对自己的回答作出修改，那么这就是一个典型的知识共创行为，如果没有用户提出问题，那么关于这个问题的知识就不会被创造出来，而其他用户对这一问题的回答和评论等也将导致更多的用户对这一问题产生想法，具体作用机制与 SECI 模型类似。

知识共创这一概念与图书情报与档案管理专业话语体系中的集体智慧一词有相似之处，都强调参与主体的多样性，但是二者在对结果的侧重点上有所不同，集体智慧的结果是产生“高于个体所拥有的能够迅速、灵活、正确理解事物和解决问题的能力”[9]，其优越性之一为准确性，和知识共创这一概念相比收敛性较为突出，集体智慧的最终结果是得出统一的答案；而知识共创则强调个体在其中的贡献，发散性更强，最终的目的是吸收不同的观点，而非让大家形成一致认识。

顾客参与价值共创无论对于企业还是对顾客来说都具有重要意义，因此对顾客在虚拟社区中参与价值共创的驱动因素进行探究很有必要。

有学者[8]在对与虚拟社区价值共创相关领域的研究进行全面梳理和归纳后总结出十个影响顾客参与虚拟社区的驱动因素，分别是娱乐、好奇心、利他主义、交友需求、自我满足、信息需求、技能培养、他人认可、对企业现有产品或服务的不满和金钱奖励。[10]分别有研究证明了顾客与社区的关系会对其参与价值共创活动产生积极影响[11]；认知需求和个人成就需求分别是影响用户参与行为和公民行为的主要动因[1]；社区新人和网络口碑会对价值共创产生积极影响[12]；顾客的技能和知识会对其参与价值共创产生影响[13]；认知需求、个人整合需求、社会整合需求、享乐需求是顾客参与虚拟社区价值共创的个人驱动因素[14]；虚拟品牌社区中顾客间的互动会对其参与价值共创产生影响，且体验在其中起中介作用[15]；成员感、影响力和沉浸感对自发的价值共创具有显著正向影响，而成员感对发起的价值共创具有积极影响[16]。近年来，对于顾客在虚拟社区中参与价值共创的驱动因素研究虽然逐渐受到研究人员的关注，但是整体来说，国内外学者在这方面的研究成果较少，并且已有研究成果中较少针对顾客在虚拟社区中的不同价值共创行为分别展开驱动因素的探究，在今后的研究中可以考虑分别探究顾客在虚拟社区中参与行为和公民行为的驱动因素，并且分别验证使用与满足理论对于这两种价值共创行为驱动因素研究的适用性。

在虚拟知识社区的研究方面，学者侧重研究用户的知识共享意愿和贡献意愿。知识或信息贡献行为的研究大量采用技术接受模型（TAM）模型、集体行动理论、自我决定理论、互惠理论、社会认知理论、社会身份理论、社会资本理论、社会交换理论、社会比较理论等理论，其中涉及的影响因素可以概括为基于组织环境、个人特征、网络特征和心理动机。已有的研究发现与组织环境相关的诸如组织文化和氛围、管理支持、激励机制和组织架构等因素会影响人们的知识分享行为。[17-19]多数场景下的知识贡献具有非强制性、自主性等特点，用户的个人特征会影响用户的贡献意愿进而影响知识贡献行为，已有的研究探索了以往经历、教育程度、自信等因素对用户知识贡献行为的影响。[20-22]社交网络的普及使虚拟知识社区也逐步引入社交因素，已有的研究表明网络特征也会对人们的知识贡献产生影响。[23-25]此外，研究者发现互惠、利他和愉悦

等心理动机因素也会对用户知识贡献行为产生影响。总的来说，学者们在该领域已经创造较多的研究成果。[26,27]

8.2 品牌依恋和社群知识共创的关系

本研究从品牌依恋的视角切入，研究用户对于虚拟知识社区品牌的情感依恋和认知依恋对其在社区中的知识共创行为的影响。关于品牌依恋与价值共创之间的关系，Park 和 Thomson 的研究都表明用户对品牌的依恋影响用户的行为，在实物品牌中常表现为购买意愿和购买行为如消费者的品牌忠诚和溢价购买意向[28]、消费者对依恋品牌的投资和忠诚行为以及实际购买行为[29]等，完成购买之后的分享行为，如预测分享行为[29]；赵欣等学者认为用户对虚拟社区的长期使用行为是因其对虚拟社区的依恋而产生的[30]；对品牌的维护行为如对依恋品牌的负面信息更加包容[31]，以及对品牌延伸的接受度[32]等。

8.2.1 测量量表

本研究涉及的变量包括品牌依恋中的情感依恋、认知依恋、品牌承诺和知识共创。在品牌依恋的测量方面，国内外学者开发了诸多量表，在所有这些量表中，Thomson 等学者开发的情感依恋量表和 Park 等学者开发的认知依恋量表受到学者们的广泛认可和使用。其中 Thomson 的情感依恋量表包括三个因素、十个测量项，Park 的认知依恋量表包括两个因素四个测量项（见表 8－1、表 8－2）。

表 8－1　情感依恋的测量量表

潜在变量	变量维度	编号	测量项
情感依恋	感情维度	EA1	令人喜爱的
		EA2	有吸引力的
		EA3	友善的
		EA4	温暖的

续表

潜在变量	变量维度	编号	测量项
情感依恋	热情维度	EA5	令人激动的
		EA6	带来快乐的
		EA7	令人着迷的
	联结维度	EA8	紧密相连的
		EA9	气质相似的
		EA10	有归属感的

表 8－2　认知依恋的测量量表

潜在变量	变量维度	编号	测量项
认知依恋	品牌－自我联结维度	CA1	我认为知乎在一定程度上代表我自己
		CA2	我认为我属于知乎想要服务的那群人
	品牌显著性维度	CA3	我认为我时常主动想起知乎
		CA4	我认为我对知乎的感受都来自我自己

在品牌承诺的测量方面，本研究主要采用 Beatty 的经典量表，该量表短小精悍，共包含三个测量项（见表 8－3）。

表 8－3　品牌承诺的测量量表

潜在变量	编号	测量项
品牌承诺	BC1	如果知乎不能使用，那么使用其他虚拟知识社区（如百度知道等）对我来说没有区别
	BC2	我对知乎具有高度忠诚
	BC3	当其他虚拟知识社区（如百度知道等）有激励措施时（如回答问题有奖励等），我会使用其他虚拟知识社区而不是知乎

在知乎用户知识共创行为的测量方面，本研究主要关注两大方面：一是关注用户在虚拟知识社区——知乎中产生的知识共创行为及其频率，并将这些行为分为高价值共创行为（包括点赞、点反对、评论）和低价

值共创行为（包括回答问题、提问、写文章、写专栏、写想法）两大类；二是关注用户感知到的知乎作为一个虚拟知识平台所提供的知识共创氛围（见表8－4）。

表8－4　知识共创的测量量表

潜在变量	编号	测量项
知识共创	KC1	低价值共创行为的发生频率，包括点赞、点反对、评论
	KC2	高价值共创行为的发生频率，包括回答问题、提问、写文章、写专栏、写想法
	KC3	他人在知乎中分享的知识有助于我创造新的知识

8.2.2　数据收集

本研究主要采用问卷法进行数据收集。采用问卷法收集数据需要满足三个前提条件：第一，研究对象必须是单个的个体；第二，研究的样本量大到无法直接观察的程度；第三，研究目的是探究大样本的状态，获得具有拓展性和普适性的结论时，才适合使用问卷来收集样本数据。本研究均满足以上前提条件，因此可以使用问卷法来收集数据。本研究的问卷主要包括四部分：一是问卷介绍，简要说明发放问卷的目的及保证问卷数据仅用于研究分析使用。二是人口统计学信息的相关问项，如性别、性格等，方便后续对用户的人口统计学特征有所了解。三是问卷正文，主要包括前文提到的四个测量量表以及一些可能的调节变量，如使用知乎时长、用户性格、知乎使用频率等等。情感依恋量表、认知依恋量表和品牌承诺量表均采用李克特五点量表来进行测量，“1”表示“非常不符合”，“2”表示“不符合”，“3”表示“一般”，“4”表示“符合”，“5”表示“非常符合”。知识共创量表中前两项采用的是频率选择，频率越高则得分越高，第三项也采用李克特五点量表进行测量。四是开放性问题，咨询用户关于问卷题目或者答案是否需要补充说明。

关于调研对象的选择，首要条件是对方为知乎用户，因此问卷第一题即为甄别问题，如果用户选择不是知乎用户，则退出问卷。为了满足进行数据分析的样本要求，本研究最初将目标样本量定为200个，实际收到的问卷数高于目标样本量。笔者在正式进行大规模的数据收集之前，首先针对一小部分目标用户进行小规模的前测，根据受访者的反馈对问卷中的问题的内容、问句的遣词造句等进行调整和优化。在大规模调查阶段，为了收集到足够多知乎用户的数据，笔者采用滚雪球的方式加入了多个知乎用户集中的微信群，在这些微信群中发放问卷。目前已回收问卷328份，经核查有效问卷数为266份。

不合格问卷存在的主要问题包括但不限于：①不是知乎用户，此列用户不是本研究的目标用户，筛掉该类问卷；②问卷答题时间短于80秒，笔者浏览了答题时间短于80秒的问卷，为无效问卷的可能性极大，多为完全相同或跳跃的答案，因此将答题时间限制在80秒以上；③在品牌承诺这一量表中的回答完全矛盾，该量表采用反向题项设置，比如某用户选择对知乎具有高度忠诚，但是其认为如果知乎不能使用，那么使用其他虚拟知识社区（如百度知道等）没有区别，当其他虚拟知识社区（如百度知道等）有激励措施时（如回答问题有奖励等），会使用其他虚拟知识社区而不是知乎，三个测量项同时选择完全符合时，该问卷无效的可能性很大，予以删除；④在知识共创行为的问卷中，选择超乎正常认知值的选项，如在提问、回答问题、写文章、写专栏几个测量项中同时选择11~30次、31~50次甚至更高频次等，都说明该份问卷无效。

8.2.3　数据分析

通过对样本数据所涉及的用户进行描述性统计分析有助于我们了解样本所覆盖的目标用户，本研究的调查问卷中包含用户的人口统计学相关信息，如性别、年龄、学历、性格、知乎使用时长和频率等信息，总体来说，样本数据中以女性用户居多，男性用户略少于女性用户；在年龄方面，由于研究人员在研究过程中所能触达的人群有限，多数用户属于18~30岁年龄段；学历方面，以大学本科和硕士研究生为主。在以上多个变量中，用户的性格、使用知乎时长、使用知乎的频率等相关变量在本研究中作为可能的调节变量而存在。笔者对328份问卷进行核查后，认定有效问卷数为266份。以下是266份有效问卷中用户的描述性分析（见表8－5）。

表 8－5　样本调节变量的描述性统计分析

样本特征	特征值	样本数（分）	百分比（%）
性格	偏外向	116	43.61
	偏内向	150	56.39
使用知乎时长	3 个月	15	5.64
	6 个月	13	4.89
	1 年	46	17.29
	2 年	76	28.57
	3 年及以上	116	43.61
使用知乎频率	每天打开 3 次以上	46	17.29
	每天打开 1～3 次	82	30.83
	每周打开 7 次以下	88	33.08
	每月打开 4 次以下	24	9.02
	很少打开	26	9.77
总计		266	100

样本数据的量表描述性统计分析如表 8－6 所示。

表 8－6　样本数据的量表描述性统计分析

潜在变量	测量项	最小值	最大值	平均值	标准差
情感依恋	令人喜爱的	1	5	3.65	0.74
	有吸引力的	1	5	3.80	0.75
	友善的	1	5	3.39	0.88
	温暖的	1	5	3.24	0.90
	令人激动的	1	5	3.20	0.82
	带来快乐的	1	5	3.54	0.81
	令人着迷的	1	5	3.46	0.82
	紧密相连的	1	5	3.24	0.90
	气质相似的	1	5	3.29	0.87
	有归属感的	1	5	3.11	0.88

续表

潜在变量	测量项	最小值	最大值	平均值	标准差
认知依恋	我认为知乎在一定程度上代表我自己	1	5	2.99	0.90
	我认为我属于知乎想要服务的那群人	1	5	3.35	0.96
	我认为我时常主动想起知乎	1	5	3.40	1.039
	我认为我对知乎的感受都来自我自己	1	5	3.35	0.91
品牌承诺	如果知乎不能使用，那么使用其他虚拟知识社区（如百度知道等）对我来说没有区别	1	5	3.41	0.98
	我对知乎具有高度忠诚	1	5	3.22	0.88
	当其他虚拟知识社区（如百度知道等）有激励措施时（如回答问题有奖励等），我会使用其他虚拟知识社区而不是知乎	1	5	3.28	0.91
知识共创	低价值共创行为	3	12	6.13	1.92
	高价值共创行为	5	21	8.00	3.042
	知识创造氛围	1	5	3.68	0.75
样本数（份）	266				

可以知道，知乎用户对于知乎的品牌依恋与其知识共创行为的相关系数为 0.75，显著性小于 0.05，说明知乎用户对于知乎的品牌依恋水平与其在知乎中的知识共创行为之间存在显著的正相关关系。也就是说，知乎用户对于知乎的品牌依恋每增加 1 个单位，其在知乎中的知识共创行为就增加 0.75 个单位。由此可以证明用户对虚拟知识社区的品牌依恋对知识共创行为有积极影响（见表 8－7）。

表8－7　知乎用户的品牌承诺与其知识共创行为之间的相关性量表

量表	相关性	品牌承诺	知识共创
品牌承诺	皮尔逊相关性	1	0.75**
	显著性（双尾）		0.00
	个案数（份）	266	266
知识共创	皮尔逊相关性	0.75**	1
	显著性（双尾）	0.00	
	个案数（份）	266	266

注：** 在0.01级别（双尾），相关性显著。

知乎用户对于知乎的情感依恋与其知识共创行为的相关系数为0.70，显著性小于0.05，说明知乎用户对于知乎的情感依恋水平与其在知乎中的知识共创行为之间存在着显著的正相关关系，也就是说，知乎用户对于知乎的情感依恋每增加1个单位，其在知乎中的知识共创行为就增加0.70个单位。由此可以证明用户对虚拟知识社区的情感依恋对知识共创行为有积极影响（见表8－8）。

表8－8　知乎用户的情感依恋与其知识共创行为之间的相关性量表

量表	相关性	情感依恋	知识共创
情感依恋	皮尔逊相关性	1	0.70**
	显著性（双尾）		0.00
	个案数（份）	266	266
知识共创	皮尔逊相关性	0.70**	1
	显著性（双尾）	0.00	
	个案数（份）	266	266

注：** 在0.01级别（双尾），相关性显著。

情感依恋的三个维度——感情维度、热情维度和联结维度与知乎用户的知识共创行为之间的相关系数分别为0.57、0.60和0.64，且显著性均小于0.05。由此说明，用户对虚拟知识社区在感情维度的情感依恋对知识共创行为有积极影响；用户对虚拟知识社区在热情维度的情感依恋对知识共创行为有积极影响；用户对虚拟知识社区在联结维度的情感依恋对知识共创行为有积极影响（见表 8－9）。

表 8－9　知乎用户的情感依恋维度与其知识共创行为之间的相关性量表

量表	相关性	感情维度	热情维度	联结维度	知识共创
感情维度	皮尔逊相关性	1	0.54**	0.56**	0.57**
	显著性（双尾）		0.00	0.00	0.00
	个案数（份）	266	266	27	27
热情维度	皮尔逊相关性	0.54**	1	0.70**	0.60**
	显著性（双尾）	0.00		0.00	0.00
	个案数（份）	266	266	266	266
联结维度	皮尔逊相关性	0.56**	0.70**	1	0.64**
	显著性（双尾）	0.00	0.00		0.00
	个案数（份）	266	266	266	266
知识共创	皮尔逊相关性	0.57**	0.60**	0.64**	1
	显著性（双尾）	0.00	0.00	0.00	
	个案数（份）	266	266	266	266

注：** 在 0.01 级别（双尾），相关性显著。

知乎用户对于知乎的认知依恋与其知识共创行为的相关系数为 0.67，显著性小于 0.05，说明知乎用户对于知乎的认知依恋水平与其在知乎中的知识共创行为之间存在显著的正相关关系。也就是说，知乎用户对于知乎的认知依恋每增加 1 个单位，其在知乎中的知识共创行为就增加 0.67 个单位。由此可以证明用户对虚拟知识社区的认知依恋对知识共创行为有积极影响（见表 8－10）。

表 8－10　知乎用户的认知依恋与其知识共创行为之间的相关性总量表

量表	相关性	认知依恋	知识共创
认知依恋	皮尔逊相关性	1	0.67**
	显著性（双尾）		0.00
	个案数（份）	266	266
知识共创	皮尔逊相关性	0.67**	1
	显著性（双尾）	0.00	
	个案数（份）	266	266

注：** 在 0.01 级别（双尾），相关性显著。

认知依恋的两个维度——品牌-自我联结维度和品牌显著性维度与知乎用户的知识共创行为之间的相关系数分别为0.62和0.59，且显著性均小于0.05。由此说明，用户对虚拟知识社区在品牌-自我联结维度的认知依恋对知识共创行为有积极影响；用户对虚拟知识社区在品牌显著性维度的认知依恋对知识共创行为有积极影响（见表8-11）。

表8-11　知乎用户的认知依恋维度与其知识共创行为之间的相关性分量表

		感情维度	热情维度	知识共创
品牌-自我联结维度	皮尔逊相关性	1	0.61**	0.62**
	显著性（双尾）		0.00	0.00
	个案数（份）	266	266	266
品牌显著性维度	皮尔逊相关性	0.61**	1	0.59**
	显著性（双尾）	0.00		0.00
	个案数（份）	266	266	266
知识共创	皮尔逊相关性	0.62**	0.59**	1
	显著性（双尾）	0.00	0.00	
	个案数（份）	266	266	266

注：** 在0.01级别（双尾），相关性显著。

8.3　品牌承诺的中介作用

品牌依恋的本质是消费者对特定品牌在情感上的高度认同。强烈品牌依恋的用户觉得自己有责任呵护这个品牌成长，并对该品牌产生承诺。因此，品牌依恋通过增强品牌与目标用户群体的联系，进而转化为对该品牌的承诺，最终影响其行为意向，促使其在虚拟知识社区中进行更多的知识共创行为，为虚拟知识社区创造更多的价值。关于品牌依恋与品牌承诺之间的关系，有学者通过实证研究证明了证明品牌承诺在品牌依恋和年轻顾客群体行为意向中起着重要的中介作用[33]；还有学者通过结构方程的定量研究方法证实品牌依恋通过品牌承诺的完全中介作用间接影响行为忠诚[34]。关于品牌承诺与价值共创之间的关系，有学者将承诺视为用户维持品牌关系的持久愿望和意愿[35]；还有学者认为用户帮助企业共同创造品牌价值，是因为他们在与企业共同创造新产品的过程中承担更多承诺，从而更加积极地参与品牌社区[36]；另有研究认为用户的品牌承诺能够帮助品牌建立起忠诚的追随者和积极的品牌形象[37]。

8.3.1　测量量表

在品牌承诺的测量方面，本研究主要采用前述提到过的 Beatty 的经典量表，该量表短小精悍，共包含三个测量项。在统计选项得分时，品牌承诺量表中的第一个测量项“如果知乎不能使用，那么使用其他虚拟知识社区（如百度知道等）对我来说没有区别”和第三个测量项“当其他虚拟知识社区（如百度知道等）有激励措施时（如回答问题有奖励等），我会使用其他虚拟知识社区而不是知乎”均需进行反向计分，其余各测量项均为正向计分。

8.3.2　相关性分析

知乎用户对于知乎的品牌依恋与品牌承诺的相关系数为 0.78，显著性小于 0.05，说明知乎用户对于知乎的品牌依恋水平与其在知乎中的知识共创行为之间存在显著的正相关关系。也就是说，知乎用户对于知乎的品牌依恋每增加 1 个单位，其在知乎中的知识共创行为就增加 0.78 个单位。由此我们可以证明，用户对虚拟知识社区的品牌依恋对品牌承诺有积极影响（见表 8－12）。

表 8－12　知乎用户的品牌依恋与品牌承诺之间的相关性总量表

		品牌依恋	品牌承诺
品牌依恋	皮尔逊相关性	1	0.78**
	显著性（双尾）		0.00
	个案数（份）	266	266
品牌承诺	皮尔逊相关性	0.78**	1
	显著性（双尾）	0.00	
	个案数（份）	266	266

注：** 在 0.01 级别（双尾），相关性显著。

知乎用户对于知乎的情感依恋与品牌承诺的相关系数为0.71，显著性小于0.05，说明知乎用户对于知乎的情感依恋水平与其对知乎的品牌承诺水平之间存在显著的正相关关系。也就是说，知乎用户对于知乎的情感依恋每增加1个单位，其对于知乎的品牌承诺就增加0.71个单位。由此可以证明，用户对虚拟知识社区的情感依恋对品牌承诺有积极影响（见表8-13）。

表8-13　知乎用户的情感依恋与品牌承诺之间的相关性总量表

		情感依恋	品牌承诺
情感依恋	皮尔逊相关性	1	0.71**
	显著性（双尾）		0.00
	个案数（份）	266	266
品牌承诺	皮尔逊相关性	0.71**	1
	显著性（双尾）	0.00	
	个案数（份）	266	266

注：** 在0.01级别（双尾），相关性显著。

情感依恋的三个维度——感情维度、热情维度和联结维度与知乎用户的品牌承诺水平之间的相关系数分别为0.56、0.62和0.65，且显著性均小于0.05。由此说明，用户对虚拟知识社区在感情维度的情感依恋对品牌承诺有积极影响；用户对虚拟知识社区在热情维度的情感依恋对品牌承诺有积极影响；用户对虚拟知识社区在联结维度的情感依恋对品牌承诺有积极影响（见表8-14）。

表8-14　知乎用户的情感依恋维度与品牌承诺之间的相关性总量表

		感情维度	热情维度	联结维度	品牌承诺
感情维度	皮尔逊相关性	1	0.54**	0.56**	0.56**
	显著性（双尾）		0.00	0.00	0.00
	个案数（份）	266	266	266	266
热情维度	皮尔逊相关性	0.54**	1	0.70**	0.62**
	显著性（双尾）	0.00		0.00	0.00
	个案数（份）	266	266	266	266

续表

		感情维度	热情维度	联结维度	品牌承诺
联结维度	皮尔逊相关性	0.56**	0.70**	1	0.65**
	显著性（双尾）	0.00	0.00		0.00
	个案数（份）	266	266	266	266
品牌承诺	皮尔逊相关性	0.56**	0.62**	0.65**	1
	显著性（双尾）	0.00	0.00	0.00	
	个案数（份）	266	266	266	266

注：** 在 0.01 级别（双尾），相关性显著。

知乎用户对于知乎的认知依恋与品牌承诺的相关系数为 0.75，显著性小于 0.05，说明知乎用户对于知乎的认知依恋水平与其对知乎的品牌承诺水平之间存在显著的正相关关系。也就是说，知乎用户对于知乎的认知依恋每增加 1 个单位，其对于知乎的品牌承诺就增加 0.75 个单位。由此可以证明，用户对虚拟知识社区的认知依恋对品牌承诺有积极影响（见表 8－15）。

表 8－15　知乎用户的认知依恋与其品牌承诺之间的相关性总量表

		认知依恋	品牌承诺
认知依恋	皮尔逊相关性	1	0.75**
	显著性（双尾）		0.00
	个案数（份）	266	266
品牌承诺	皮尔逊相关性	0.75**	1
	显著性（双尾）	0.00	
	个案数（份）	266	266

注：** 在 0.01 级别（双尾），相关性显著。

如表 8－16 所示，认知依恋的两个维度——品牌－自我联结维度和品牌显著性维度与知乎用户的品牌承诺之间的相关系数分别为 0.70 和 0.65，且显著性均小于 0.05。由此说明，用户对虚拟知识社区在品牌－自我联结维度的认知依恋对品牌承诺有积极影响；用户对虚拟知识社区在品牌显著性维度的认知依恋对品牌承诺有积极影响。

表 8-16 知乎用户的认知依恋维度与品牌承诺之间的相关性分量表

		感情维度	热情维度	品牌承诺
品牌-自我联结维度	皮尔逊相关性	1	0.61**	0.70**
	显著性（双尾）		0.00	0.00
	个案数（份）	266	266	266
品牌显著性维度	皮尔逊相关性	0.61**	1	0.65**
	显著性（双尾）	0.00		0.00
	个案数（份）	266	266	266
品牌承诺	皮尔逊相关性	0.70**	0.65**	1
	显著性（双尾）	0.00	0.00	
	个案数（份）	266	266	266

注：** 在0.01级别（双尾），相关性显著。

知乎用户对于知乎的品牌承诺与其知识共创行为的相关系数为0.69，显著性小于0.05，说明知乎用户对于知乎的品牌承诺水平与其在知乎中的知识共创行为之间存在显著的正相关关系。也就是说，知乎用户对于知乎的品牌承诺每增加1个单位，其在知乎中的知识共创行为就增加0.69个单位。由此可以证明，用户对虚拟知识社区的品牌承诺对知识共创行为有积极影响（见表8-17）。

表 8-17 知乎用户的品牌承诺与其知识共创行为之间的相关性总量表

		品牌承诺	知识共创
品牌承诺	皮尔逊相关性	1	0.69**
	显著性（双尾）		0.00
	个案数（份）	266	266
知识共创	皮尔逊相关性	0.69**	1
	显著性（双尾）	0.00	
	个案数（份）	266	266

注：** 在0.01级别（双尾），相关性显著。

8.3.3　中介作用分析

判断一个变量是否在模型中发挥中介效应，学界普遍采用 Baron 和 Kenny 提出的方法来检验，该方法简单来说就是如果要证明变量 *C* 在自变量 *A* 到因变量 *B* 之间起到中介变量的作用，则需要分别对 *A* 与 *B*、*A* 与 *C*、*B* 与 *C* 进行回归分析，三者均需达到显著相关水平，然后用 *A* 和 *C* 同时对 *B* 进行回归分析，此时如果 *A* 与 *C*、*B* 与 *C* 之间的相关性依然达到显著水平，且 *A* 与 *B* 之间的相关系数明显降低或者不再显著相关，则说明 *C* 在 *A* 与 *B* 之间起到部分中介或者完全中介作用，如果 *A* 与 *B* 之间的相关系数明显降低说明 *C* 起部分中介作用，如果 *A* 与 *B* 之间的相关系数不再显著说明 *C* 起完全中介作用。

本研究采用 AMOS 中的 Bootstrap 法来对品牌承诺在品牌依恋和知识共创之间的关系中所起的中介作用进行检验。在选取抽样次数时，本研究主要参照主流软件中关于 Bootstrap 抽样次数的默认次数，AMOS 中的默认抽样次数为 200 次，SPSS 中的 Process 插件的默认抽样次数为 1000 次，Smart PLS 中的默认抽样次数为 500 次，本研究中的样本数为 266 份，为了获得更加稳健的结果，将抽样次数设定为 1000 次。

图 8－1 是 AMOS 根据前文构建起的结构方程模型进行的数据分析，其中 BA 是品牌依恋，BC 是品牌承诺，KC 是知识共创。该模型的拟合度指标如表 8－18 所示。

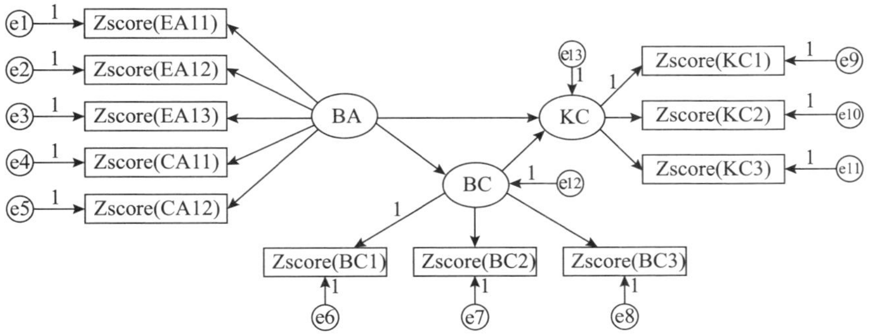

图 8－1　结构方程模型 1

表 8－18　模型 1 拟合度指标

拟合指标	*GFI*	*AGFI*	*RMSEA*	*NFI*	*RFI*	*IFI*	*TLI*	*CFI*
评价标准	>0.90	>0.90	<0.10	>0.90	>0.90	>0.90	>0.90	>0.90
模型 1	0.96	0.94	0.039	0.98	0.96	0.99	0.99	0.99

模型 1 拟合度指标表现非常优秀，*RMSEA* 远远小于 0.10，其他指标远大于 0.90，模型的 *P* 达到了 0.05 的最低标准，说明模型 1 和样本数据的拟合效果非常好，模型设置是合理的。

由表 8－19 和表 8－20 可知，模型 1 的三条主要路径都达到了 0.05 的显著水平，其中品牌承诺到知识共创这条路径的 *P* 虽然较大但仍小于 0.05，说明模型 1 的每条路径都具有实际意义，对路径系数进行标准化回归后，品牌依恋到品牌承诺的路径系数为 0.87，代表着知乎用户每增加 1 个单位的品牌依恋，其对于知乎的品牌承诺就会增加 0.87 个单位，其在知乎中的知识共创行为就会增加 0.55 个单位；同理，知乎用户每增加 1 单位对知乎的品牌承诺，其在知乎中的知识共创行为就会增加 0.29 个单位。

表 8－19　模型 1 中主要路径回归系数参数结果

	Estimate	S. E.	C. R.	*P*	显著性
品牌承诺←品牌依恋	1.10	0.098	11.22	***	显著
知识共创←品牌依恋	0.82	0.15	5.56	***	显著
知识共创←品牌承诺	0.34	0.11	3.14	0.02	显著

注：*** 表示 *P* 值小于 0.001。

表 8－20　模型 1 中主要路径标准化回归系数

	Estimate
品牌承诺←品牌依恋	0.87
知识共创←品牌依恋	0.55
知识共创←品牌承诺	0.29

接下来使用 Bootstrap 对品牌承诺在品牌依恋和知识共创之间所起的中介作用进行进一步检验。如表 8－21 所示，品牌依恋和品牌承诺、品

牌依恋和知识共创、品牌承诺和知识共创这三组潜变量之间的标准化路径系数分别为 0.87、0.55、0.30，且相关性显著，品牌依恋和品牌承诺之间的标准化路径系数为 0.25，且相关性显著，且其 95% 置信区间的上下限均为正数。也就是说，95% 置信区间均不包含 0。品牌依恋和知识共创之间的标准化直接系数为 0.55，标准化路径系数为 0.25，0.555 > 0.253。由此证明，在虚拟知识社区中，品牌承诺在用户的品牌依恋和知识共创行为之间起部分中介作用。

表 8 – 21　模型 1 中介效应分析

标准化直接效应				
	标准化路径系数	显著性	95% 置信区间下限	95% 置信区间下限
品牌承诺←品牌依恋	0.87	显著	0.81	0.91
知识共创←品牌依恋	0.55	显著	0.33	0.75
知识共创←品牌承诺	0.30	显著	0.08	0.53
标准化间接效应				
	标准化路径系数	显著性	95% 置信区间下限	95% 置信区间下限
品牌承诺←品牌依恋←品牌依恋	0.25	显著	0.073	0.47

图 8 – 2 是 AMOS 根据前文构建起的结构方程模型进行的数据分析，其中 EA 是情感依恋，BC 是品牌承诺，KC 是知识共创。该模型的拟合度指标如表 8 – 22 所示。

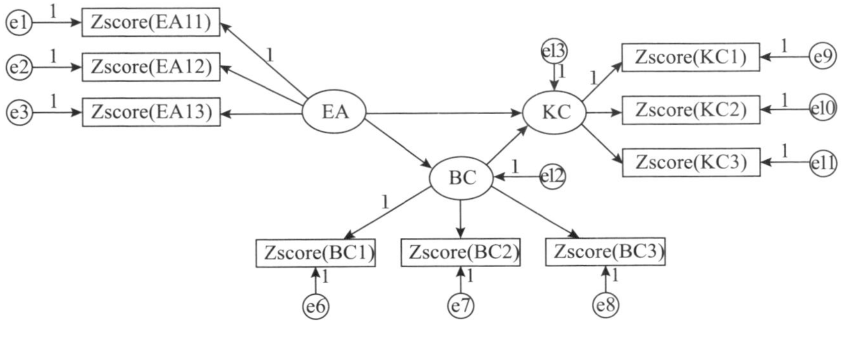

图 8 – 2　结构方程模型 2

表 8-22　模型 2 拟合度指标

拟合指标	*GFI*	*AGFI*	*RMSEA*	*NFI*	*RFI*	*IFI*	*TLI*	*CFI*
评价标准	>0.90	>0.90	<0.10	>0.90	>0.90	>0.90	>0.90	>0.90
模型 2	0.98	0.96	0.00	0.99	0.98	1.00	1.00	1.00

模型 2 拟合指标的表现同样非常优秀，*RMSEA* 远远小于 0.10，其他指标远大于 0.90，模型的 *P* 达到了 0.50，远远大于 0.05，说明模型 2 和样本数据的拟合效果非常好，模型设置是合理的。

由表 8-23 和表 8-24 可知，模型 2 的三条主要路径都达到了 0.05 的显著水平，说明模型 2 的每条路径都具有实际意义，对路径系数进行标准化回归后，情感依恋到品牌承诺的路径系数为 0.81，代表知乎用户每增加 1 个单位的情感依恋，其对于知乎的品牌承诺就会增加 0.81 个单位，其在知乎中的知识共创行为就会增加 0.47 个单位；同理，知乎用户每增加 1 单位对知乎的品牌承诺，其在知乎中的知识共创行为就会增加 0.39 个单位。

表 8-23　模型 2 中主要路径回归系数参数结果

	Estimate	S. E.	C. R.	*P*	显著性
品牌承诺←情感依恋	1.02	0.095	10.70	***	显著
知识共创←情感依恋	0.68	0.12	5.44	***	显著
知识共创←品牌承诺	0.44	0.094	4.70	***	显著

注：*** 表示 *P* 值小于 0.001。

表 8-24　模型 2 中主要路径标准化回归系数

	Estimate
品牌承诺←情感依恋	0.81
知识共创←情感依恋	0.47
知识共创←品牌承诺	0.39

接下来使用 Bootstrap 对品牌承诺在情感依恋和知识共创之间所起的中介作用进行进一步检验。如表 8-25 所示，情感依恋、品牌承诺和知识共创三个潜变量之间的标准化直接效应和间接效应均小于 0.05，相关

性显著，且其95%置信区间的上下限均为正数。也就是说，95%置信区间均不包含0。情感依恋和知识共创之间的标准化路径系数为0.47，标准化路径系数为0.31，0.47 > 0.31。由此证明，虚拟知识社区中，品牌承诺在用户的情感依恋和知识共创行为之间起部分中介作用。

表 8 - 25　模型 2 中介效应分析

标准化直接效应				
	标准化路径系数	显著性	95%置信区间下限	95%置信区间下限
品牌承诺←情感依恋	0.81	显著	0.72	0.87
知识共创←情感依恋	0.47	显著	0.26	0.69
知识共创←品牌承诺	0.39	显著	0.17	0.59
标准化间接效应				
	标准化路径系数	显著性	95%置信区间下限	95%置信区间下限
品牌承诺←品牌依恋←情感依恋	0.31	显著	0.13	0.46

图8 - 3是AMOS根据前文构建起的结构方程模型进行的数据分析，其中CA是认知依恋，BC是品牌承诺，KC是知识共创。该模型的拟合度指标如表8 - 26所示。

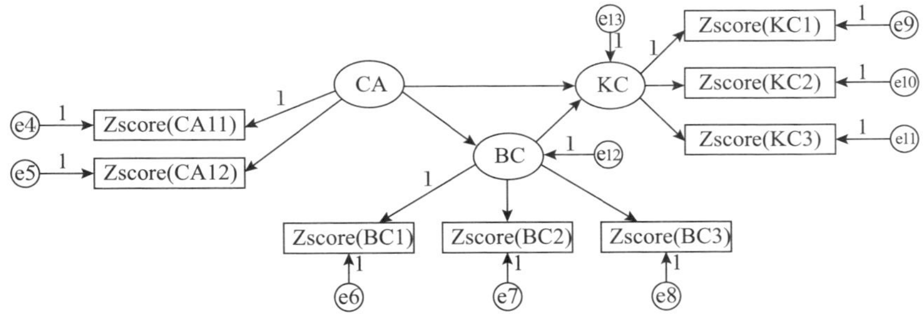

图 8 - 3　结构方程模型 3

表 8 - 26　模型 3 拟合度指标

拟合指标	*GFI*	*AGFI*	*RMSEA*	*NFI*	*RFI*	*IFI*	*TLI*	*CFI*
评价标准	>0.90	>0.90	<0.10	>0.90	>0.90	>0.90	>0.90	>0.90
模型 3	0.98	0.97	0.00	0.99	0.98	1.00	1.00	1.00

模型 3 拟合指标的表现同模型 1、模型 2 类似，*RMSEA* 远远小于 0.10，其他指标远大于 0.90，模型的 *P* 达到了 0.54，远远大于 0.05，说明模型 3 和样本数据的拟合效果非常好，模型设置是合理的。

由表 8-27 和表 8-28 可知，模型 3 的三条主要路径都达到了 0.05 的显著水平，其中品牌承诺到知识共创这条路径的 *P* 值虽然较大但仍小于 0.05，说明模型 3 的每条路径都具有实际意义，对路径系数进行标准化回归后，认知依恋到品牌承诺的路径系数为 0.89，代表着知乎用户每增加 1 个单位的认知依恋，其对于知乎的品牌承诺就会增加 0.89 个单位，其在知乎中的知识共创行为就会增加 0.45 个单位；同理，知乎用户每增加 1 单位对知乎的品牌承诺，其在知乎中的知识共创行为就会增加 0.38 个单位。

表 8-27　模型 3 中主要路径回归系数参数结果

	Estimate	S. E.	C. R.	*P*	显著性
品牌承诺←认知依恋	0.95	0.078	12.20	***	显著
知识共创←认知依恋	0.56	0.19	2.90	0.004	显著
知识共创←品牌承诺	0.44	0.17	2.60	0.009	显著

注：*** 表示 *P* 小于 0.001。

表 8-28　模型 3 中主要路径标准化回归系数

	Estimate
品牌承诺←认知依恋	0.89
知识共创←认知依恋	0.45
知识共创←品牌承诺	0.38

接下来使用 Bootstrap 对品牌承诺在品牌依恋和知识共创之间所起的中介作用进行进一步检验。如表 8-29 所示，认知依恋和品牌承诺、认知依恋和知识共创这两组潜变量之间的标准化直接效应均小于 0.05，相关性显著，且其 95% 置信区间的上下限均为正数。也就是说，95% 置信区间均不包含 0。但是品牌承诺和知识共创之间的标准化直接效应，以及认知依恋和品牌承诺之间的标准化间接效应均不显著，95% 置信区间包含 0。由此可知，在虚拟知识社区中，品牌承诺在用户的认知依恋和

知识共创行为之间不起中介作用。

表 8－29　模型 3 中介效应分析

标准化直接效应				
	标准化路径系数	显著性	95%置信区间下限	95%置信区间下限
品牌承诺←认知依恋	0.89	显著	0.82	0.97
知识共创←认知依恋	0.45	显著	0.22	1.88
知识共创←品牌承诺	0.38	不显著	－1.03	0.62
标准化间接效应				
	标准化路径系数	显著性	95%置信区间下限	95%置信区间下限
品牌承诺←品牌依恋←认知依恋	0.34	不显著	－0.95	0.54

8.4　使用频率的调节作用

本节中的使用频率是指用户每天/周/月打开知乎的频率，这个因素影响的是用户对于虚拟知识社区的熟悉程度、依赖程度等。对于品牌依恋这一概念而言，有学者认为这一概念包含两个维度，分别是情感和依赖[38]；还有学者从六个维度来解读品牌依恋，分别是享乐、认知、人际关系、怀旧情结、自我表达、关系持久性[39]，而用户使用虚拟知识社区的频率反映了对于虚拟知识社区的依赖程度。因此，本节将用户使用虚拟知识社区的频率作为调节变量引入本研究。

调节变量关系自变量对因变量的影响强度，用来说明自变量在什么情况下对因变量的影响更大，在什么情况下影响较小。在对调节效用进行检验时，首先需要对自变量和调节变量进行中心化处理，然后将中心化后的自变量和调节变量相乘得到交互项，通过分层回归分析来检验交互项的回归系数是否显著，从而判断调节变量是否在自变量和因变量之间发挥调节作用。

本研究采用SPSS中的分层回归分析来对使用知乎频率在品牌依恋和知识共创之间所起的调节作用进行检验，具体步骤包括：首先，对以下分析中所涉及的自变量和调节变量进行中心化处理，自变量包括品牌承诺、情感依恋、认知依恋三个变量，调节变量为知乎使用频率，将自变量和调节变量相乘即形成交互项，如将品牌依恋和使用频率相乘即形成品牌依恋和用户使用频率的交互项；其次，将知识共创作为回归方程的因变量，中心化的自变量和中心化的调节变量均作为自变量，形成第一层模型；最后，依然将知识共创作为回归方程的因变量，中心化的自变量和中心化的调节变量均作为自变量，同时增加自变量和调节变量的交互项也作为自变量，由此形成第二层模型。进行多层回归分析之后，观察R^2的变化值、交互项的显著性来检验潜在的调节变量是否具有调节作用，*VIF*作为检验多重共线性的重要指标，也需要给予关注，防止回归方程涉及的多个自变量之间存在严重的共线性。

由表8－30可知，第二层模型和第一层模型相比，调整后R^2变化量为0.011，*P*为0.010，小于0.05，说明在95%的置信水平下，知乎使用频率这一变量在用户品牌依恋和知识共创中发挥调节作用。

表8－30　知乎使用频率在品牌依恋和知识共创中的调节作用分析

	R^2变化量	交互项	交互项标准化系数	*P*	显著性	*VIF*
第一层模型	0.57	无				
第二层模型	0.011	品牌依恋×性格	－0.10	0.010	显著	1.036

表8－31　知乎使用频率在情感依恋和知识共创中的调节作用分析

	R^2变化量	交互项	交互项标准化系数	*P*	显著性	*VIF*
第一层模型	0.51	无				
第二层模型	0.013	情感依恋×性格	－0.12	0.007	显著	1.03

表8－32　知乎使用频率在认知依恋和知识共创中的调节作用分析

	R^2变化量	交互项	交互项标准化系数	*P*	显著性	*VIF*
第一层模型	0.47	无				
第二层模型	0.004	认知依恋×性格	－0.067	0.14	不显著	1.02

由此可知，用户的虚拟知识社区使用频率在其品牌依恋以及情感依恋和知识共创行为之间具有调节作用，但是在认知依恋和知识共创行为之间的调节作用未能得到确认。

8.5　知识共创管理启示

对于虚拟知识社区来说，建立和用户之间的依恋关系有助于提高用户的知识共创行为，而建立和用户之间依恋关系的关键在于打造一个能够和用户建立联结关系的品牌，同时要注重将社区打造成为用户心目中令人喜爱的、有吸引力的、友善的、温暖的、令人激动的、带来快乐的、令人着迷的存在。同时研究也表明，通过提高用户对于品牌的依恋水平来增强用户的知识共创行为对于使用频率低的用户而言尤其有效。

8.5.1　品牌与用户的自我联结

本研究的发现对于虚拟知识社区的运营和发展具有一定的借鉴意义。对于虚拟知识社区来说用户参与至关重要。毫不夸张地说，用户共创价值的高低直接决定该虚拟知识社区价值的高低，当社区中有更多的人来创造高质量的知识时，这些用户也创造了该社区的价值。因此对于虚拟知识社区来说，如何鼓励用户进行高价值的知识创造是一个很大的难题。

根据本研究的结论，自变量品牌依恋和因变量知识共创之间呈显著的正相关关系，因此对于虚拟知识社区来说，要想提高用户的知识共创行为，构建和用户之间依恋关系非常重要。而在品牌依恋所包含的 5 个维度中，品牌和用户之间的联结维度与因变量之间的相关性最高，因此建立和用户之间依恋关系的关键在于建立产品和目标用户之间的联结关系。当用户认为自己和这个社区具有内在一致性、自己是这个社区想要服务的对象时，即本研究中所说的用户和社区之间建立起依恋关系时，用户就更可能停留在该社区中进行知识共创。品牌依恋不同于品牌态度，品牌态度是用户对品牌正面或负面的看法，但是品牌依恋则不同，仅仅在用户心目中建立起正面的形象是不够的，更重要的是要让用户产生紧密相连的感觉，用户可能会对很多品牌具有正面的看法，但是只会对少数品牌具有依恋情感，这就要求品牌在和目标用户进行沟通时，能够准确把握自己和目标用户之间的共通性，强调双方所具有的一致性特征，由此才能和消费者之间建立起依恋关系。

对于知乎来说，笔者认为在其发展初期特别是其实施邀请制的时候，和目标用户之间的联结关系是最紧密的，那个时候的知乎还是一个精英化的问答社区，知乎象征着“精英化”，这一形象和用户在内在一致性上高度契合。知乎在走向大众化的过程中，有意弱化精英形象，努力降低使用门槛，获取下沉用户，希望普通大众都能够参与到社区中来，目标用户范围的不断扩大不可避免地使得其与用户之间的联结性有所降低，从知乎在2018年发布的宣传片中可以看出，知乎通过“认真”来构建产品和用户之间的联结纽带，延续“认真、专业和友善”的社区精神，是和用户建立依恋的重要步骤。

8.5.2 情感依恋与认知依恋的异同

在本研究中，情感依恋和认知依恋是作为不同的品牌依恋类型而存在的，两个量表的共同之处是都强调品牌与用户之间的联结和一致性特征，此处两个量表在构建维度上展现出较大的差异性。情感依恋强调用户和品牌之间的情感关系，即Thomson量表中的感情维度和热情维度，而认知依恋强调用户对于自己和品牌之间依恋关系的感知度，即Park量表中的品牌显著性维度。从相关性分析来看，情感依恋与知识共创之间的相关系数高于认知依恋与知识共创之间的相关系数，而从中介效应分析来看，品牌承诺只在情感依恋和知识共创之间起到中介作用，而在认知依恋和知识共创之间不发挥中介效应，说明通过提高用户对于虚拟知识社区的情感依恋，能够有效提高用户对于社区的承诺水平，用户也就更倾向于在该社区中进行价值共创行为，知识共创则是虚拟知识社区中的价值共创。

对于虚拟知识社区的管理者而言，情感依恋相对来说也具有较高的可操作性，将社区打造成为用户心目中令人喜爱的、有吸引力的、友善的、温暖的、令人激动的、带来快乐的、令人着迷的社区比让用户认识到自己对于社区的品牌依恋更为重要。比如，对于一天使用 3 次以上知乎的用户来说，打开知乎只是一个习惯性的动作和操作，用户不一定是因为想起知乎才打开，也不一定会认为自己对于知乎的感受都源于自己，不论这些影响是否源于自己，只要其是正向的，那么被影响的用户就能够形成更高的品牌依恋，也就更可能成为知识共创的主要用户群体。

如果说知乎在打造品牌和用户的联结方面作出不少努力的话，那么其在感情维度和热情维度的表现则不尽如人意，近年来知乎为了营利，在商业化运营方面的尝试结果并不尽如人意，从其 2019 年商业化部门的大规模裁员也可窥见一二，这些不算成功的商业化举措给知乎带来的问题不仅在于营利堪忧，更深层次的影响在于知乎在用户心目中形象的损失，这是商业化带来的不可避免的影响，知乎要做的是努力降低这种负面影响，维持产品本身友善的、温暖的，能够给用户带来快乐的品牌形象，知乎在用户心目中要成为那个为了给用户解决问题而存在的产品，而不是为了营利而存在的产品。

8.5.3　虚拟社区使用频率的负面调节

知乎使用时长在用户对于虚拟知识社区的品牌依恋和知识共创行为之间不具有调节作用，而知乎使用频率在品牌依恋、情感依恋与知识共创行为之间具有一定的调节作用，但是调节作用较小且均为负面影响。首先，说明接触知乎的时间早晚，对其品牌依恋与知识共创行为之间的相关性并没有影响，但是使用知乎的频率则能够产生一定的影响。其次，本研究发现知乎使用频率在用户与知乎的品牌依恋和其知识共创行为之间发挥的是负向的调节作用。也就是说，对于知乎使用频率越高的用户来说，品牌依恋对知乎共创行为的影响越小；而对于知乎使用频率越低的用户来说，品牌依恋对知识共创行为的影响越大。

这一研究结论对于虚拟知识社区来说有着更加现实的意义，用户是否会产生知识共创行为，不仅与主观意愿相关，也与用户个人的能力有关，本研究的自变量品牌依恋主要是对主观意愿这一因素的探究。以上研究结论说明，虚拟知识社区在鼓励用户进行知识共创的时候，针对不同用户要采取不同的举措。对于知乎使用频率高的用户来说，品牌依恋对知识共创行为的影响减小，比起提高用户的品牌依恋水平，增加用户的知识共创的能力更为重要。一方面，可以针对本身具有较高创作能力的用户推送更多其关注领域的问题，刺激其进行知识共创行为；另一方面，可以降低用户进行知识共创的门槛，针对本身创作能力较差的用户来说，推送一些简单的问题邀请其回答。对于知乎使用频率低的用户来说，品牌依恋对知识共创行为的影响更大，因此提高这部分用户对于知乎的品牌依恋比刺激他们进行知识共创更为有效，具体如何提高用户的品牌依恋，请参考第 8.1 节和第 8.2 节提出的对策和建议。

参考文献

[1] 李朝辉. 基于顾客参与视角的虚拟品牌社区价值共创研究 [D]. 北京：北京邮电大学，2013.

[2] 李耀. 顾客单独创造价值的结果及途径——一项探索性研究 [J]. 管理评论，2015，27 (2)：120－127.

[3] 姜岩，董大海. 品牌依恋的概念架构及其理论发展 [J]. 心理科学进展，2008 (4)：606－617.

[4] KAMBIL A，FRIESEN G B，SUNDARAN A. Co－creation：A new source of value [J]. Outlook，1999 (2)：38－43.

[5] RAMIREZ R. Value co－production：Intellectual origins and implications for practice and research [J]. Strategic Management Journal，1999，20 (1)：49－65.

[6] HINONEN K，STRANDVIK T，MICKELSSON K，et al. A customer－dominant logic of service [J]. Journal of Service Management，2010，21 (4)：531－548.

[7] PRAHALAD C K，RAMASWAMY V. Co－creation experiences：The next practice in value creation [J]. Journal of Interactive Marketing，2004，18 (3)：5－14.

[8] VARGO S L，LUSCH R F. Evolving to a new dominant logic for marketing [J]. Journal of Marketing，2004，6 (1)：1－17.

[9] 刘海鑫，刘人境. 集体智慧的内涵及研究综述 [J]. 管理学报，2013，10 (2)：305－312.

[10] JOHANN F. Refining virtual co－creation from a consumer perspective [J]. California Management Review，2010，52 (2)：98－122.

[11] NAMBISAN S，BARON R A. Different Roles，Different Strokes：Organizing Virtual

Customer Environments to Promote Two Types of Customer Contributions [J]. Organization Science, 2010, 21 (2): 554 - 572.

[12] See - To E W K, Ho K K W. Value Co - creation and Purchase Intention in Social Network Sites: The Role of Electronic Word - of - Mouth and Trust—A Theoretical Analysis [J]. Computers in Human Behavior, 2014, 31 (1): 182 - 189.

[13] COSSÍO - SILVA F J, REVILLA - CAMACHO M Á, VEGA - VÁZQUEZ M, et al. Value Co - creation and Customer Loyalty [J]. Journal of Business Research, 2015, 69 (5): 1621 - 1625.

[14] CHUANG H M, CHEN Y S. Identifying the Value Co - creation Behavior of Virtual Customer Environments Using a Hybrid Expert - based DANP Model in the Bicycle Industry [J]. Human - centric Computing and Information Sciences, 2015, 5 (1): 1 - 31.

[15] 申光龙，彭晓东，秦鹏飞. 虚拟品牌社区顾客间互动对顾客参与价值共创的影响研究——以体验价值为中介变量 [J]. 管理学报，2016，13 (12): 1808 - 1816.

[16] 彭晓东，申光龙. 虚拟社区感对顾客参与价值共创的影响研究——基于虚拟品牌社区的实证研究 [J]. 管理评论，2016，28 (11): 106 - 115.

[17] SVETLIK I, STAVROU - COSTEA E, LIN H F. Knowledge Sharing and Firm Innovation Capability: An Empirical Study [J]. International Journal of Manpower, 2007, 28 (3/4): 315 - 332.

[18] HAU Y S, KIM B, LEE H, et al. The Effects of Individual Motivations and Social Capital on Employees' Tacit and Explicit Knowledge Sharing Intentions [J]. International Journal of Information Management, 2013, 33 (2): 356 - 366.

[19] KANKANHALLI A, TAN B C, WEI K - K. Contributing Knowledge to Electronic Knowledge Repositories: An Empirical Investigation [J]. MIS Quarterly, 2005, 29 (1): 113 - 143.

[20] CABRERA A, COLLINS W C, SALGADO J F. Determinants of Individual Engagement in Knowledge Sharing [J]. International Journal of Human Resource Management, 2006, 17 (2): 245 - 264.

[21] LIN H F. Effects of Extrinsic and Intrinsic Motivation on Employee Knowledge Sharing Intentions [J]. Journal of Information Science, 2007, 33 (2): 135 - 149.

[22] JABR W, MOOKERJEE R, TAN Y, et al. Leveraging Philanthropic Behavior for Customer Support: The Case of User Support Forums [J]. MIS Quarterly, 2014, 38 (1): 187 - 208.

[23] CROSS R, CUMMINGS J N. Tie and Network Correlates of Individual Performance in Knowledge - Intensive Work [J]. Academy of Management Journal, 2004, 47 (6):

928 – 937.

[24] BURKE M, MARLOW C, LENTO T. Feed Me: Motivating Newcomer Contribution in Social Network Sites [C]. SIGCHI Conference on Human Factors in Computing Systems, 2009: 945 – 954.

[25] LEVIN D Z, CROSS R. The Strength of Weak TiesYou Can Trust: The Mediating Role of Trust in Effective Knowledge Transfer [J]. Management Science, 2004, 50 (11): 1477 – 1490.

[26] CHENNAMANENI A, TENG J C, RAJA M K. A Unified Model of Knowledge Sharing Behaviours: Theoretical Development and Empirical Test [J]. Behaviour & Information Technology, 2012, 31 (11): 1097 – 1115.

[27] HUNG S – Y, DURCIKOVA A, LAI H – M, et al. The Influence of Intrinsic and Extrinsic Motivation on Individuals' Knowledge Sharing Behavior [J]. International Journal of Human – Computer Studies, 2011, 69 (6): 415 – 427.

[28] THOMSON M, MACLNNIS D J, PARK C W. The ties that bind: Measuring the strength of consumers' emotional attachments to brands [J]. Journal of Consumer Psychology, 2005, 15 (1): 77 – 91.

[29] PARK C W, MACLNNIS D J, PRIESTER J, EISINGERICH A B, LACOBUCCI D. Brand attachment and brand attitude strength: Conceptual and empirical differentiation of two critical brand equity drivers [J]. Journal of Marketing, 2010, 74 (6): 1 – 17.

[30] 赵欣，周密，于玲玲，刘倩．基于情感依恋视角的虚拟社区持续使用模型构建——超越认知判断范式 [J]. 预测，2012，31 (5): 14 – 20.

[31] JAPUTRA A, EKINCI Y, SIMKIN L, NGUYEN B. The dark side of brand attachment: A conceptual framework of brand attachment's detrimental outcomes [J]. The Marketing Review, 2014, 14 (3): 245 – 264.

[32] FEDORIKHIN A, PARK C W, THOMSON M. Beyond fit and attitude: The effect of emotional attachment on consumer responses to brand extensions [J]. Journal of Consumer Psychology, 2008, 18 (4): 281 – 291.

[33] 范志国，郭靖丽．品牌依恋对我国年轻顾客群体行为意向影响的实证研究——基于品牌承诺中介效应的分析 [J]. 经济经纬，2015，32 (6): 108 – 113.

[34] 吕庆华，郑淑蓉，刘伟，高翔．品牌依恋对运动鞋品牌忠诚的影响机理：运动鞋品牌承诺的中介作用 [J]. 上海体育学院学报，2014，38 (5): 32 – 39.

[35] MOORMAN C, ZALTMAN G, DESHPANDÉ R. Relationships between providers and users of market research: The dynamics of trust within and between organizations [J]. Journal of Marketing Research, 1992, 29 (3): 314 – 329.

[36] O'HERN M S, RINDFLEISCH A. Customer co – creation: A typology and research agenda [J]. Review of Marketing Research, 2010, 6: 84 – 106.

[37] MCALEXANDER J H, SCHOUTEN J W, KOENIG H F. Building brand community [J]. Journal of Marketing, 2002, 66 (1): 38 – 54.

[38] 郭晓凌. 消费者品牌敏感：模型与实证 [M]. 北京：对外经济贸易大学出版社，2007: 88.

[39] HEIBRUN N. Les facteurs d'attachement du consommateur a la marque, These de Doctorat en Sciences de Gestion [J]. Universite Paris IX Dauphine, 2001 (9): 55 – 63.

第 9 章　社群仿真与品牌传播

近年来，网络技术的不断发展加快了信息时代的到来，互联网已经在人类的生活中无处不在，成为普通大众日常生活不可缺失的一部分，而基于互联网发展起来的各类新媒体与信息交流新平台也成为不可逆转的新潮流。互联网已经成为消费者信息获取的重要渠道，消费者可以更加深入地了解商品信息与品牌故事，获得更多消费选择；品牌亦可通过各类互联网平台夺取潜在客户，互联网平台的影响力日益受到企业的关注与重视。

口碑信息作为反映品牌与产品质量的重要指标，深受消费者的重视与信赖。在进行消费时，消费者往往提前通过互联网平台，以平台用户的身份来获取网络中的在线口碑（Online Word of Mouth）信息，他们的最终消费选择亦会受到在线口碑信息的影响；而消费者在完成消费后，同时也会在互联网平台上发布各种形式的在线口碑信息。企业通过研究在线口碑信息的发布趋势，可进一步优化品牌营销方式，有针对性地提升产品质量。不同于传统口碑信息，在线口碑信息传播范围更广，传播影响力更大，越来越多的企业与品牌方将其纳入主流营销方式。相比于品牌方投放的广告等传统营销方式，消费者在互联网平台中主动发布的在线口碑信息通常更受其他消费者及平台用户的信任与期待，同时也会对消费者的最终消费选择与对消费者的品牌口碑产生深远的影响。

当前主要有三类可供在线口碑信息发布的互联网平台，分别是网络购物网站、专业在线口碑网站以及在线社区。网络购物网站一般都拥有自身的消费者评价制度与系统，消费者在网站上购买商品后可通过消费者评价系统对商品质量、卖家服务与商品物流等网络购物相关内容进行评价与反馈，我国主流的网络购物网站如天猫、京东以及当当网等都拥有健全完善的消费者评价体系。专业在线口碑网站作为除商家与消费者以外的第三方企业，可以为消费者提供相对客观与公正的在线口碑信息，帮助消费者作出更加正确与合适的消费选择，提升商家的品牌知名度与影响力，国内较为知名的专业在线口碑网站有口碑网、美团、大众点评等。而随着科技的不断发展以及日益增长的用户需求，各类在线社区应运而生，它们通常功能强大、操作简单，能够将现实世界中拥有相似兴趣爱好的用户紧密联系在其中，用户可在社区中自由交流信息，分享个人经验与知识。除信息种类繁杂的普通在线社区，很多企业开始以在线品牌社区（Online Brand Community）这一新形式营销品牌形象，如华为花粉俱乐部、三星论坛以及小米之家等，企业可以在在线品牌社区中与消费者进行更加方便与快捷的交流，及时发现消费者的动态与行为趋势，不断对品牌形象进行优化与完善，增加顾客对品牌的依恋与忠诚程度。

在线口碑社区的发展离不开在线口碑信息的传播与交流，在线品牌社区内部的信息交流传播状况反映了在线品牌社区的生存状态与社区价值。在线品牌社区内的在线口碑信息通常囊括产品的各种信息，如消费者的消费体验以及品牌历史背景等相关品牌知识，所以在线口碑信息的交流与传播从实质上来说也是在线品牌社区内部的知识转移。而在知识转移的过程中，由于在线口碑信息所含知识的内隐性和知识复杂程度以及在线品牌社区用户进行知识转移时的用户意愿与能力等多重因素的影响，在线品牌社区的在线口碑信息交流活动往往会产生知识黏滞（Knowledge Stickiness）的现象，即在线口碑信息的知识转移难度加大，信息传播成本增加，在线品牌社区内用户之间的交流不再顺畅。

知识黏滞现象的产生不仅会影响在线品牌社区内部的在线口碑信息传播效率，从长远角度来看，更会使在线品牌社区这一互联网平台无法充分发挥其优势，消费者无法从在线品牌社区及时获知消费行为可能拥有的风险与相关产品最新信息与潮流，企业难以实时感知消费者的心理状态与行为特征，把控市场舆论与态势，在线品牌社区逐渐失去其自身价值与发展活力。随着科学技术与消费者需求的不断发展，在线品牌社区日益成为企业经营品牌形象吸引消费者关注的重要方式，所以对在线品牌社区内部所产生的知识黏滞现象以及知识黏滞对在线品牌社区用户行为与用户口碑的影响的研究具有十分重要的现实意义。

9.1 网络信息传播理论

消费者在在线品牌社区中主动发布的相关在线口碑信息如产品使用体验、消费服务体验以及品牌故事等均会影响社区内其他消费者对该品牌以及其产品的口碑印象。由于在线品牌社区用户个体能力与意愿以及在线口碑信息的内隐性等因素的影响，在线品牌社区内部难免会出现知识黏滞这一现象，而在线品牌社区中的知识黏滞现象势必会对在线品牌社区内用户的行为与口碑变化产生相应的影响。本研究在理论与实践两个角度均有重要意义。

从理论上来看，目前已经有相当一部分学者针对在线品牌社区内的用户信息采纳行为以及在线口碑信息展开相关研究，但当前的研究仍然具有可以进行继续补充的研究角度。本章研究内容以在线品牌社区为研究基础，结合知识黏滞、观点交互以及信息采纳等领域的相关理论，以口碑效价为在线口碑信息的测度指标，对在线品牌社区内部消费者的用户信息采纳行为与用户口碑进行深入研究，研究成果在一定程度上对当前研究领域的研究内容进行了扩充，丰富了在线品牌社区研究领域的研究角度，扩展了知识黏滞与信息采纳等领域的研究范围。

从实践的角度来看，在线品牌社区内部的各类在线口碑信息对于企业与品牌来说具备极大的商业价值，本章探究了在线品牌社区知识黏滞对用户信息采纳行为的相关作用关系，还研究了知识黏滞现象下在线品牌社区内消费者的用户口碑的相关变化，可以为企业针对性地管理社区用户、提升用户口碑、营销品牌形象提供实质性的管理依据与管理建议。本章的研究成果将进一步优化企业与品牌方对在线品牌社区的建设，加快在线品牌社区用户的口碑信息交流效率，增强在线品牌社区的发展活力，最终促成企业与品牌的成功营销与经济发展。

9.1.1　核心概念

1. 知识黏滞

Von Hipple 是最早明确提出知识黏滞概念的学者，他在研究如何在技术创新的过程中解决相关技术问题时，发现了黏滞信息的存在，并明确定义了黏滞信息和信息黏滞的概念与内涵："为了探讨创新问题解决地点与信息转移成本之间的关系创造出黏滞信息这一新名词。我们把指定情况下指定信息的黏性定义为把该信息转移为指定信息需求者在指定地点可以运用的形式需要多付出的代价。通常在技术问题解决过程中所需要的信息的获得、转移和在一个新地点应用是需要成本的，称之为信息的黏滞。"[1]

其他学者在 Von Hipple 所提出的黏滞信息与信息黏滞等概念的基础上，继续对信息在交流传播的过程中所出现的黏性问题展开相关研究。由于 Von Hipple 在研究黏滞信息与信息黏滞现象时的研究对象主要是技术创新过程中的科技信息，所以 Von Hipple 所提出的信息黏滞概念实质上也可以理解为黏滞知识与知识黏滞。因此，在之后对黏滞知识和知识黏滞的相关研究大多会引用 Von Hipple 的研究成果，认为知识黏滞就是知识在转移与流动过程中的障碍与难度，并在此基础上展开进一步的研究，提出了具有不同特点的新概念[2-4]。

2. 在线品牌社区

英国学者 Howard Rheingold 将在线社区定义为"一群主要通过计算机网络沟通的人们，彼此间有一定程度的认识、分享某些知识和信息、互相关怀，从而形成的团体"[5]。在线社区是一个供人们进行信息交流和知识转移的互联网平台，这些人往往拥有相似的兴趣爱好与生活需求，他们的目的是获取所需信息并发布他人所需信息；基于商业角度来说，消费者可以在在线社区中进行有关产品、服务和品牌经验的信息交流活动，同时也可为企业提供市场参考。[5-7]

随着消费的不断升级，越来越多的消费者关注品牌的形象与发展，由消费者、企业或者第三方机构基于对品牌的共同兴趣与热爱所构建的一系列品牌社区应运而生。品牌社区属于消费社区类别，Muniz 最早提出了品牌社区的概念："品牌社区是一个特定的、非地理边界的社区，在对某品牌的仰慕者以一定的社会结构而存在。品牌社区成员能持续地、广泛地影响品牌社区的观念与活动。"[8]之后的众多学者对品牌社区的定义不断进行扩展研究，他们认为品牌社区的核心内涵是社区用户对品牌的共同欣赏与责任。基于一种群体的热情与意识，相较于品牌社区以外的消费者，品牌社区内部的消费者往往具有相似的价值观，他们之间的彼此认同更加紧密，且品牌社区内的消费者通常会主动贡献自己的消费经验与产品知识以帮助其他消费者，体现出一种品牌责任感与使命感。[9,10]

有关在线品牌社区的研究起源于20世纪90年代末，相关的研究成果还暂时不够成熟。简单来说，在线品牌社区就是在线社区与品牌社区的有机结合，是以互联网与计算机技术为基础，由企业、第三方机构或消费者和品牌粉丝所发起的网络平台，便于拥有共同兴趣爱好与信息需求的消费者进行沟通交流，企业也通过这一平台与消费者展开线上互动，并取得与消费者心理与行为有关的市场信息。[11-13]

3. 在线口碑

有关口碑的研究最早起源于传播和营销学领域，作为口碑研究的奠基人，Asch S. E. 认为，口碑是一种社会从众心理，即以口头传播为基础的"三人成虎"现象。[14] Johan Arndt 最早定义口碑的概念："口碑是指传播者和接收者关于一个产品、品牌、组织或服务的非正式信息沟通行为。"[15]口碑实际上是消费者之间的双向信息交流沟通行为，其内容是消费者所传播交流的有关某一组织服务或产品的正面和负面的评价和看法，并且口碑具有明显的非商业目的性。口碑可能是正面的，也可能是负面的，口碑的正负可能会影响品牌的利益。[16-18]

9.1.2 理论基础

从国内外相关文献可发现，目前已经有相当一部分学者针对在线品牌社区内的知识黏滞现象与在线口碑展开相关研究，但当前的研究仍然具有可以进行继续补充的研究角度。学者们普遍认为知识黏滞就是知识在转移与流动过程中的障碍与难度。知识黏滞现象的产生受多种因素的影响，众多学者对组织内部知识转移过程中的知识黏滞现象的形成原因与影响因素以及如何降低知识黏滞促进黏滞知识在组织内部的转移等内容展开了相关研究。知识黏滞现象的影响因素可以概括为以下三点：①知识本身的特征因素；②知识转移主体的能力因素；③知识转移主体的意愿因素。

随着消费的不断升级，越来越多的消费者开始关注品牌的形象与发展，由消费者、企业或者第三方机构基于对品牌的共同兴趣于热爱所构建的一系列品牌社区应运而生。在线品牌社区就是在线社区与品牌社区的有机结合，是以互联网与计算机技术为基础，由企业、第三方机构或消费者和品牌粉丝所发起的网络平台，作为在线社区与品牌社区的结合体，它的知识转移过程具备在线社区与品牌社区的双重特点。总的来说，在线品牌社区知识转移过程有以下影响因素：①知识转移主体的个体因素；②知识本身的特征因素；③知识转移主体的交互关系因素。

口碑实际上是消费者之间的双向信息交流沟通行为，其内容是消费者传播交流的有关某一组织服务或产品的正面和负面的评价和看法，口碑可能是正面的，也可能是负面的。口碑信息主要有以下三个来源：①消费者；②企业；③第三方。人们普遍认为，在线口碑就是消费者在完成消费行为后对产品和服务形成一定的看法和评价，以文字、图片和视频等多种形式通过在线社区、社交网站等各类互联网平台传播给其他消费者的信息沟通行为。学者们普遍认同在线口碑效价这一测量指标，而对于其他指标都存在不同程度的分歧，需要更多学者进行进一步的阐述和证实。本章对在线品牌社区用户信息采纳行为与口碑所展开的研究将进一步优化企业与品牌方对在线品牌社区的建设，加快在线品牌社区用户的口碑信息交流效率，增强在线品牌社区的发展活力，最终促成企业与品牌的成功营销与经济发展。

1. 网络空间理论

网络空间是一种概念空间、象征空间，是一种涉及多学科、多领域、多维度、多层次的复杂空间。从 Web 1.0 到 Web 2.0 再到 Web 3.0 的发展充分体现了网络空间是“最生动、最多元、最具活力，也最不受传统社会秩序和准则约束”的。网络空间作为一种新型的、对我们直接感官来说不可见的空间，一种也许会比物理空间本身更重要的空间，构建于传统地理空间结构基础之上却不同于传统地理空间的空间，是虚拟现实的一种形式，同时也提供了社会互动并包含文化价值，用于储存数据、服务、各种信息、交谈、浏览，以及各种在传统意义上面对面进行的沟通。

在线品牌社区作为一种网络空间，首先是一种抽象空间，本质上是人类精神活动和智力创造的产物，即思想或观念的世界。它并非只是空洞的信息容器，而且表征网络主体的主观追求和内在活力，集中体现人类智慧的能动性和创造性。在线品牌社区的网络空间是现实的空间，个体与群体、现实与虚拟、真实与幻想、物质基础与精神动力、主体个性与群体共性、可遇不可求的灵光一闪与人多力量大的群策群力彼此碰撞、相互激发，衍生出无穷的智慧与活力之流，因此兼具自然性、空间性、社会性、历史性、文化性、心理性、观念性和实在性。在线品牌社区的网络空间是一种流动的空间，依赖各种类型的流动得以构建成形，如信息交换、数据共享、资源交易、技术交流、行为互动，以及文字、图像、音频、视频的全球共享等。信息、通信和电子技术新范式的兴起改变了原有的社会交往模式和生活空间，促生了一个全新的网络社会的崛起。在线品牌社区作为网络空间的一种新存在、新经验与新认知，在哲学意义上具有以下特点：①在本体论意义上,体现为虚拟真实二重性与想象力表演所构建的超真实；②在现象学意义上,在线品牌社区赋予网络开放性、社会性、丰富性和主动性，使人能通过在线品牌社区的网络空间向无限世界扩展；③在认识论意义上,体现为认知系统的内在组成部分以及知识和社会维度的信息系统，即人与网络空间愈发走向共生共栖的关系：某项认知活动的进行和成果既依赖于人本身所具有的信息处理能力，也依赖于网络空间的信息处理能力，更依赖于人与网络空间之间有效的信息传递、信息交换及信息共享。而从信息系统的角度来讲，在线品牌社区的网络空间代表从纸质文化到超链接文化的知识论变迁。从社会认识论的观点出发，在线品牌社区的网络空间代表知识和信息的社会维度，从而是一种集体性的、无等级的大众知识创造空间。

2. 信息传播理论

复杂网络信息传播模型和理论研究面临两个关键问题：一是对网络结构的描述；二是对节点间传播动力学关联性的描述。在模型构建中，假设条件的减少会使模型更加接近实际，然而往往会使描述方程数增加，针对不同的研究目标，选择合理的假设、构建准确并简练的模型是信息传播理论和模型研究中重要的一个问题。目前，学者们提出的信息传播模型主要有三类：第一类是阈值模型，包括线性阈值模型和一般阈值模型。阈值模型被提出时主要用以描述集体行为，并且假设邻居节点对传播过程发挥重要作用。第二类是级联模型，级联模型的提出是受到相互粒子系统理论的启发。首先是在营销模式研究中提出了独立级联模型，模型中，一个节点是否接收来自激活节点（获得信息并且愿意传播的节点）传播的信息与其他激活节点对其的影响相互独立。第三类也是最广泛采用的，是传染病传播模型。传染病模型用数学分析方法分析天花在人群中的传播过程的启发。类似于阈值模型和级联模型，传染病模型中将人群分为不同的流行疾病中最常见的状态即易感染、感染以及免疫状态，由此产生了不同的传染病模型。针对不同的传播模型，不同的求解传染病模型数学分析方法被提出。常用的有平均场方法、点对近似方法以及基于边渗流理论的生成函数法等。

信息传播是一种复杂的社会传染过程，与传染病传播有很大不同，主要表现在三方面：①传播者方面,传染病的传播者是被动传播的，而信息传播者则是主动传播，其社会身份或者个人兴趣在信息传播中占主导地位；②传播体性质方面，信息如谣言、观点等具有时效性和可靠性，而疾病则持续存在且具有侵入性；③传播路径方面，疾病的传播需要物理接触，而互联网时代信息传播更多是通过在线网络传播。因此，在研究信息传播模型时，往往需要在传染病传播模型中引入信息传播特征，构建改进的传播模型。社会强化现象是信息传播过程中的一个重要特征。个体在决定接收信息或者采取行为时，若多次接收到其邻居个体的推荐，那么该个体的接收意愿会加强。社会强化作用和趋同性促使高度集聚的社区内部的信息传播得到加强。尽管目前已经提出多种模型研究信息传播过程，但是由于社会关系的复杂性，构建社交网络上的信息传播模型一直是一项具有挑战性的任务，很多问题仍需深入研究。

3. 观点交互理论

为了研究网络观点动态的新特征和新形式，观点动力学从网络微观和网络宏观两个角度建模分析网络舆论影响因素，仿真网络舆论的涌现、发展和固化阶段。在网络观点动力学研究中，首先通过模拟实际网络环境，建立特征相似的复杂网络，或使用数据获取技术还原真实互联网社区的拓扑结构。然后量化网络中用户的观点产生、观点选择、在线交流行为，设定个体之间的观点交互规则。最后设定模型参数，进行数值仿真。通过观察模型演化的过程，分析网络舆论的动态规律。

为了便于研究网络观点演化的最本质规律，同时降低模型仿真演化的复杂度，许多研究者在建模时往往对实际网络中的繁复现象作出过分的简化。虽然作为自然人的网络用户具有极高的复杂性，用户在线交互的行为模式和内容繁多，但是社会物理学的相关研究表明，从宏观统计角度来看，大多数微观个体的随机行为可以相互抵消，不能对宏观结果产生影响基于上述原因，研究者可以对网民的行为模式和互动模式进行必要的简化，去除多余的影响因素和条件，建立不同的模型，来分析网络观点演化的不同特征和现象。

观点动力学的模型主要分为离散模型和连续模型两种。离散模型将节点的观点取值范围设定为离散数值或者离散集合，一般是两个对立取值，分别代表两个彼此矛盾对抗的观点。与离散模型不同，连续模型设定节点的观点取值范围为一个连续的区间。根据连续区间的特性，许多模型在个体交互条件中加入有限信任的规则。虽然在个体观点的设定上有所不同，但不论是离散模型还是连续模型，都是基于复杂网络环境、以个体之间的规则为基础的多节点模型。复杂网络中的节点和连接分别代表网络用户个体和个体之间的好友关系（有向连接代表单向的关注关系）。

每一时步内，系统都按照规则设定的顺序（随机或非随机序列）选取每一个节点。在选中一个节点的时候，节点按照系统设定的规则与其他邻居节点发生观点交互行为，并根据行为的结果来更新自己的观点。网络中的每个节点均被选中一次之后，当前时步结束。在下一时步中，系统重复上述过程，直到网络中个体的观点不再发生大规模的变化，网络出现观点统一、观点对峙或僵持分裂等稳定结果。经过上述步骤，系统完成了一次观点演化。通过计算机编程的方法，设定舆论所发生的网络拓扑、个体属性和个体行为规则等条件，研究者可以直观地观察各种影响条件对网络观点演化的影响效果，而不需要进行复杂的数值运算。

4. 信息采纳理论

信息采纳的概念起源于信息技术采纳和知识采纳的相关研究[19]，是信息行为研究领域的新兴研究内容，目前还暂时没有统一明确的定义。国内外众多学者对信息采纳的内涵进行了研究，总结来说信息采纳就是个体有目的地主动对信息进行吸收利用的多阶段行为过程。[20-22] 从本质上来说，信息采纳是一种决策行为，在进行决策的过程中，个体会经过信息获取、信息评价和信息接收等多个阶段，并且个体信息采纳行为结果最终还可能影响个体的其他行为。在信息行为研究领域中，与信息采纳比较相近的概念是信息接受，个体的信息接受行为也是一个由信息获取、信息选择和信息接收等多个阶段组成的行为过程。[23] 与信息接受相比，信息采纳更能凸显个体在整个信息行为过程中的内在心理和主体行为变化，更能突出信息采纳的个体认知效用。[24]

信息采纳理论是建立在知识转移基础上的，当人们想做某事时，他们想到从外界接受思想。信息、信息源和信息接收者都会对信息说服的程度产生影响。说服具有改变他人意见、想法、态度和行为的效果。信息质量是影响说服过程中说服效果的主要因素。研究者基于 TAM 模型和 ELM 模型基础，构建了 IAM 信息模型。其给出的信息采纳模型表明信息采纳行为是一个主动的信息行为，受信息质量与信息源的影响，中介变量感知有用性的作用会促使信息采纳行为的发生。IAM 模型中，信息源可信度和信息质量是信息有用性的直接影响因素，而信息有用性又会对信息采纳产生进一步的影响。该模型中自变量是信息有用性，因变量是信息采纳行为，而潜在变量是信息质量与信息源可信度，是自变量的直接影响因素。该模型反映出信息采纳行为的最重要影响因素是信息接收者对信息的感知有用性。信息质量被看成 IAM 模型中的中心路径，而被视为边缘路线的则是信息源可信度。

9.2 社群仿真方法

为了更好地与消费者沟通，对品牌形象与产品服务进行更有效的营销推广，越来越多的企业着手建立属于自己的在线品牌社区。

9.2.1 花粉社群

作为国内手机领军品牌的华为公司，在世界范围内具有庞大的手机用户群体。华为在官方微博等互联网交流平台的基础上，进一步构建了唯一官方运营的在线品牌社区——华为花粉俱乐部。“花粉”是华为粉丝的谐音，“花粉俱乐部”则是华为手机的粉丝交流平台。“花粉俱乐部”主要提供华为手机产品的最新资讯，组织丰富的线上、线下活动，给“花粉”们提供互动交流的机会。华为花粉俱乐部中拥有不同的版块，社区用户可以根据自身的兴趣爱好与实际需求选取适合自己的版块浏览帖子并进行回帖互动，每一条帖子内容都持有确切的观点，不断向浏览该帖的用户传递观点与口碑。用户通过浏览采纳帖子的内容更新自身的观点与口碑，为下一步的消费选择提供决策帮助，企业通过帖子内容的分析掌握消费者的行为特征与观点动态（见图9－1、图9－2）。

与其他在线品牌社区相比，华为花粉俱乐部的用户群体与社区规模都较大，社区内互动氛围活跃，社区信息交流形式较为典型，用户间的直接交流很少，消费者多通过帖子与帖子的评论内容与其他用户进行观点的交互。所以本章选取华为花粉俱乐部作为在线品牌社区研究背景，在保留社区基本特征的前提下，简化用户行为规则，抽象出既符合现实情况又便于分析的仿真模型。

在线品牌社区中知识黏滞仅有个体用户知识水平、用户接受意愿、帖子知识复杂度和帖子页面排序等四个影响因素。在线品牌社区中知识黏滞影响因素的作用机制如图9－3所示。

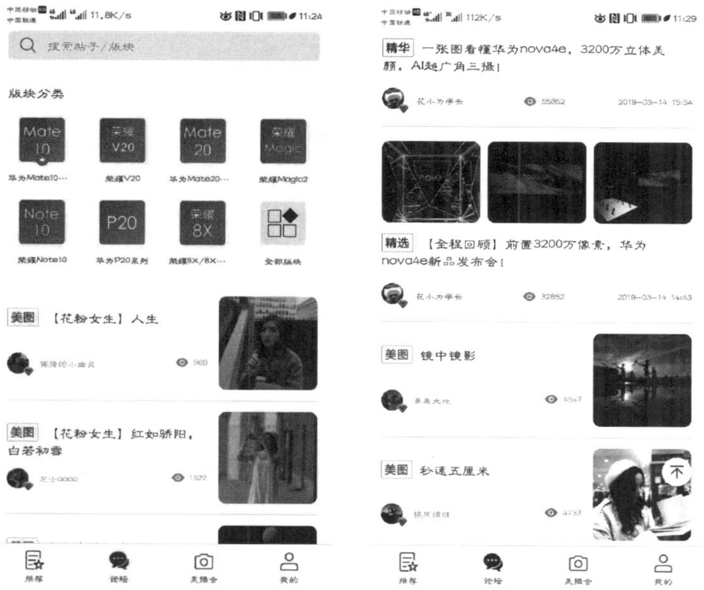

图 9 –1　华为花粉俱乐部的版块分类与页面环境

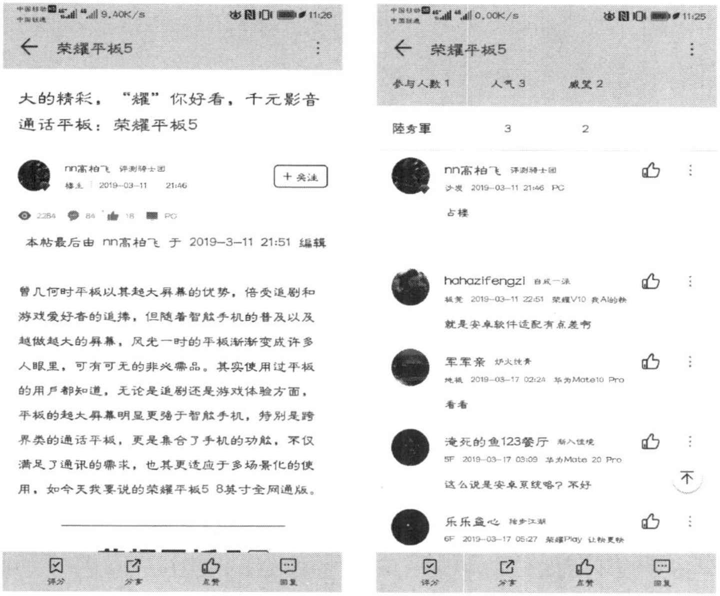

图 9 –2　华为花粉俱乐部帖子内容与帖子评论

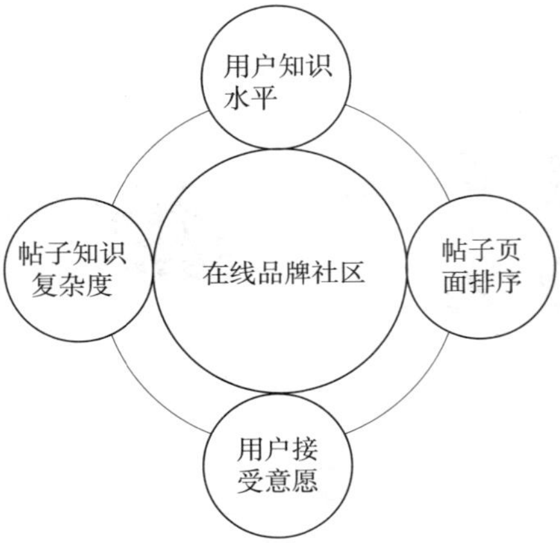

图 9-3 在线品牌社区知识黏滞影响因素作用机制

在以华为花粉俱乐部为代表的在线品牌社区中，个体用户往往基于某一帖子展开激烈讨论，用户之间的单独交流与直接交流较少，知识转移和观点交互通常发生在个体用户与帖子之间。在在线品牌社区的知识转移过程中，知识接收方为个体用户，知识发送方为社区内的帖子。在线品牌社区内用户的信息采纳行为分为信息接收与信息接受两个行为阶段（见图 9-4）。

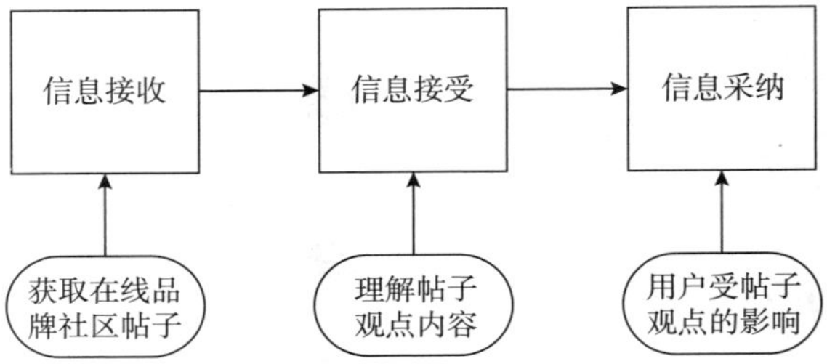

图 9-4 用户信息采纳行为阶段

在华为花粉俱乐部中的每一个的消费者都具有自己的品牌态度，即消费者的用户口碑，当社区内用户浏览帖子与帖子下方的评论信息时，他们会与帖子发布者以及其他用户产生观点的交互，每进行一次观点的交互，该用户的口碑就更新一次。

9.2.2　理论模型

本节将梳理常见的观点交互模型，为后续的研究铺垫理论基础。观点交互模型主要可以分为两大类：离散观点交互模型和连续观点交互模型。其中，前者包括投票者模型（Voter Model）和 Sznajd 模型，后者的代表性模型则有 Deffuant 模型和 HK 模型。另外，还将介绍个体信息采纳行为模型。

1. 投票者模型

投票者模型最初来自“物种竞争时的一种群体现象”，后被正式称为投票者模型。[25,26]投票者模型是最简单的一种离散观点交互模型，并且基于投票者模型可以求得非平衡动力学解析解，因此投票者模型在相关研究中被广泛应用。投票者模型假定个体可以在两种观点中的任意选择，两种观点一般是一个二值变量，即 0 或 1。个体选择观点的规则非常简单，当个体受到相邻个体观点的影响时，可以随机采纳邻居个体的观点。假设个体 i 和个体 j 是一个群体网络中的邻居，当进行观点更新时，个体 i 可调整自身的观点，变成邻居个体 j 的观点。由此可见，对于一个具有 N 个个体的系统来说，每进行一次观点更新，个体就可以随机选择一个邻居个体的观点进行更新。这种观点更新规则体现个体的模仿性。也就是说，当个体不了解某一事件时，往往会选择追随其他个体的脚步。因此，在投票模型中，只要个体的初始观点不统一，通过随机选择和观点更新，0 或 1 两种观点都可能会正处于主导地位，这说明投票者模型的确是一个合理的观点交互模型，能较为真实地反映现实情况。很多学者都开展了有关投票者模型的研究。有学者发现：“个体在进行网络观点更新的过程中，会出现两种方式，一种是个体自身被邻居的观点说服，另一种是个体说服邻居接受自己的观点，因此个体间存在双向说服的行为。”[27]有研究发现：“模型中的个体会采用非线性的方法来依赖周围持有反对意见的邻居，以此进行观点选择。在非线性的投票规则下，群体观点最终会演化到没有极化或者群体完全一致的状态。”[28]还有研究发现：“个体会在某一个时间段内保持某种观点，在这个时间段内其转化为另一种观点的概率就会变小，如果个体最终改变了自身的观点，则他之前的观点记忆将会完全清空。”[29]

2. Sznajd 模型

Sznajd 模型中观点一致的个体会在聚集之后一起去影响相邻个体的观点值，反映了群体说服力更大这一现象。最简单的 Sznajd 模型采用一维舆论演化方式来说明个体的观点更新规则，即在一维规则的网格中，每个个体的观点只有两种，即赞成或者反对。如果该个体的观点为赞成，则观点值为 1；当个体的观点为反对，则观点值为 -1。Sznajd 模型每次更新选择两个相邻个体，它们的观点分别为 S_i、S_{i+1}改变周围相邻个体的观点 S_{i-1}、S_{i+2}，更新规则如下：①若两个体观点相同，则他们的相邻个体都受他们观点的影响，即若 $S_iS_{i+1} = +1$，则邻居的观点更新为 $S_{i-1} = S_{i+2} = S_i$（铁磁性规则）；②若两个体具有不同的观点，则他们的相邻个体会受自己次邻个体观点的影响，即若 $S_iS_{i+1} = -1$，则相邻个体观点按如下规则更新，$S_{i-1} = S_{i+1}$，$S_{i+2} = S_i$（反铁磁性规则）。通过以上的观点更新规则可以发现，当两个体具有相同的观点时，则他们的相邻个体都受他们观点的影响；而当两个体具有相反的观点时，则他们的相邻个体会受自己次邻个体观点的影响。假设整个一维网格中的个体，一半个体观点为赞成，一半个体观点为反对，则从任意网格开始，整个系统的平衡态将呈现全部个体的观点为 1，全部个体的观点为 -1 或者一半个体观点为 1，一半个体观点为 -1 的三种状态，且每种状态出现的概率为 25%、25% 和 50%。

进一步拓展 Sznajd 模型为二维的 Sznajd 模型。其更新规则更改为保持规则①不变，即当两个体具有相同的观点时，则他们的相邻个体都受他们观点的影响；规则②发生了改变，即当个体 i 和个体 j 的观点不相同时，他们的相邻个体的观点不发生变化，继续保持原有的观点。与投票者模型相比，Sznajd 模型的最大特点为，投票者模型中的个体观点总是受到最近相邻个体观点的影响，而 Sznajd 模型中个体观点可以受到非最近相邻个体观点的影响。Sznajd 模型通过对现实世界的抽象化，用最简单的个体观点更新规则反映了个体观点演化的规律，也解释了个体在观点演化初期的盲从现象。

总体来说，由于离散观点模型中需要从有限的离散观点集合中抽取观点值，所以使部分个体总是推翻其自身过去的观点，并反复进行此过程直至稳定，这种剧烈变动的现象在现实世界中实际上并不常见。在实际情况中，个体可能具备离散的观点值，但也可能拥有连续的观点值。个体在进行观点交互时，通常更愿意与观点相似的个体进行观点交互，并且忽略与自身观点背道而驰的观点。[30-32]

3. Deffuant 模型

Deffuant 模型是经典的有界信任模型，在该模型中，个体的观点值 X_i 是属于（0，1）之间的实数，0 或 1 表示个体的观点处于极端值状态。当个体选择邻居 j 的观点进行交互时，两者的观点差值需满足：

$$|X_i - X_j| \leqslant \varepsilon \quad \varepsilon \in (0,1) \qquad \text{公式（9-1）}$$

即个体 i 和 j 发生观点交互时，其观点差值需小于阈值 ε，此时个体 i 才会去调整自身观点，否则会保持原有观点不变。当观点差值小于阈值 ε 时，个体调整自身观点的规则是：

$$X_i = X_i + \varphi \times [X_j - X_i] \quad \varphi \in (0,0.5) \qquad \text{公式（9-2）}$$

其中，φ 是收敛参数，表示个体对邻居信任的程度，φ 的大小只影响系统的弛豫时间。[33]

Deffuant 模型中的个体观点交互结果一般会呈现三种状态：①中央收敛状态。绝大部分个体的观点最终都为中性观点，只有极少数个体的观点处于极端状态。②双极收敛状态。最终出现了两个极端观点群。③单极收敛状态。最终只出现了一个极端观点群。[34] 通过 Deffuant 模型可以看出，个体的观点值是逐步接近其他个体的观点值的，不会发生观点的跳变，直至形成极端观点。在实际的个体观点交互过程中，个体间的关系是随着观点交互过程而不断改变的。社会比较理论指出“人们似乎更倾向于和那些与他们相似的人进行观点的比较，因为他们更感兴趣的是证实自己的观点，而不是评价自己的观点。个体不愿与意见相悖的人争论，因此疏远与这些人的关系，这进一步体现了个体会选择与自己观点相近的人进行观点交互，而忽视那些与自己观点相悖的人”。

4. HK 模型

HK 模型在个体观点更新规则上与 Deffuant 模型具有一定的差别。HK 模型中个体在进行观点更新时会将观点阈值范围内的相邻个体的观点平均值作为自己的新观点，个体观点更新规则如下[35]：

$$Y_i(t+1) = \frac{\sum_{j:|Y_i-Y_j|\leq\varepsilon} Y_j(t)}{n\{j:|Y_i - Y_j| \leq \varepsilon\}} \qquad \text{公式（9-3）}$$

其中，$\{j:|Y_i - Y_j| \leq \varepsilon\}$ 表示在相近观点阈值范围内的相邻个体的数量，在个体更新观点时，还会给观点阈值范围内的每个相邻个体的影响力设置一个权重 u_{ij}，此时个体 i 的新观点即为：

$$Y_i(t+1) = u_{i1}Y_1(t) + u_{i2}Y_2(t) + u_{i3}Y_3(t) + \cdots + u_{in}Y_n(t) \qquad \text{公式（9-4）}$$

由此可见，HK 模型与 Deffuant 模型都是具有代表性的连续观点交互模型："通过设置一定的观点阈值，来确保个体只与观点相似的个体进行交互。但在观点更新规则上存在一定的差异。其目的都是为了传达个体观点经过一定的有界规则演化，系统会达到一个最终态，虽然这个状态可能是破裂或者对峙的。"[36]所以，Deffuant 模型和 HK 模型都可用于仿真在线品牌社区用户的观点交互行为，并进一步分析用户的口碑演化过程。

5. 个体信息采纳行为模型

与微博等普通互联网平台相比，华为花粉俱乐部等典型在线品牌社区中用户个体之间的联系更紧密。在线品牌社区中的用户个体行为更加多变，不具备常规互联网平台用户的行为特性，经典的信息采纳模型并不能充分模仿在线品牌社区个体用户的信息采纳过程。为了研究一个社区内部舆论信息对个体信息采纳行为和个体观点的影响过程，John R. Zaller 提出了信息接收采纳（Receipt - accept - sample，RAS）模型。[37] RAS 模型模仿了舆论信息影响下社区个体信息采纳行为过程与信息采纳概率。RAS 模型分析了个体在面对这些舆论信息的观点时通常会产生的三种反应——支持、反对和完全忽略。通过 RAS 模型，Zaller 充分展现了个体在面对舆论信息时的信息采纳行为过程。[38] Zaller 认为，个体信息的采纳行为的变化可以分为两个阶段，即信息接收阶段和信息接受阶段：

（1）当个体首先会以一定的概率来判断是否对信息进行接收；

（2）当个体完成信息接收后，会以一定的概率来判断是否对信息进行接受。

RAS 模型的个体信息采纳行为演化规则为如下。

（1）个体愿意接收当前信息的概率为：

$$P_{\mathrm{r}}(t_0,t_1,W_i) = 1 - P_0 \qquad \text{公式（9-5）}$$

其中，P_0 为个体忽略当前信息的概率。P_0 的定义为：

$$P_{\mathrm{r}}(t_0,t_1,W_i) = \frac{1}{1+f+\mathrm{e}^{(t_0+t_1\times W_i)}} \qquad \text{公式（9-6）}$$

因此，个体接收当前信息的概率为：

$$P_{\mathrm{r}}(t_0,t_1,W_i) = 1 - \frac{1}{1+f+\mathrm{e}^{(t_0+t_1\times W_i)}} \qquad \text{公式（9-7）}$$

在公式（9-7）中，f 代表个体的最低接收能力；t_o 代表当前信息的信息强度；t_1 代表个体的意识对个体的信息接收能力具有一定的影响；W_i 则代表个体 i 的自我意识，即个体对当前信息的相关知识了解程度。

（2）当个体完成信息接收行为后，并对信息内容进行理解，个体将以概率 P_a 来判断自己是否接受该信息。P_a 的定义为：

$$P_a(W_i,L_i;a_0,a_1,a_2) = \frac{1}{1+\mathrm{e}^{(-a_0-a_1\times W_i-a_2\times L_i)}} \qquad \text{公式（9-8）}$$

其中，a_0 代表信息的可信度；a_1 代表个体的自我意识抗说服能力，当个体具有一定的自我意识后，总会坚持自身观点，对当前信息具有一定的抗说服能力；a_2 代表个体的既有倾向抗说服能力，当个体对某个信息具有一定的倾向后，总是会对新的和既有倾向不一致的信息具有一定的抵制情绪；L_i 代表个体的既有倾向，它是由个体对信息的接收概率 P_r 决定的，当个体接收到一定的信息后，既有倾向 L_i 就产生了。同时它的取值由当前个体所持的观点与信息观点的契合程度来决定；W_i 依旧表示个体 i 的自我意识。

假设个体具有顽固的既有倾向，此时个体会有较高概率接收各种信息，但接受该信息的可能性却较低，因此，参数 a_0 的值通常为正，参数 a_1 的值通常为负，则 $-a_1$ 的值为正。

（3）当个体完成信息接收和信息接受行为时，个体对当前信息的采纳概率为：

$$P_s = P_{\mathrm{r}}(t_0,t_1,W_i) \times P_a(W_i,L_i;a_0,a_1,a_2) \qquad \text{公式（9-9）}$$

9.2.3　仿真工具

几乎所有现代编程语言都脱胎于 C/C++，因此了解了 C/C++，C/C++

就可以被嵌入任何现代处理器中，几乎所有操作系统都支持 C/C ++，其跨平台性非常好。C 语言体型小巧，可最常使用的 C ++ 规模可观且拥有大量极为复杂的功能交互方式，容易造成资源浪费。Java 是最典型的面向对象语言，Java 不仅吸收了 C ++ 语言的各种优点，还摒弃了 C ++ 里难以理解的多继承、指针等概念，但 Java 占用大量内存，并且启动时间较长。

与以上两种计算机语言相比，Python 程序更简单、清晰、易于编写，更加易懂、易维护；在很多方面，Python 要比 Java 简单，它非常适合构造快速原型，这一点使得它对于 Java 有独特优势：对于那些既不很复杂又不要求高效率的程序，Python 十分合适，Python 标准包直接提供更多适用的工具；Python 如黏合剂的特性使它可以嵌入到 C/C ++中，去调用它们的模块，它们之间非常好的合作关系可以很方便地向程序用户提供他们想要的功能。因此，本章选择 Python 作为研究工具与仿真平台。

9.3 社群用户信息采纳仿真

在以华为花粉俱乐部为代表的在线品牌社区中，个体用户往往基于某一帖子展开激烈讨论，用户之间的单独交流与直接交流较少，知识转移和观点交互通常发生在个体用户与帖子之间。在在线品牌社区的知识转移过程中，知识接收方为个体用户，知识发送方为社区内的帖子。在线品牌社区内用户的信息采纳行为分为信息接收与信息接受两个行为阶段。

9.3.1 模型参变量定义

本节对模型参变量定义如下。

用户的自我意识与其知识水平 K_i（Knowledge Level）完全相关，记为：

$$W_i = K_i \quad \text{公式（9-10）}$$

用户在社区中具有理性的行为，其对知识的最低辨识能力随用户的知识水平发生变化，因此定义用户最低接收能力为：

$$f = \mu_1 \times K_i \qquad \text{公式（9-11）}$$

μ_1 为关联系数，$\mu_1 > 0$。

信息强度 t_0 为帖子页面排序 r_j（Information Rank）的倒数：

$$t_0 = \frac{1}{r_j} \qquad \text{公式（9-12）}$$

信息可信度与信息强度线性相关，即

$$a_0 = \mu_2 \times \frac{1}{r_j} \qquad \text{公式（9-13）}$$

μ_2 为关联系数，$\mu_2 > 0$。

用户的个体抗说服能力记为 I_1，I_1 的取值范围为［0，1］。用户的既有倾向 L_i 取值由用户当前观点与帖子观点的契合程度决定，将 $a_2 * L_t$ 定义为用户对某公共话题（帖子）的接受意愿 I_2（Acceptance Intention）。若 I_2 大于 0，则代表用户与帖子的契合程度较高，则用户的接受意愿更强；若 I_2 小于 0，则代表用户与帖子的契合程度较低，则用户的接受意愿不强，I_2 的取值范围为［-1，1］。

帖子 j 知识复杂度（Complexity of Knowledge）记为 C_j，用户 i 与帖子 j 之间的知识差距记为 θ_{ij}，θ_{ij}为用户知识水平与帖子知识复杂度的余弦夹角。

9.3.2　模型演化规则

通过上述研究假设与参变量设计，本章对用户在原 RAS 模型的基础上，构造了知识黏滞对在线品牌社区行用户信息采纳行为影响模型，其演化规则如下。

用户对帖子的接受概率为：

$$p_r(\mu_1, K_i, r) = 1 - \frac{1}{1 + \mu_1 \times K_i + e^{(\frac{1}{r} + K_i)}} \qquad \text{公式（9-14）}$$

用户成功接收帖子后，对帖子的接受概率为：

$$P_a(K_i, I_1, I_2, r_j, C_j, \theta_{ij}; \mu_2) = \begin{cases} \dfrac{1}{1 + e^{(-\mu_2 \times \frac{1}{r_j} + I_1 \times K_i - I_2)}}, & K_i \geqslant C_j \\ \dfrac{\cos\theta_{ij}}{1 + e^{(-\mu_2 \times \frac{1}{r_j} + I_1 \times K_i - I_2)}}, & K_i \leqslant C_j \end{cases} \qquad \text{公式（9-15）}$$

其中，μ_1、μ_2 为相关系数，K_i 为用户知识水平，C_j为帖子知识复杂度，用户知识水平 K_i 与帖子知识复杂度 C_j均分为十个等级，取值范围为［1，10］，r_j 为帖子排序，I_1 为用户的个体抗说服能力，I_2 为用户的接受意愿，θ_{ij}为个体用户 i 与帖子 j 之间的知识差距。

9.3.3 模型仿真及结果分析

本章以 Python－3.6.5 为仿真实验平台，假设在线品牌社区每页仅显示10 条帖子，则帖子排序 r_j 的取值范围为［1，10］，相关系数μ_1、μ_2取值为0.5。

由图9－5（a）可知，在线品牌社区用户的接受概率会受到帖子排序与其自身知识水平的影响。对于一个用户而言，帖子排序越靠前，则用户接受该帖子的概率越高；在线品牌社区内部帖子的排序对用户的接收行为有十分重要的影响，用户更倾向于接受排名更靠前、信息强度更大、知识转移意愿更强的帖子。对于不同知识水平的用户而言，用户知识水平越高，其接受概率也越高，这是由于高知识水平的用户对在线品牌社区更为熟悉，他们拥有更强的理性行为能力与信息搜寻能力，故而他们对同一帖子的接受概率更大，而这一变化趋势在知识水平较低的用户群体中更为明显。对于中高知识水平的用户群体而言，不同信息强度帖子的用户接受概率逐渐趋于一致，这是因为用户知识水平达到一定程度时，用户更加自信，更愿意相信自身的消费经验和品牌知识，对帖子的信息强度并不敏感。图9－5（b）为不同知识水平的用户对帖子的接受行为仿真分析结果，可以看出用户知识水平越高的用户更易接受帖子，但当用户知识水平高到一定程度时，品牌资深用户的接受行为无明显差别。

为了分析在线品牌社区内帖子信息强度和用户意愿对用户信息接受行为的影响，本章假设在线品牌社区处于知识转移过程不受隐形知识的阻碍，每一个用户都可以完全理解品牌信息内容的理想状态，即帖子知识复杂度 C_j 取值为1。由图9－6（a）可发现，在线品牌社区内帖子排序对在用户的信息接受行为有显著影响，即帖子排序越靠前，用户更愿意接受该帖子，这是因为帖子排序与帖子和用户的信任关系有十分密切

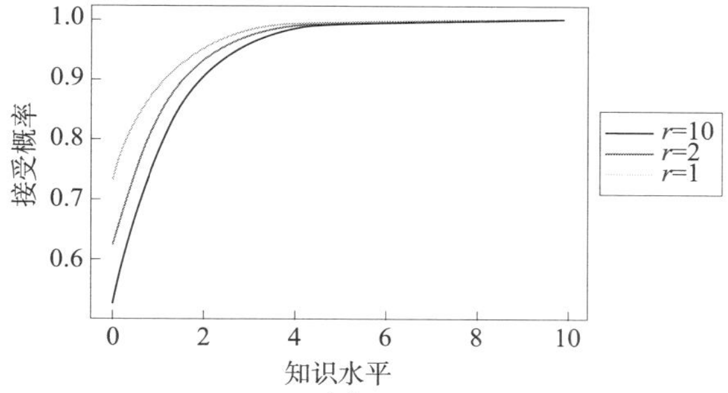

(a)

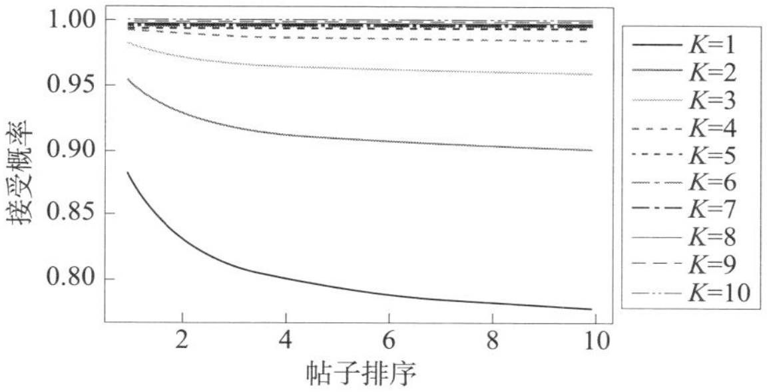

(b)

图9－5　用户信息接受行为概率变化

的关联，越靠前的帖子往往更受到用户的信任，用户认为其可信度更高，但是用户不同排序的帖子的信息接受概率却相差不大。随着个体抗说服能力的增强，用户对帖子的接受概率逐渐趋于平缓，这种变化在高知识水平的用户群体中更加明显，受到用户自我抗说服能力的影响，知识水平越高的用户往往更加执拗，难以接受当前面对的信息。

为了分析用户个体接受意愿对用户信息接受行为的作用关系，本章假设用户当前面对的品牌信息为信息强度最强的信息，即帖子排序 r_j 取值为1。由图9－6（d）用户接受行为在不同的个体接受意愿的影响下有显著不同，个体接受意愿较高的用户对帖子的接受概率整体高于个体接受意愿较低的用户对帖子的信息接受概率，这是因为个体接受意愿较低的用户的观点与当前信息的差异较大，用户难以接受；随着用户知识水平的不断增加，尽管整体而言用户对帖子的接受概率依然不断降低，但知识水平较高的用户群体的信息接受行为概率趋势逐渐趋于一致，这是

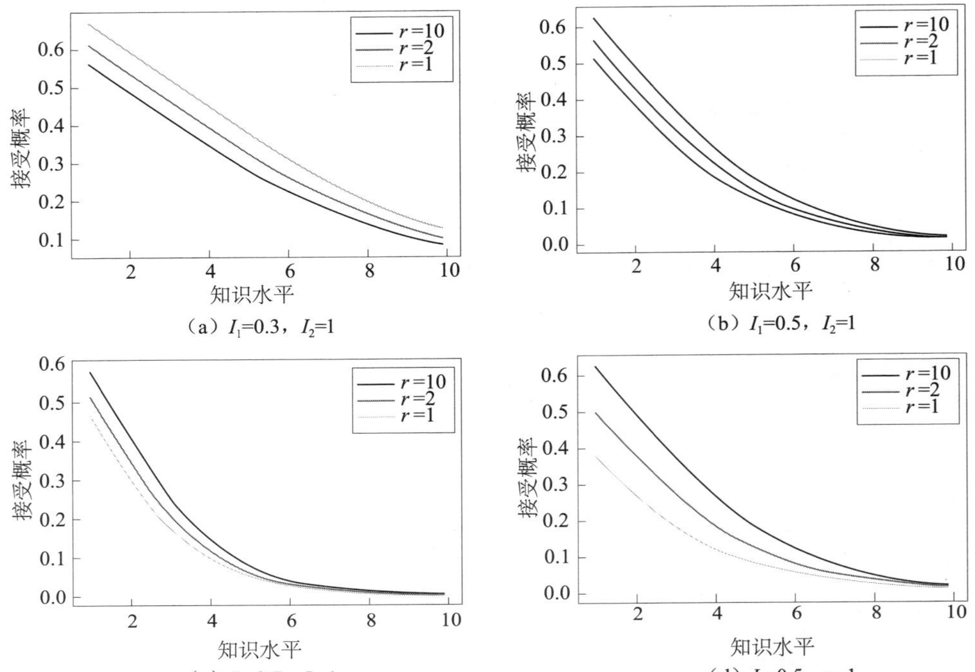

（a）I_1=0.3，I_2=1

（b）I_1=0.5，I_2=1

（c）I_1=0.7，I_2=1

（d）I_1=0.5，r_j=1

图9－6　用户信息接受行为概率变化

因为高知识水平的在线品牌社区用户往往拥有更强的理性思维能力，能够逐渐摆脱对当前信息观点的主观偏见，以较为客观的角度进行思考判断并完成信息接受行为过程。

图9－7反映了在线品牌社区内品牌信息内隐性极高，用户理解遇到极大障碍，即帖子知识复杂度 C_j 取值为10这一极端情况下知识黏滞现象对在线品牌社区内用户信息接受行为的作用关系。在线品牌社区用户若与帖子的知识差距过大，则无法理解帖子内容，用户的信息接受行为受到绝对阻碍。当用户的自身抗说服能力较弱、用户个体抗说服能力极大时，知识水平较高的用户能够更好地完成信息接受行为；当用户的自身抗说服能力处于中等水平、用户个体抗说服能力一般时，知识水平较高的用户群体的用户接受概率反而低于中等知识水平的用户群体的用户接受概率；当用户的自身抗说服能力很强、用户个体抗说服能力不大时，中高等知识水平用户的接受概率均趋近于0，用户几乎无法完成信息的

接受行为。因此当在线品牌社区内的信息内容晦涩难懂时，用户的信息接受行为主要受其自身个体抗说服能力的影响，而非用户的知识水平。

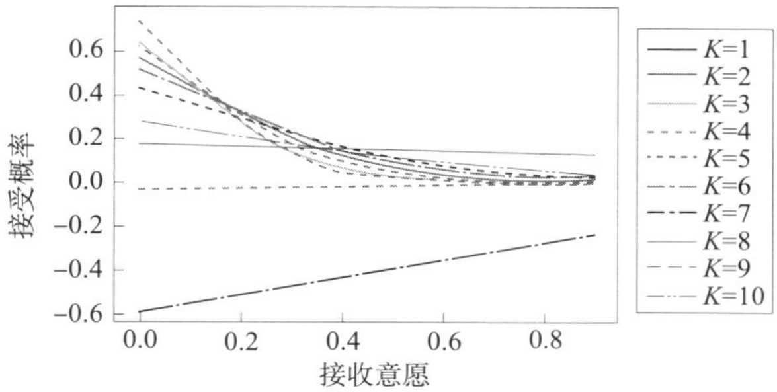

图9－7　用户信息接受行为概率变化

9.4　社群用户口碑传播仿真

在华为花粉俱乐部中的每一个消费者都具有一个品牌态度，即消费者的用户口碑，当社区内用户浏览帖子与帖子下方的评论信息时，他们会与帖子发布者以及其他用户产生观点的交互，每进行一次观点的交互，该用户的口碑就更新一次。在线品牌社区内的用户口碑是反映企业品牌形象的重要方面，所以用户如何与帖子和其他用户发生观点交互，以及由此产生的口碑变化，是非常值得研究的。

9.4.1　模型参变量定义

本节定义模型参变量如下：社区用户与帖子间的关系强度为 S_{ij}，用户对帖子发布者关注状态下，$S_{ij}=1$；用户对帖子发布者未关注状态下，$S_{ij}=0$。帖子 j 知识复杂度记为 C_j。个体用户 i 与帖子 j 之间的知识差距记为 θ_{ij}，θ_{ij} 为用户知识水平与帖子知识复杂度的余弦夹角，$\theta_{ij}\in\left(0,\ \frac{\pi}{2}\right)$。记用户口碑效价为 V_i，帖子口碑效价为 V_j，其中帖子内容口碑效价记为 V_{wj}，帖子评论内容口碑效价记为 V_{cj}，且 $\frac{V_{wj}+V_{cj}}{2}=V_j$。

将社区用户累积的关于产品消费经验或品牌背景知识定义为用户 i 的知识水平，记为 K_i。用户在社区中具有理性的行为，其对知识的最低辨识能力随用户的知识水平发生变化，因此定义用户最低接收能力：

$$f = \mu_1 \times K_i \quad \text{公式（9-16）}$$

其中，μ_1 为关联系数，$\mu_1 > 0$。K_i 依然表示用户 i 的知识水平。

本文定义信息强度 t_0 为帖子页面排序 r_j 的倒数：

$$t_0 = \frac{1}{r_j} \quad \text{公式（9-17）}$$

帖子的可信度 T_j 为：

$$T_j = \frac{\mu_2}{r_j} \times \frac{|V_{wj} + V_{cj}|}{|V_{wj}| + |V_{cj}|} \quad \text{公式（9-18）}$$

其中，μ_2 为关联系数，$\mu_2 > 0$。

用户的个体自我意识抗说服能力 M_i 为：

$$M_i = \mu_3 \times K_i \quad \text{公式（9-19）}$$

其中，μ_3 为关联系数，$\mu_3 < 0$。

用户既有倾向的抗说服能力记为 u_i。L_i 代表用户的既有倾向，L_i 的取值由当前用户所持的观点与信息观点的契合程度来决定；一般来说，L_i 的取值范围为［-1，1］。-1 表示个体观点与当前信息观点之间存在较大差异，而 1 则表示个体观点和当前信息观点较为一致。

9.4.2 模型演化规则

为了衡量个体观点和当前信息观点之间的差异，引入连续观点交互模型——Deffuant 模型，个体的观点值 X_i 是属于（0，1）之间的实数，0 或 1 表示个体的观点处于极端值状态。当个体选择邻居 j 的观点进行交互时，两者的观点差值需满足：

$$|X_i - X_j| \leq \varepsilon \quad \varepsilon \in (0,1) \quad \text{公式（9-20）}$$

即个体 i 和 j 发生观点交互时，其观点差值需小于阈值 ε，此时个体 i 才会去调整身观点，否则会保持原有观点不变。当观点差值小于阈值 ε 时，个体调整自身观的规则是：

$$X_i = X_i + \varphi \times [X_j - X_i] \quad \varphi \in (0,0.5) \quad \text{公式（9-21）}$$

其中，φ 是收敛参数，表示个体对邻居信任的程度。

假设 Deffuant 模型中 $\varepsilon=0.5$，$\varphi=0.4$，即当 $|V_i-V_j|\leqslant 0.5$ 时，$L_i=1$，用户口碑效价和当前信息口碑效价较为一致；否则 $L_i=-1$，用户口碑效价与当前口碑效价之间存在较大差异。

通过以上调整，用户对帖子的接收概率为：

$$P_r(f,r_j,K_i)=\begin{cases}1 & S_{ij}=1\\ 1-\dfrac{1}{1+f+\mathrm{e}^{\left(\frac{1}{r_j}+K_i\right)}} & S_{ij}=0\end{cases}\qquad \text{公式（9-22）}$$

用户成功接收口碑信息后，则接受该信息的概率为：

$$P_a(K_i,L_i,M_i,u_i;C_j,T_j;\theta_{ij})=\begin{cases}\dfrac{\cos\theta_{ij}}{1+\mathrm{e}^{(-T_j-M_i-u_i\times K_i)}} & K_i\leqslant C_j\\ \dfrac{1}{1+\mathrm{e}^{(-T_j-M_i-u_i\times K_i)}} & K_i>C_j\end{cases}\qquad \text{公式（9-23）}$$

$$P_s=P_r(f,\ r_j,\ K_i)\times P_a(K_i,\ L_i,\ M_i,\ u_i;\ C_j,\ T_j;\ \theta_{ij})\qquad \text{公式（9-24）}$$

社区用户口碑效价受上一时刻该用户采纳的口碑信息影响，即

$$V_{i_{(t+1)}}=\frac{u_iV_{i_t}+(1-u_i)P_sV_{j_t}}{u_i+(1-u_i)P_s}\qquad \text{公式（9-25）}$$

参变量定义总结如表 9-1 所示。

表 9-1　模型参变量说明表

<table>
<tr><th colspan="2">参变量名</th><th>参变量说明</th><th>赋值范围</th></tr>
<tr><td colspan="2">用户口碑效价 V_i</td><td>在线品牌社区内用户的口碑效价，包括正面、负面、中性效价</td><td>$V_i\in(-1,1)$</td></tr>
<tr><td colspan="2">帖子口碑效价 V_j</td><td>在线品牌社区内信息的口碑效价，包括正面、负面、中性效价</td><td rowspan="2">$V_j\in(-1,1)$
$V_{wj}\in(-1,1)$
$V_{cj}\in(-1,1)$</td></tr>
<tr><td>帖子内容口碑效价 V_{wj}</td><td>评论内容口碑效价 V_{cj}</td><td>$\dfrac{V_{wj}+V_{cj}}{2}=V_j$</td></tr>
</table>

续表

参变量名	参变量说明	赋值范围
关系强度 S_{ij}	社区用户对在线信息关注与否	关注状态下，$S_{ij}=1$ 未关注状态下，$S_{ij}=0$
知识复杂度 C_j	帖子的知识内隐性与模糊性	$C_j \in (1,10)$
用户知识水平 K_i	社区用户累积的关于产品消费经验或品牌背景知识	$K_i \in (1,10)$
知识差异 θ_{ij}	用户与帖子之间的知识差距	$\theta_{ij} \in \left(0,\frac{\pi}{2}\right)$
用户最低接收能力 f 关联系数 μ_1	$f=\mu_1 \times K_i$	
帖子的排序 r_j	帖子的排序反映了该信息的强度	
帖子的可信度 T_j 关联系数 μ_2	$T_j=\frac{\mu_2}{r_j}\times\frac{\lvert V_{wj}+V_{cj}\rvert}{\lvert V_{wj}\rvert+\lvert V_{cj}\rvert}$ $\mu_2>0$	
个体自我意识抗说服能力 M_i 关联系数 μ_3	$M_i=\mu_3\times K_i$ $\mu_3<0$	
用户既有倾向的抗说服能力 u_i	当用户对某个信息具有一定的倾向后，总是会对新的和既有倾向不一致的信息具有一定的抵制情绪	$u_i \in (0,1)$
用户的既有倾向 L_i	由当前用户所持的观点与信息观点的契合程度来决定	当 $\lvert V_i-V_j\rvert \leqslant 0.5$ 时，$L_i=1$，否则 $L_i=-1$

9.4.3 模型仿真与结果分析

本节以 Python－3.6.5 为仿真实验平台，随机产生 1000 位用户来模拟在线品牌社区内用户群体在浏览帖子的过程中的口碑变化，为了更真实地模拟用户在浏览帖子的过程中其口碑变化的具体过程，可以使每一个页面随机生成 10 个帖子供用户浏览，翻页后用户继续浏览新的 10 个帖子，实验将分别产生10条、20条、50条及100条帖子，以模拟用户在面对较少数量和较多数量的帖子时口碑的变化。每一位用户、帖子和帖子评论内容都被赋予随机的口碑效价（见图9-8）。

假设在线品牌社区内的用户均为用户既有倾向的抗说服能力与知识水平中等的理性人，即 $u_i=0.5$，$K_i=5$，在线品牌社区内1000位用户的口碑效价将呈现出明显的分层现象，集聚产生了正、负两极口碑与部分中性口碑。现实情况下，每一位用户既有倾向的抗说服能力与知识水平都不尽相同，在一般状态下在线品牌社区内用户口碑效价的变化过程，即 $u_i\in(0,1)$，$K_i\in(1,10)$。不难发现，在线品牌社区用户在浏览帖子的初期，1000位用户的口碑效价呈分散状态，依然均匀分布在（-1，1）之间；当在线品牌社区用户浏览帖子到一定数量时，1000位用户的口碑效价逐渐开始聚拢，从分散状态渐变为集聚状态，这反映了口碑的本质，即用户的从众心理和“三人成虎”这一现象。

当1000位用户刚刚开始浏览帖子时，既有倾向的抗说服能力较低的用户的口碑效价就产生了明显的变化，不断向中性口碑聚集靠拢，然而知识水平较低的用户的口碑变化并未与其他用户群体产生显著差别。而用户在浏览过大量帖子后，所有用户的口碑都紧密地集聚在一起。但一部分高知识水平的用户口碑依然散落在空白区域，处于分散状态，这代表了知识水平较高的用户其口碑不易发生改变，用户更为理性和固执。

为了更真实地模拟品牌舆论危机事件，假设1000位用户在浏览至第15条帖子时，帖子内容口碑效价（V_{wj}）和评论内容口碑效价（V_{cj}）的取值范围均突变为（-1，-0.5）。仿真结果发现：知识水平较低的用户受到的冲击最大，其用户口碑集中处于最低的状态，而相应的高知识水平用户的口碑依然处于较为分散的状态，说明这部分用户并未受到舆论的影响。全部用户持正面口碑的情况下受突发事件影响在线品牌社区内1000位用户的口碑变化过程，依然是知识水平较低的用户受到的冲击最大，整体集中处于最低的状态，各知识水平的用户口碑都形成聚拢的趋势。令人意外的是，即使是在线品牌社区内的资深用户，用户知识水平和口碑都非常高的群体当遭遇舆论危机时，依然会出现波动较大的用户口碑，甚至成为负值。全部用户持负面口碑的情况下受突发事件影响在线品牌社区内1000位用户的口碑变化过程，舆论危机过后，知识水平较高的用户口碑 < 知识水平较低的用户口碑 < 中等知识水平的用户口碑。原因是除知识水平较低的用户易受舆论影响外，品牌的专业黑粉——用户知识水平非常高但对品牌的口碑极差的群体也产生了一种很大的口碑“马太效应”。

假设1000位用户在浏览至第15条帖子时，V_{wj} 和 V_{cj} 的取值范围均突变为（-1，-0.5）。受舆论危机影响，既有倾向的抗说服能力的用户受到的冲击最大，他们最易受帖子观点的交互影响，整体集中处于最低的状态，不同既有倾向的抗说服能力的用户口碑都产生了集聚的现象，即使是在线品牌社区内最忠诚的用户，既有倾向的抗说服能力和口碑都非常高的群体，当面对大量负面口碑时，也依然受到不小的冲击，会有成为负值的可能。

为了更加真实地反映企业进行危机公关的过程，假设1000位用户在浏览至第15条帖子时，V_{wj} 和 V_{cj} 的取值范围均为（-1，-0.5），之后 V_{wj} 和 V_{cj} 的取值范围均突变为（0.5，1）。一般情况下危机公关后在线品牌社区内1000位用户的口碑变化过程，仿真结果显示：知识水平较低的用户的口碑提升最大，其用户口碑集中处于最高的状态，而相应的高知识水平用户的口碑依然处于较为分散的状态，说明这部分用户并未受到任何影响。当全部用户持正面口碑时，危机公关过后在线品牌社区内1000位用户的口碑变化结果显示：知识水平较低的用户口碑整体集中处于最高的状态，各知识水平的用户口碑都形成聚拢的趋势。不出所料的是，在线品牌社区内的最资深粉丝，用户知识水平和口碑都非常高的群体，对危机公关的反应非常积极，口碑反转极为明显。当全部用户持负面口碑时危机公关过后在线品牌社区内1000位用户的口碑变化结果显示：危机公关过后，那些对品牌抱有极深偏见的用户，其口碑始终处于最底层，这说明危机公关时所发布的正面口碑信息对这部分用户群体影响不大。

假设1000位用户在浏览至第15条帖子时，V_{wj} 和 V_{cj} 的取值范围均为（-1，-0.5），之后 V_{wj} 和 V_{cj} 的取值范围均突变为（0.5，1）。危机公关过后，三种取值范围的用户口碑情况基本保持一致，各既有倾向的抗说服能力的用户群体的口碑都得到了相应提升，但也都处于较为分散的状态。可以看出，用户的既有倾向的抗说服能力并非企业进行危机公关时最应关注的问题。

9.5　品牌社群管理启示

一是增加社区信息数量，提升信息内容质量。在线品牌社区与企业应大力促进在线品牌社区内信息内容的增加，因为丰富的信息内容可以提升在线品牌社区的活力与价值，吸引用户的不断参与和注意，只有具有大量信息内容与用户数量的在线品牌社区才有存在的意义，才能进一步促使消费者产生个体接受意愿，完成相应信息采纳行为。由本章研究结果可以确定，在线品牌社区内用户的口碑呈现从众和趋于一致的变化趋势，所以高质量的信息内容可以整体提升用户对品牌的印象与评价，有利于塑造正面的品牌形象。从口碑的角度来说，企业应适当对在线品牌社区内的口碑走向实施调控，由于社区内品牌黑粉的存在，社区管理人员需要及时清除恶意的负面口碑信息，制定完善的监管机制，社区用户也可发挥监督的作用，杜绝信息内容不真实的负面口碑信息。从信息的内容来说，帖子的知识复杂度仅在理想状态下对用户的口碑演化产生相应影响，在最一般的情况下并无任何显著影响，信息内容的知识复杂度和理解难度显然并非用户口碑演化的主要影响因素，但因为在帖子知识复杂度很高时在线品牌社区用户与帖子的知识差距过大，在线品牌社区内的知识转移障碍过大，所以在发布和管理在线品牌社区内的帖子时，社区管理者与企业应注意降低帖子内容的理解难度，尽量以简单易于理解的形式传达信息内容。

二是建立用户品牌依恋，增进用户品牌关系。品牌依恋本质上反映的是消费者与品牌的关系质量，消费者对品牌的依恋情感是影响消费者参与虚拟品牌社区的重要因素。作为社区管理者和品牌的运营企业应致力于消费者品牌关系的提升和发展，从源头上提升顾客对品牌的积极情感。第一，可通过情感营销方式，积极开发品牌的情感因素，例如可通过网络广告故事的形式传播企业或产品所蕴含的情感特质，包括亲情、友情、爱情，突出品牌的个性，唤起消费者对品牌的积极知觉和情绪，如幸福感、亲切感等，建立与加强消费者与品牌的自我关联。第二，应该有效利用虚拟品牌社区这一沟通平台开展定制化的在线人员服务，及时解答消费者关于产品购买、使用、售后维修等方面的疑难问题，增加消费者的情感体验，进而维护细腻的消费者—品牌关系。企业管理人员应该兼顾社区参与者和社区服务者两种角色，在积极主动参与社区的同时充分发挥服务者的作用，通过加强与消费者的互动、积极在社区中分享品牌知识、帮助消费者解决相关问题等，搭建消费者与品牌之间关系的桥梁，进而提升强消费者对品牌的依恋程度。总之，社区管理者或企业应通过努力形成消费者—品牌之间的依恋情结，实现提升消费者情感与促进虚拟品牌社区参与行为之间的良性互动。

三是准确定位用户类型，提供个性信息服务。在线品牌社区与企业应精准把控用户群体，增强信息发布和用户管理的引导性。由于中低等知识水平用户的信息接受行为概率更高，所以应向其重点推送可以提升品牌形象的帖子。此外，品牌资深用户拥有更高的品牌知识水平，其在线品牌社区之中的信息搜寻和人际交流能力也更强，他们的信息接受行为概率更高，所以在线品牌社区应致力于开展一系列针对新用户与知识水平较低的用户的知识转移能力提升活动。高知识水平的品牌拥护者较少受到在线品牌社区内帖子的影响，所以企业应针对他们建立特殊的品牌营销策略，应将客观性的帖子（如新产品的介绍以及品牌新闻等）作为主要推送信息，以获取他们的好感，进一步提升品牌忠诚度。对于知识水平较高、但对品牌印象较差的用户，企业应尽早识别，大量推送品牌与产品评价正面的帖子。不同类型的用户口碑演化过程具有明显差别，知识水平和既有倾向抗说服能力较低的用户更易受到其他观点的影响，口碑快速集聚，“三人成虎”现象最为明显，而知识水平较高的用户在浏览了大量帖子后，依然有一部分用户的口碑处于分散状态。因此，企业与在线品牌社区应准确定位社区用户类型，针对知识水平和既有倾向抗说服能力较低等易被说服的用户发布更多正面口碑信息，对其进行个性化的信息推送服务。由于经过大量帖子的推送后在线品牌社区内的用户口碑互相之间并无明显差距，所以这种个性化的信息推送服务仅在用户使用初期对其口碑影响较大，当新用户逐渐成长为资深用户后，简单粗暴的正面口碑推送已经不能对其口碑产生显著的作用，在线品牌社区和企业应第一时间了解各类型用户的实际需求，根据用户需求提供更加细致的帖子内容，增强用户对在线品牌社区的信赖感和对品牌的忠诚度。

四是提升产品服务质量，保持品牌正面形象。尽管通过品牌情感营销的方式开发品牌的拟人化情感因素、建立消费者与品牌之间的情感依恋可以显著提升消费者与品牌之间的关系质量，并提高消费者对品牌的忠诚度，但企业应始终将发展重点定为产品质量与服务品质，唯有如此才能不断保持企业正面的品牌形象。本章实验证明，当遭遇大量负面口碑时，即便是品牌经历最资深、用户知识水平最高、品牌忠诚度最高、用户口碑最好的品牌粉丝的口碑，也会受到极大冲击，一部分还会走向负面口碑，所以品牌应爱惜羽毛，尽力避免产品与服务问题的发生。

五是制订舆情应对预案，及时开展危机公关。当企业遭遇舆论危机时，应严格遵循及时性原则，及早应对突发事件舆情。在舆情爆发的第一时间，企业就应该快速行动，争取品牌形象扭转时间。本章研究发现，在舆情爆发的第一时间就大量发布正面的口碑信息，不论在何种知识黏滞因素的影响下，各类型用户的口碑都得到了显著的提升，品牌形象成功扭转。除此之外，企业更应在舆情事件爆发之前就制订好突发事件应对方案，为危机公关争取宝贵时间，为企业降低损失作出贡献。

六是设置社区意见领袖，正面引导口碑走向。企业和管理人员在对在线品牌社区进行日常管理时，可以着力设置或拥有一部分意见领袖。本章发现，在线品牌社区内的最资深粉丝——用户知识水平和口碑都非常高的群体，对危机公关的反应非常积极，口碑反转极为明显。这部分用户对品牌的了解和忠诚度都比较高，一般都具有较强的人格魅力和社区影响力，经过培养或其本身就拥有广大的粉丝群体，以意见领袖的身份在在线品牌社区内活跃发表看法与观点。企业突发事件产生后，消费者口碑滑落严重，此时企业“自吹自擂”的自救举措可能收效甚微，此时可以通过意见领袖这一群体来发布对企业有利的信息内容，正向引导消费者口碑，因为这部分用户对品牌的公关反应迅速，且可以在一定程度上影响其他用户的口碑，深受社区用户及其粉丝的信任，有时候可以起到一呼百应的作用。

七是转移社区热点话题，疏导社区用户情绪。一旦突发事件舆情出现，在引起大众关注之后，同类意见或者情绪抱团的情况下舆情就此形成。这个时候如果网上聚焦点都集中在该企业的突发事件舆情上，不但企业会丧失处理问题的最佳时间和机会，还会为企业的舆情处置设置障碍。所以，企业可以避其锋芒另寻他法，提出或者制造一个公众能够接受并且喜欢参与讨论的“话题”等途径，使得公众的注意力从企业这个焦点上转移出去，这也不失为企业处理突发事件舆情争取时间的一个好方法。“吃瓜”群众通常只会对更具热点的事件感兴趣，当一个新热点出现的时候，原来的热点就会失去热度和关注度。企业可以适当推出活动或者通过专业推手营造新的话题为自己处置事件争取时间。

参考文献

[1] VON HIPPEL E. “Sticky information” and the locus of problem solving: Implications for innovation [J]. Management Science, 1994, 40 (4): 429 –439.

[2] ATTEWELL P. Technology diffusion and organization learning: the case of business computing [J]. Organization Sciemce, 1992, 3 (1): 1 –19.

[3] SZULANSKI G. Exploring internal stickiness: Impediments to the transfer of best practice within the firm [J]. Strategic Management Journal (Winner Special Issue), 1996, 17, 27 –43.

[4] 吴贵生，李纪珍，孙议政. 创新网络和技术外包 [J]. 科研管理，2000 (4): 34 –43.

[5] ARMSTRONG A, HAGEL III J. Real Profits from Virtual Communities [J]. The Mckinsey Quarterly, 1995, 3.

[6] 范晓屏. 非交易类在线品牌社区成员参与动机：实证研究与管理启示 [J]. 管理工程学报，2009 (1): 1 –6.

[7] PREECE J. Sociability and usability: Twenty years of chatting online [J]. Behavior and Information Technology Journal, 2007, 20 (5), 347 –356.

[8] Muniz O'Guinn. Brand Community [J]. Journal of Consumer Research, 2001, (3).

[9] MCALEXANDER J H, SCHOUTEN J W KOENING H. Building Brand Community [J]. Journal of Marketing, 2002 (2).

[10] BAGOZZI R P, DHOLAKIA U M. Open source software user communities: A study of participation in Linux user groups [J]. Management Science, 2006, 52 (7): 1099 – 1115.

[11] AAKER D A. Managing Brand Equity: Capitalizing on the Value of a Brand Name [M]. New York: The Free Press, 2005.

[12] 畅榕. 虚拟品牌社区研究 [M]. 北京：中国传媒大学出版社，2007.

[13] 廖俊云，黄敏学，彭捷. 企业虚拟品牌社区参与对消费者社区承诺的影响研究 [J]. 2017 (10).

[14] ARNDT J. Role of Product – related Conversations in the Diffusion of a New Product [J]. Journal of Marketing Research, 1967, 4 (3): 291295.

[15] ROSEN D L, Olshavsky R W. A Protocal Analysis of Brand Choice Strategies Involving Recommendations [J]. Journal of Consumer Research, 1987, 14 (3), 440 – 444.

[16] 郭会斌. 营销口碑的产生路径与创造研究 [J]. 经济与管理，2005，19 (11)：44 – 46.

[17] MARCHIONINI G, HAAS S W, PLAISANT C, SHNEIDERMAN B. Toward a statistical knowledge network [J]. 2003 (5): 18 – 21.

[18] CHRISTY M K C, MATTHEW K O L, NEIL R. The impact of electronic word – of – mouth: The adoption of online opinions in online customer communities [J]. Internet Research, 2008, 18 (3): 229 – 247.

[19] 宋雪雁，王萍. 信息采纳行为概念及影响因素研究 [J]. 情报科学，2010 (5)：760 – 762.

[20] 任斐. 生态学视角下的信息行为研究 [D]. 曲阜：曲阜师范大学，2013.

[21] 周仁来. 阈下知觉研究中觉知状态测量方法的发展与启示 [J]. 心理科学进展，2004，12 (3)：321 – 329.

[22] 宋雪雁. 用户信息采纳行为模型构建及应用研究 [D]. 长春：吉林大学，2010.

[23] CLIFFORD P, SUDBURY A. A model for spatial conflict [J]. Biometrika, 1973, 60 (3): 581 – 588.

[24] HONEY R, LIGGETT T. Ergodic theorems for weakly interacting infinite systems and the voter model [J]. The Annals of Probability, 1975, 3 (4): 643 – 663.

[25] NARDINI C, KOZMA B, BARRAT A. Who's talking first? Consensus or lack thereof in coevolving opinion formation models [J]. Physical Review Letters, 2004, 100 (15): 158701.

[26] LAMBIOTTE R, REDNER S. Voter model on heterogeneous graphs [J]. Physical Re-

view Letters, 2005, 94 (171): 178701.

[27] STARK H U, TESSONE C J, SCHWEITZER F. Decelerating microdynamics can accelerate macrodynamics in the voter model [J]. Physical Review Letters, 2008, 101 (1): 018701.

[28] DEFFUANT D, AMBLARD F N, WEISBUCH G. Mixing beliefs among interacting agents [J]. Advances in Complex Systems, 2001, 3: 87-98.

[29] FEDORIKHIN A, PARK C W, THOMSON M. Beyond fit and attitude: The effect of emotional attachment on consumer responses to brand extensions [J]. Journal of Consumer Psychology, 2008, 18 (4): 281-291.

[30] 熊菲. 互联网用户行为分析和信息演化模式研究 [D]. 北京: 北京交通大学, 2013.

[31] GLAUBER R. Time-dependent statistics of the Ising model [J]. Math Physical, 1963, 4: 294-307.

[32] 邓磊. 互联网中个体决策与观点交互机制的研究 [D]. 北京: 北京交通大学, 2013.

[33] HEGSELMANN R, KRAUSE U. Opinion dynamics and bounded confidence models, analysis, and simulation [J]. Journal of Artifical Societies and Social Simulation, 2002, 5 (3): 1-24.

[34] 丁飞. 互联网社区信息交互和传播模式的研究 [D]. 北京: 北京交通大学, 2010.

[35] ZALLER J R. The nature and origins of mass opinion [M]. New York: Cambridge University Press, 1992.

[36] HEILBRUNN B. Les facteurs d'attachement du consommateur a la marque: These de Doctorat en Sciences de Gestion [J]. Universite Paris IX Dauphine, 2001 (9): 55-63.

[37] IALLER J R. The Nature and Origins of Mass Opinion [M]. Cambridge University Press, 2005.

附录　品牌价值榜单测算方法

本书所采取的测算方法以国际著名品牌咨询公司 Interbrand 提出的 Interbrand 模型为基础，结合数据可得性与客观性进行调整，本附录内容将对 Interbrand 模型和调整后的算法进行详细介绍。

Interbrand 品牌价值评估模型是英国的 Interbrand 公司（Interbrand Group）提出的，简称 Interbrand 模型。该方法蕴含收益法的基本思路，根据财务分析与品牌作用指数计算品牌收益，利用品牌强度分析来获取品牌乘数，最后利用品牌收益乘以品牌乘数，即可测算出品牌的价值。

Interbrand 模型认为品牌的价值并不只是由为创建品牌所支付的成本决定，而是由该品牌未来能够创造的收益决定，所以，这种方法的思路与收益法评估思路基本一致。模型需要对历史财务信息进行分析，适合使用于成熟及稳定的品牌资产。

品牌价值评估计算公式为 $V = P \times S$，其中，V 表示品牌价值，P 表示品牌收益，S 表示品牌乘数（见图 A－1）。

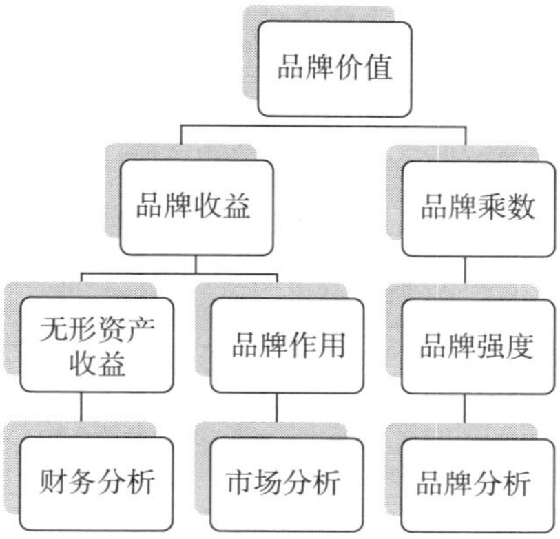

图 A－1　Interbrand 模型

计算流程中的品牌收益是指与品牌相关的产品或服务在未来带来的税后净利润。在实际运用过程中，考虑到预测未来税后净利润方法复杂，且具有极大不确定性，一般使用最近三年的品牌税后净利润来代替预测值。然后从预测净利润中剥离沉淀收益，进而利用品牌作用指数从沉淀收益中分离品牌收益，因而品牌收益 = 沉淀收益 × 品牌作用指数。其中沉淀收益指无形资产（专利权、非专利技术、客户关系、有关协议等）产生的收益。无论是品牌资产的贡献还是有非品牌资产产生的收益，均包括在内。沉淀收益是根据相关数据资料进行财务分析计算出来的。即沉淀收益 = 营业利润 - 有形资产的利润。品牌作用指数则是指品牌对于沉淀收益的贡献比率。测算方法为专家打分法。

计算流程中的品牌强度表示被评估品牌在本行业中所占据的相对市场地位，综合评价品牌各方面的市场表现。在计算品牌强度时，Interbrand 模型把制约品牌强度的因素归纳为市场性质、稳定性、品牌支持、品牌保护、销售范围、品牌趋势、品牌领导七个因素，采用专家打分法（如表 A - 1）。

表 A - 1　品牌强度评估体系

品牌强度因素	内　涵	分值/分
市场性质	品牌所处的市场环境，如市场发展、市场结构	0 ~ 10
稳定性	获取品牌收益的连续性与长期发展能力	0 ~ 15
品牌支持	得到关键扶持或连续投资	0 ~ 10
品牌保护	商标注册、法律保护	0 ~ 5
销售范围	产品销售的区域范围	0 ~ 25
品牌趋势	品牌与时俱进，产品与消费者偏好相吻合	0 ~ 10
品牌领导	市场地位，品牌在本行业中所占据的领导地位	0 ~ 25

品牌乘数反映品牌的市场认可程度，不仅表明品牌收益在未来的可实现程度，也反映品牌在未来满足广大消费者需求的能力，相当于 WACC 的作用，所以能够用来计算品牌在未来所面对的风险。品牌乘数由品牌强度决定。通过对各种情况的案例与实验情况的研究，Interbrand 公司总结出一种可以用来反映品牌强度和品牌乘数两者内在关系的函数曲线，称

为 S 型曲线。表达公式如下：

$$\begin{cases} 250S = X^2 & X \in [0,50] \\ (S-10)^2 = 2X - 100 & X \in [50,100] \end{cases}$$

其中，S 表示品牌乘数，X 表示品牌强度。图 A－2 为 Interbrand 品牌价值评估模型的 S 型曲线函数图像。

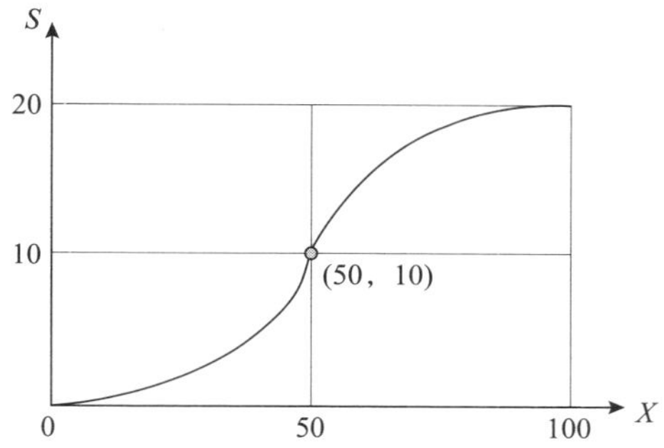

图 A－2　S 型曲线

Interbrand 模型蕴含收益法的评估思路。该方法主要有两大优点：一是设计出品牌作用指数这个指标，从而将品牌带来的收益从无形资产收益中分离开来，使品牌自身所拥有的价值得到充分体现，这也可以解决品牌资产收益剥离的难题。二是 S 型曲线。S 型曲线可以表现品牌强度、品牌乘数两者的内在联系，利用品牌强度得分可以得出品牌乘数，进而可以算出折现率。S 型曲线是 Interbrand 公司在大量品牌评估实践与科学合理的调查基础上，通过严格的数理分析总结出来的，具有一定的合理性。在财务分析中，折现率一般利用 CAPM 模型及 WACC 模型计算，但是 CAPM 模型需要满足一系列极为严格的假设才会成立，其中的 β 系数需要利用到证券市场中的信息，证券市场需要具有较强的流动性，否则会影响 β 系数的准确性。对于我国证券市场发展不太完善的情况来说，β 系数的运用受到极大的限制。WACC 模型从整体上考虑了企业的资本结构，主要适用于企业价值评估，但对于品牌价值来说其内涵与企业价值存在许多差异，如果应用 WACC 模型来估计品牌强度系数便会产生较大误差。而 Interbrand 模型中的 S 型曲线基于品牌价值的特征（见图A－2），通过市场环境、品牌发展特征等要素对品牌的认可度、市场地位以及发展的可持续性进行评估，从而在一定程度上能比较客观地反映品牌收益在未来的实现程度。

同时 Interbrand 模型也存在不足，该方法中的品牌作用指数与品牌强度这两个参数通过专家打分法得出，从而导致评价方法当中存在较强的主观性，进而导致品牌评价结果受到人为因素影响较大。在对于不同年度的品牌评价来说，由于参与打分的专家团队可能不同，难以保证打分标准的一致性。同时，具体的打分过程和结果难以复制，导致最终的评价结果难以进行验证。因此，在本章中，我们将应用客观指标对传统 Interbrand 模型中的品牌作用指数以及品牌乘数两项系数的估计方法进行调整，从而提升 Interbrand 模型品牌评价模型的有效性和一致性。

1. 品牌作用指数的调整

在 Interbrand 原模型中，品牌作用指数是品牌对于沉淀收益的贡献比率，测算方法为专家评定法。具体而言，通过评价每个行业销售情况受到品牌因素影响的大小，对每个行业设定一个系数，从而计算每个品牌沉淀收益当中由品牌带来的部分。同时，企业的收益构成部分通常与企业成本费用的构成比例相关，即由品牌带来的收益，通常是由于企业在品牌建设方面的投资带来的。因此，本附录从企业成本费用的角度出发，通过计算各个行业上市公司中年度销售费用占年度总费用的平均水平衡量行业的品牌作用指数。

2. 品牌强度的指标调整

品牌强度代表该品牌在同行业中所处的相对地位，可以看作品牌收益在未来可实现性的保证。品牌强度通过专家对影响品牌的各个因素逐个打分并汇总求和得出，品牌强度与品牌乘数为正相关的关系，两者越大，表明未来品牌收益越有保证，风险越小；反之，风险越大。本书参考 Interbrand 品牌强度的评估方法，应用公司、行业、区域政策等相关指标，对影响品牌的宏观环境、市场因素、产品因素、品牌维护四个维度进行考察。具体来说，在宏观环境方面，本附录应用上市公司所在区域的经济、法律以及政策支持的相关情况的指标对企业品牌建设的宏观环境进行评估；在市场因素方面，本附录应用行业受中央、地方政策法规政策的关注程度对企业所在行业的情况进行评估；在产品因素方面，本附录应用企业的 ROA 以及研发投入，考察企业产品的盈利能力及持续发展的能力；在品牌维护方面，本附录应用企业新闻数量这一指标考察品牌受到社会的关注程度（各项指标的计算方法见表 A－2）。

表 A－2　品牌强度计算指标

一级指标	二级指标	三级指标
宏观环境	经济环境	所在区域基础经济指标
	政策环境	所在区域政策扶持水平
	法律环境	所在区域知识产权保护水平
市场因素	行业法规政策	行业在中央、地方法规中被提到的次数
	行业关注度	行业在政府工作报告中被提到的次数
产品因素	企业绩效水平	企业的 ROA 水平
	创新水平	企业的研发投入水平
品牌维护	品牌认知度	新闻数量

3. 品牌强度的计算方法调整

除了对原有 Interbrand 品牌乘数的指标权重进行了改进，原有品牌乘数的评价过程中在专家对各个指标进行打分后，通过对各个指标进行加权加总的方法对企业品牌强度进行度量，但是由于品牌权重的设计同样由专家打分确定，因此，同样存在主观性的问题。针对这一问题，本附录应用基于熵值的 TOPSIS 方法对各项指标进行加总。具体的计算方法及步骤如下。

（1）对 n 个品牌选择 m 个评价指标进行品牌强度评价，原始数据矩阵如下：

$$X = \begin{bmatrix} x_{11} & x_{12} & \cdots & x_{1m} \\ x_{21} & x_{22} & \cdots & x_{2m} \\ \cdots & \cdots & \cdots & \cdots \\ x_{n1} & x_{n2} & \cdots & x_{nm} \end{bmatrix}_{n\times p} \qquad \text{公式（A－1）}$$

（2）在品牌强度评价过程中，由于各指标的量纲不同，而且各指标变化范围有大有小，为较好地反映指标变化的实际情况，评价之前需将矩阵进行规范化，得到规范化矩阵：

$$Z = \begin{bmatrix} z_{11} & z_{12} & \cdots & z_{1m} \\ z_{21} & z_{22} & \cdots & z_{2m} \\ \cdots & \cdots & \cdots & \cdots \\ z_{n1} & z_{n2} & \cdots & z_{nm} \end{bmatrix}_{n \times p} \qquad \text{公式（A-2）}$$

其中，

$$z_{ij} = \frac{x_{ij}}{\sum_{p=1}^{n} x_{pj}} \quad i = 1,2,\cdots n; j = 1,2,\cdots m。$$

（3）由各项指标最优值和最劣值分别构成最优值向量 Z^+ 和最劣值向量 Z^-：

$$Z^+ = (z_1^+, z_2^+, \cdots, z_m^+), \quad Z^- = (z_1^-, z_2^-, \cdots, z_m^-) \qquad \text{公式（A-3）}$$

其中，

$$z_j^+ = \max\{z_{1j}, z_{2j}, \cdots, z_{nj}\} \quad j = 1,2,\cdots,m;$$

$$z_j^- = \min\{z_{1j}, z_{2j}, \cdots, z_{nj}\} \quad j = 1,2,\cdots,m;$$

（4）熵值法计算权重。该方法是在客观条件下，由评价指标值来确定指标权重的一种方法，具有操作性和客观性强的特点，能够反映数据隐含的信息，增强指标的分辨意义和差异性，以避免因选用指标的差异过小造成的分析困难，全面反映各类信息。其思路是评价对象在某项指标上的值相差越大越重要，权重相应也越大。根据各项指标的变异程度，可以客观地计算各项指标的权重，为多指标综合评价提供依据。计算公式为：

$$w_j = \frac{1 - e_j}{m - \sum_{j=1}^{m} e_j} \quad j = 1,2,\cdots m \qquad \text{（A-4）}$$

其中，

$$e_j = -k \sum_{i=1}^{n} z_{ij} \ln z_{ij}, \quad k = \frac{1}{\ln n}。$$

（5）计算各品牌与正负理想点的距离：

$$d_i^+ = \sqrt{\sum_{j=1}^{n} w_j \times (z_{ij} - z_j^+)^2} \quad i = 1,2,\cdots,n;$$

$$d_i^- = \sqrt{\sum_{j=1}^{n} w_j \times (z_{ij} - z_j^-)^2} \quad i = 1,2,\cdots,n; \qquad \text{（A-5）}$$

其中，w_j 表示第 j 个指标的重要程度；同时，通计算过程可知，d_i^+ 越大，d_i^- 越小则该品牌的强度越高。

（6）综合评价指标的计算，计算品牌 i 对理想解的相对接近程度：

$$c_i = \frac{d_i^+}{d_i^+ + d_i^-} \quad i = 1,2,\cdots,n$$

其中，c_i 越大则品牌强度越接近最优情况，该品牌强度越高。从而，通过基于熵值的 TOPSIS 方法对品牌的强度进行评价，提升评价结果的客观性和一致性。

后　记

互联网时代的社群平台具有极强的生命力，社群平台可以实现整合资源和利用资源的功能。更为重要的是，它可以调整长久以来的供需关系，为供需平衡、高质量发展创造很好的机会。从社群时代品牌发展逻辑与发展模式来看，社群时代品牌发展的方式更加符合高质量发展的要求，符合创新、协调、绿色、开放、共享的发展理念，也是我国经济发展过程中质量变革、效率变革、动力变革、全要素生产率提高，不断增强经济创新力和竞争力的重要契机。因此，本书以分析社群时代的品牌行为为目的。

编写成员主要来自中国人民大学信息资源管理学院、中国人民大学中国市场营销研究中心和中国人民大学科学研究基金（中央高校基本科研业务费专项资金资助）项目（13XNI015）课题组。

本书的主要内容包括社群时代的品牌观察、2018 年品牌价值榜单与述评、信息互动与品牌态度、信息黏性与品牌依恋、企业档案与品牌真实性、特色服务与品牌理念性、精准营销与品牌偏好、知识共创与社群品牌以及社群仿真与品牌传播。

历经近一年来的细致撰写和认真校对，本书于 2019 年 10 月定稿。本书由钱明辉统纂全书，撰稿人有钱明辉、樊安懿、钱佳婷、窦芳菲、耿祎楠、陈相仪、贾文婷、郭佳璐。付梓之时，我们要向课题组中的每一位成员、提供相关数据和案例素材的企业组织及新闻媒体表达最衷心的感谢，向所有给予本书研究提供帮助的专家致以最诚挚的谢意，同时也对出版社编辑的高水准工作致以由衷的感谢！同时，真诚地希望读者对本书提出补充和修正意见。

著者

2019 年 10 月